# 保 密
## 法律法规学习汇编

中国法制出版社
CHINA LEGAL PUBLISHING HOUSE

# 编辑说明

保守国家秘密，是公民的基本义务。《中华人民共和国宪法》第五十三条明确规定："中华人民共和国公民必须遵守宪法和法律，保守国家秘密，爱护公共财产，遵守劳动纪律，遵守公共秩序，尊重社会公德。"2024年2月27日，第十四届全国人民代表大会常务委员会第八次会议通过了新修订的《中华人民共和国保守国家秘密法》（以下简称《保守国家秘密法》），自2024年5月1日起施行。《保守国家秘密法》此次修订坚持总体国家安全观，统筹发展与安全，将党的十八大以来保密工作成熟有效的政策措施和实践经验上升为法律制度，对于推动保密工作高质量发展，维护国家主权、安全、发展利益具有重要而深远的意义。

新修订的《保守国家秘密法》在总则中规定"坚持中国共产党对保守国家秘密工作的领导"，明确中央保密工作领导机构领导全国保密工作，研究制定、指导实施国家保密工作战略和重大方针政策，统筹协调国家保密重大事项和重要工作，推进国家保密法治建设。此次修订吸收了一些工作实践中定密和解密的成熟做法，包括：明确保密事项范围的确定应当遵循必要、合理原则，科学论证评估，并根据情况变化及时调整；完善定密责任人制度和定密授权机制，并对密点标注作出原则规定，进一步推动定密精准化、科学化；完善国家秘密审核制度，将定期审核修改为每年审核，并明确了未履行解密审核责任造成严重后果的法律责任，进一步压实定密机关、单位主体责任，便利信息资源合理利用。新修订的《保守国家秘密法》还体现出对于保密科技创新和科技防护的重视，在总则中明确国家鼓励和支持保密科学技术研究和应用，提升自主创新能力，依法保护保密领域的知识产权。此次修订还明确，涉密信息系统应当按照国家保密规定和标准规划、建设、运行、维护，应按规定检查合格方可投入使用，并定期开展风险评估。为适应当前涉密人员管理的新特点、新要求，此次修订补充细化了涉密人员基本条件、权益保障和管理要求等方面的规定。

为了深入学习宣传习近平法治思想和坚持总体国家安全观的重要论述，大力宣传宪法规定的关于公民保守国家秘密的基本义务，深入介绍保密法律法规，我们从实体和程序两个角度展开，围绕国家安全保密、档案资料保密、网络保密、科技保密、出版保密、考试保密等具体领域，以及秘密范围、定密管理、法律责任等具体流程，全面收录与保守国家秘密相关的法律法规，汇编成《保密法律法规学习汇编》。本书将是各单位深入开展保守国家秘密宣传教育、广大读者切实增强保密意识的必备工具用书。

# 目　录

## 一、实体性规定

### （一）综　合

### （二）国家安全保密

---

　　* 本目录的时间为法律文件的公布（发布）时间或最后一次修正、修订的时间。

## （三）档案资料保密

# （四）　网络保密

# （五）　科技保密

# （六）　出版保密

## （七）考试保密

# 二、程序性规定

## （一）综 合

## （二）秘密范围

# 一、实体性规定

## （一）综　合

### 中华人民共和国宪法（节录）

（1982 年 12 月 4 日第五届全国人民代表大会第五次会议通过　1982 年 12 月 4 日全国人民代表大会公告公布施行　根据 1988 年 4 月 12 日第七届全国人民代表大会第一次会议通过的《中华人民共和国宪法修正案》、1993 年 3 月 29 日第八届全国人民代表大会第一次会议通过的《中华人民共和国宪法修正案》、1999 年 3 月 15 日第九届全国人民代表大会第二次会议通过的《中华人民共和国宪法修正案》、2004 年 3 月 14 日第十届全国人民代表大会第二次会议通过的《中华人民共和国宪法修正案》和 2018 年 3 月 11 日第十三届全国人民代表大会第一次会议通过的《中华人民共和国宪法修正案》修正）

……

### 第二章　公民的基本权利和义务

**第三十三条**　凡具有中华人民共和国国籍的人都是中华人民共和国公民。

中华人民共和国公民在法律面前一律平等。

国家尊重和保障人权。

任何公民享有宪法和法律规定的权利，同时必须履行宪法和法律规定的义务。

**第三十四条** 中华人民共和国年满十八周岁的公民，不分民族、种族、性别、职业、家庭出身、宗教信仰、教育程度、财产状况、居住期限，都有选举权和被选举权；但是依照法律被剥夺政治权利的人除外。

**第三十五条** 中华人民共和国公民有言论、出版、集会、结社、游行、示威的自由。

**第三十六条** 中华人民共和国公民有宗教信仰自由。

任何国家机关、社会团体和个人不得强制公民信仰宗教或者不信仰宗教，不得歧视信仰宗教的公民和不信仰宗教的公民。

国家保护正常的宗教活动。任何人不得利用宗教进行破坏社会秩序、损害公民身体健康、妨碍国家教育制度的活动。

宗教团体和宗教事务不受外国势力的支配。

**第三十七条** 中华人民共和国公民的人身自由不受侵犯。

任何公民，非经人民检察院批准或者决定或者人民法院决定，并由公安机关执行，不受逮捕。

禁止非法拘禁和以其他方法非法剥夺或者限制公民的人身自由，禁止非法搜查公民的身体。

**第三十八条** 中华人民共和国公民的人格尊严不受侵犯。禁止用任何方法对公民进行侮辱、诽谤和诬告陷害。

**第三十九条** 中华人民共和国公民的住宅不受侵犯。禁止非法搜查或者非法侵入公民的住宅。

**第四十条** 中华人民共和国公民的通信自由和通信秘密受法律的保护。除因国家安全或者追查刑事犯罪的需要，由公安机关或者检察机关依照法律规定的程序对通信进行检查外，任何组织或者个人不得以任何理由侵犯公民的通信自由和通信秘密。

**第四十一条** 中华人民共和国公民对于任何国家机关和国家工作人员，有提出批评和建议的权利；对于任何国家机关和国家工作人员的违法失职行为，有向有关国家机关提出申诉、控告或者检举的权利，但是不得捏造或者歪曲事实进行诬告陷害。

对于公民的申诉、控告或者检举，有关国家机关必须查清事实，负责处理。任何人不得压制和打击报复。

由于国家机关和国家工作人员侵犯公民权利而受到损失的人，有依照法律规定取得赔偿的权利。

**第四十二条** 中华人民共和国公民有劳动的权利和义务。

国家通过各种途径，创造劳动就业条件，加强劳动保护，改善劳动条件，并在发展生产的基础上，提高劳动报酬和福利待遇。

劳动是一切有劳动能力的公民的光荣职责。国有企业和城乡集体经济组织的劳动者都应当以国家主人翁的态度对待自己的劳动。国家提倡社会主义劳动竞赛，奖励劳动模范和先进工作者。国家提倡公民从事义务劳动。

国家对就业前的公民进行必要的劳动就业训练。

**第四十三条** 中华人民共和国劳动者有休息的权利。

国家发展劳动者休息和休养的设施，规定职工的工作时间和休假制度。

**第四十四条** 国家依照法律规定实行企业事业组织的职工和国家机关工作人员的退休制度。退休人员的生活受到国家和社会的保障。

**第四十五条** 中华人民共和国公民在年老、疾病或者丧失劳动能力的情况下，有从国家和社会获得物质帮助的权利。国家发展为公民享受这些权利所需要的社会保险、社会救济和医疗卫生事业。

国家和社会保障残废军人的生活，抚恤烈士家属，优待军人家属。

国家和社会帮助安排盲、聋、哑和其他有残疾的公民的劳动、生活和教育。

**第四十六条** 中华人民共和国公民有受教育的权利和义务。

国家培养青年、少年、儿童在品德、智力、体质等方面全面发展。

**第四十七条** 中华人民共和国公民有进行科学研究、文学艺术创作和其他文化活动的自由。国家对于从事教育、科学、技术、文学、艺术和其他文化事业的公民的有益于人民的创造性工作，给以鼓励和帮助。

**第四十八条** 中华人民共和国妇女在政治的、经济的、文化的、社会的和家庭的生活等各方面享有同男子平等的权利。

国家保护妇女的权利和利益，实行男女同工同酬，培养和选拔妇女干部。

**第四十九条** 婚姻、家庭、母亲和儿童受国家的保护。

夫妻双方有实行计划生育的义务。

父母有抚养教育未成年子女的义务，成年子女有赡养扶助父母的义务。

禁止破坏婚姻自由，禁止虐待老人、妇女和儿童。

**第五十条** 中华人民共和国保护华侨的正当的权利和利益，保护归侨和侨眷的合法的权利和利益。

**第五十一条** 中华人民共和国公民在行使自由和权利的时候，不得损害国家的、社会的、集体的利益和其他公民的合法的自由和权利。

**第五十二条** 中华人民共和国公民有维护国家统一和全国各民族团结的义务。

**第五十三条** 中华人民共和国公民必须遵守宪法和法律，保守国家秘密，爱护公共财产，遵守劳动纪律，遵守公共秩序，尊重社会公德。

**第五十四条** 中华人民共和国公民有维护祖国的安全、荣誉和利益的义务，不得有危害祖国的安全、荣誉和利益的行为。

**第五十五条** 保卫祖国、抵抗侵略是中华人民共和国每一个公民的神圣职责。

依照法律服兵役和参加民兵组织是中华人民共和国公民的光荣义务。

**第五十六条** 中华人民共和国公民有依照法律纳税的义务。

## 第三章 国家机构

### 第一节 全国人民代表大会

**第五十七条** 中华人民共和国全国人民代表大会是最高国家权力机关。它的常设机关是全国人民代表大会常务委员会。

**第五十八条** 全国人民代表大会和全国人民代表大会常务委员会行使国家立法权。

**第五十九条** 全国人民代表大会由省、自治区、直辖市、特别行政区和军队选出的代表组成。各少数民族都应当有适当名额的代表。

全国人民代表大会代表的选举由全国人民代表大会常务委员会主持。

全国人民代表大会代表名额和代表产生办法由法律规定。

**第六十条** 全国人民代表大会每届任期五年。

全国人民代表大会任期届满的两个月以前，全国人民代表大会常务委员会必须完成下届全国人民代表大会代表的选举。如果遇到不能进行选举的非常情况，由全国人民代表大会常务委员会以全体组成人员的三分之二以上的多数通过，可以推迟选举，延长本届全国人民代表大会的任期。在非常情况结束后一年内，必须完成下届全国人民代表大会代表的选举。

**第六十一条** 全国人民代表大会会议每年举行一次，由全国人民代表大会常务委员会召集。如果全国人民代表大会常务委员会认为必要，或者有五分之一以上的全国人民代表大会代表提议，可以临时召集全国人民代表大会会议。

全国人民代表大会举行会议的时候，选举主席团主持会议。

**第六十二条** 全国人民代表大会行使下列职权：

（一）修改宪法；

（二）监督宪法的实施；

（三）制定和修改刑事、民事、国家机构的和其他的基本法律；

（四）选举中华人民共和国主席、副主席；

（五）根据中华人民共和国主席的提名，决定国务院总理的人选；根据国务院总理的提名，决定国务院副总理、国务委员、各部部长、各委员会主任、审计长、秘书长的人选；

（六）选举中央军事委员会主席；根据中央军事委员会主席的提名，决定中央军事委员会其他组成人员的人选；

（七）选举国家监察委员会主任；

（八）选举最高人民法院院长；

（九）选举最高人民检察院检察长；

（十）审查和批准国民经济和社会发展计划和计划执行情况的报告；

（十一）审查和批准国家的预算和预算执行情况的报告；

（十二）改变或者撤销全国人民代表大会常务委员会不适当的决定；

（十三）批准省、自治区和直辖市的建置；

（十四）决定特别行政区的设立及其制度；

（十五）决定战争和和平的问题；

（十六）应当由最高国家权力机关行使的其他职权。

**第六十三条** 全国人民代表大会有权罢免下列人员：

（一）中华人民共和国主席、副主席；

（二）国务院总理、副总理、国务委员、各部部长、各委员会主任、审计长、秘书长；

（三）中央军事委员会主席和中央军事委员会其他组成人员；

（四）国家监察委员会主任；

（五）最高人民法院院长；

（六）最高人民检察院检察长。

**第六十四条** 宪法的修改，由全国人民代表大会常务委员会或者五分之一以上的全国人民代表大会代表提议，并由全国人民代表大会以全体代表的三分之二以上的多数通过。

法律和其他议案由全国人民代表大会以全体代表的过半数通过。

**第六十五条** 全国人民代表大会常务委员会由下列人员组成：

委员长，

副委员长若干人，

秘书长，

委员若干人。

全国人民代表大会常务委员会组成人员中，应当有适当名额的少数民族代表。

全国人民代表大会选举并有权罢免全国人民代表大会常务委员会的组成人员。

全国人民代表大会常务委员会的组成人员不得担任国家行政机关、监察机关、审判机关和检察机关的职务。

**第六十六条** 全国人民代表大会常务委员会每届任期同全国人民代表大会每届任期相同，它行使职权到下届全国人民代表大会选出新的常务委员会为止。

委员长、副委员长连续任职不得超过两届。

**第六十七条** 全国人民代表大会常务委员会行使下列职权：

（一）解释宪法，监督宪法的实施；

（二）制定和修改除应当由全国人民代表大会制定的法律以外的其他法律；

（三）在全国人民代表大会闭会期间，对全国人民代表大会制定的法律进行部分补充和修改，但是不得同该法律的基本原则相抵触；

（四）解释法律；

（五）在全国人民代表大会闭会期间，审查和批准国民经济和社会发展计划、国家预算在执行过程中所必须作的部分调整方案；

（六）监督国务院、中央军事委员会、国家监察委员会、最高人民法院和最高人民检察院的工作；

（七）撤销国务院制定的同宪法、法律相抵触的行政法规、决定和命令；

（八）撤销省、自治区、直辖市国家权力机关制定的同宪法、法律和行政法规相抵触的地方性法规和决议；

（九）在全国人民代表大会闭会期间，根据国务院总理的提名，决定部长、委员会主任、审计长、秘书长的人选；

（十）在全国人民代表大会闭会期间，根据中央军事委员会主席的提名，决定中央军事委员会其他组成人员的人选；

（十一）根据国家监察委员会主任的提请，任免国家监察委员会副主任、委员；

（十二）根据最高人民法院院长的提请，任免最高人民法院副院长、审判员、审判委员会委员和军事法院院长；

（十三）根据最高人民检察院检察长的提请，任免最高人民检察院副检察长、检察员、检察委员会委员和军事检察院检察长，并且批准省、自治区、直辖市的人民检察院检察长的任免；

（十四）决定驻外全权代表的任免；

（十五）决定同外国缔结的条约和重要协定的批准和废除；

（十六）规定军人和外交人员的衔级制度和其他专门衔级制度；

（十七）规定和决定授予国家的勋章和荣誉称号；

（十八）决定特赦；

（十九）在全国人民代表大会闭会期间，如果遇到国家遭受武装侵犯或者必须履行国际间共同防止侵略的条约的情况，决定战争状态的宣布；

（二十）决定全国总动员或者局部动员；

（二十一）决定全国或者个别省、自治区、直辖市进入紧急状态；

（二十二）全国人民代表大会授予的其他职权。

**第六十八条** 全国人民代表大会常务委员会委员长主持全国人民代表

大会常务委员会的工作，召集全国人民代表大会常务委员会会议。副委员长、秘书长协助委员长工作。

委员长、副委员长、秘书长组成委员长会议，处理全国人民代表大会常务委员会的重要日常工作。

**第六十九条** 全国人民代表大会常务委员会对全国人民代表大会负责并报告工作。

**第七十条** 全国人民代表大会设立民族委员会、宪法和法律委员会、财政经济委员会、教育科学文化卫生委员会、外事委员会、华侨委员会和其他需要设立的专门委员会。在全国人民代表大会闭会期间，各专门委员会受全国人民代表大会常务委员会的领导。

各专门委员会在全国人民代表大会和全国人民代表大会常务委员会领导下，研究、审议和拟订有关议案。

**第七十一条** 全国人民代表大会和全国人民代表大会常务委员会认为必要的时候，可以组织关于特定问题的调查委员会，并且根据调查委员会的报告，作出相应的决议。

调查委员会进行调查的时候，一切有关的国家机关、社会团体和公民都有义务向它提供必要的材料。

**第七十二条** 全国人民代表大会代表和全国人民代表大会常务委员会组成人员，有权依照法律规定的程序分别提出属于全国人民代表大会和全国人民代表大会常务委员会职权范围内的议案。

**第七十三条** 全国人民代表大会代表在全国人民代表大会开会期间，全国人民代表大会常务委员会组成人员在常务委员会开会期间，有权依照法律规定的程序提出对国务院或者国务院各部、各委员会的质询案。受质询的机关必须负责答复。

**第七十四条** 全国人民代表大会代表，非经全国人民代表大会会议主席团许可，在全国人民代表大会闭会期间非经全国人民代表大会常务委员会许可，不受逮捕或者刑事审判。

**第七十五条** 全国人民代表大会代表在全国人民代表大会各种会议上的发言和表决，不受法律追究。

**第七十六条** 全国人民代表大会代表必须模范地遵守宪法和法律，保守国家秘密，并且在自己参加的生产、工作和社会活动中，协助宪法和法律的实施。

全国人民代表大会代表应当同原选举单位和人民保持密切的联系，听取和反映人民的意见和要求，努力为人民服务。

**第七十七条** 全国人民代表大会代表受原选举单位的监督。原选举单位有权依照法律规定的程序罢免本单位选出的代表。

**第七十八条** 全国人民代表大会和全国人民代表大会常务委员会的组织和工作程序由法律规定。

......

# 中华人民共和国保守国家秘密法

（1988 年 9 月 5 日第七届全国人民代表大会常务委员会第三次会议通过 2010 年 4 月 29 日第十一届全国人民代表大会常务委员会第十四次会议第一次修订 2024 年 2 月 27 日第十四届全国人民代表大会常务委员会第八次会议第二次修订 2024 年 2 月 27 日中华人民共和国主席令第 20 号公布 自 2024 年 5 月 1 日起施行）

## 第一章 总 则

**第一条** 为了保守国家秘密，维护国家安全和利益，保障改革开放和社会主义现代化建设事业的顺利进行，根据宪法，制定本法。

**第二条** 国家秘密是关系国家安全和利益，依照法定程序确定，在一定时间内只限一定范围的人员知悉的事项。

**第三条** 坚持中国共产党对保守国家秘密（以下简称保密）工作的领导。中央保密工作领导机构领导全国保密工作，研究制定、指导实施国家保密工作战略和重大方针政策，统筹协调国家保密重大事项和重要工作，推进国家保密法治建设。

**第四条** 保密工作坚持总体国家安全观，遵循党管保密、依法管理，积极防范、突出重点，技管并重、创新发展的原则，既确保国家秘密安全，又便利信息资源合理利用。

法律、行政法规规定公开的事项，应当依法公开。

**第五条** 国家秘密受法律保护。

一切国家机关和武装力量、各政党和各人民团体、企业事业组织和其他社会组织以及公民都有保密的义务。

任何危害国家秘密安全的行为，都必须受到法律追究。

**第六条** 国家保密行政管理部门主管全国的保密工作。县级以上地方各级保密行政管理部门主管本行政区域的保密工作。

**第七条** 国家机关和涉及国家秘密的单位（以下简称机关、单位）管理本机关和本单位的保密工作。

中央国家机关在其职权范围内管理或者指导本系统的保密工作。

**第八条** 机关、单位应当实行保密工作责任制，依法设置保密工作机构或者指定专人负责保密工作，健全保密管理制度，完善保密防护措施，开展保密宣传教育，加强保密监督检查。

**第九条** 国家采取多种形式加强保密宣传教育，将保密教育纳入国民教育体系和公务员教育培训体系，鼓励大众传播媒介面向社会进行保密宣传教育，普及保密知识，宣传保密法治，增强全社会的保密意识。

**第十条** 国家鼓励和支持保密科学技术研究和应用，提升自主创新能力，依法保护保密领域的知识产权。

**第十一条** 县级以上人民政府应当将保密工作纳入本级国民经济和社会发展规划，所需经费列入本级预算。

机关、单位开展保密工作所需经费应当列入本机关、本单位年度预算或者年度收支计划。

**第十二条** 国家加强保密人才培养和队伍建设，完善相关激励保障机制。

对在保守、保护国家秘密工作中做出突出贡献的组织和个人，按照国家有关规定给予表彰和奖励。

## 第二章 国家秘密的范围和密级

**第十三条** 下列涉及国家安全和利益的事项，泄露后可能损害国家在政治、经济、国防、外交等领域的安全和利益的，应当确定为国家秘密：

（一）国家事务重大决策中的秘密事项；

（二）国防建设和武装力量活动中的秘密事项；

（三）外交和外事活动中的秘密事项以及对外承担保密义务的秘密事项；

（四）国民经济和社会发展中的秘密事项；

（五）科学技术中的秘密事项；

（六）维护国家安全活动和追查刑事犯罪中的秘密事项；

（七）经国家保密行政管理部门确定的其他秘密事项。

政党的秘密事项中符合前款规定的，属于国家秘密。

**第十四条** 国家秘密的密级分为绝密、机密、秘密三级。

绝密级国家秘密是最重要的国家秘密，泄露会使国家安全和利益遭受特别严重的损害；机密级国家秘密是重要的国家秘密，泄露会使国家安全和利益遭受严重的损害；秘密级国家秘密是一般的国家秘密，泄露会使国家安全和利益遭受损害。

**第十五条** 国家秘密及其密级的具体范围（以下简称保密事项范围），由国家保密行政管理部门单独或者会同有关中央国家机关规定。

军事方面的保密事项范围，由中央军事委员会规定。

保密事项范围的确定应当遵循必要、合理原则，科学论证评估，并根据情况变化及时调整。保密事项范围的规定应当在有关范围内公布。

**第十六条** 机关、单位主要负责人及其指定的人员为定密责任人，负责本机关、本单位的国家秘密确定、变更和解除工作。

机关、单位确定、变更和解除本机关、本单位的国家秘密，应当由承办人提出具体意见，经定密责任人审核批准。

**第十七条** 确定国家秘密的密级，应当遵守定密权限。

中央国家机关、省级机关及其授权的机关、单位可以确定绝密级、机密级和秘密级国家秘密；设区的市级机关及其授权的机关、单位可以确定机密级和秘密级国家秘密；特殊情况下无法按照上述规定授权定密的，国家保密行政管理部门或者省、自治区、直辖市保密行政管理部门可以授予机关、单位定密权限。具体的定密权限、授权范围由国家保密行政管理部门规定。

下级机关、单位认为本机关、本单位产生的有关定密事项属于上级机关、单位的定密权限，应当先行采取保密措施，并立即报请上级机关、单位确定；没有上级机关、单位的，应当立即提请有相应定密权限的业务主管部门或者保密行政管理部门确定。

公安机关、国家安全机关在其工作范围内按照规定的权限确定国家秘密的密级。

**第十八条** 机关、单位执行上级确定的国家秘密事项或者办理其他机关、单位确定的国家秘密事项，需要派生定密的，应当根据所执行、办理的国家秘密事项的密级确定。

**第十九条** 机关、单位对所产生的国家秘密事项，应当按照保密事项范围的规定确定密级，同时确定保密期限和知悉范围；有条件的可以标注密点。

**第二十条** 国家秘密的保密期限，应当根据事项的性质和特点，按照维护国家安全和利益的需要，限定在必要的期限内；不能确定期限的，应当确定解密的条件。

国家秘密的保密期限，除另有规定外，绝密级不超过三十年，机密级不超过二十年，秘密级不超过十年。

机关、单位应当根据工作需要，确定具体的保密期限、解密时间或者解密条件。

机关、单位对在决定和处理有关事项工作过程中确定需要保密的事项，根据工作需要决定公开的，正式公布时即视为解密。

**第二十一条** 国家秘密的知悉范围，应当根据工作需要限定在最小范围。

国家秘密的知悉范围能够限定到具体人员的，限定到具体人员；不能限定到具体人员的，限定到机关、单位，由该机关、单位限定到具体人员。

国家秘密的知悉范围以外的人员，因工作需要知悉国家秘密的，应当经过机关、单位主要负责人或者其指定的人员批准。原定密机关、单位对扩大国家秘密的知悉范围有明确规定的，应当遵守其规定。

**第二十二条** 机关、单位对承载国家秘密的纸介质、光介质、电磁介质等载体（以下简称国家秘密载体）以及属于国家秘密的设备、产品，应当作出国家秘密标志。

涉及国家秘密的电子文件应当按照国家有关规定作出国家秘密标志。

不属于国家秘密的，不得作出国家秘密标志。

第二十三条 国家秘密的密级、保密期限和知悉范围，应当根据情况变化及时变更。国家秘密的密级、保密期限和知悉范围的变更，由原定密机关、单位决定，也可以由其上级机关决定。

国家秘密的密级、保密期限和知悉范围变更的，应当及时书面通知知悉范围内的机关、单位或者人员。

第二十四条 机关、单位应当每年审核所确定的国家秘密。

国家秘密的保密期限已满的，自行解密。在保密期限内因保密事项范围调整不再作为国家秘密，或者公开后不会损害国家安全和利益，不需要继续保密的，应当及时解密；需要延长保密期限的，应当在原保密期限届满前重新确定密级、保密期限和知悉范围。提前解密或者延长保密期限的，由原定密机关、单位决定，也可以由其上级机关决定。

第二十五条 机关、单位对是否属于国家秘密或者属于何种密级不明确或者有争议的，由国家保密行政管理部门或者省、自治区、直辖市保密行政管理部门按照国家保密规定确定。

## 第三章 保 密 制 度

第二十六条 国家秘密载体的制作、收发、传递、使用、复制、保存、维修和销毁，应当符合国家保密规定。

绝密级国家秘密载体应当在符合国家保密标准的设施、设备中保存，并指定专人管理；未经原定密机关、单位或者其上级机关批准，不得复制和摘抄；收发、传递和外出携带，应当指定人员负责，并采取必要的安全措施。

第二十七条 属于国家秘密的设备、产品的研制、生产、运输、使用、保存、维修和销毁，应当符合国家保密规定。

第二十八条 机关、单位应当加强对国家秘密载体的管理，任何组织和个人不得有下列行为：

（一）非法获取、持有国家秘密载体；

（二）买卖、转送或者私自销毁国家秘密载体；

（三）通过普通邮政、快递等无保密措施的渠道传递国家秘密载体；

（四）寄递、托运国家秘密载体出境；

（五）未经有关主管部门批准，携带、传递国家秘密载体出境；

（六）其他违反国家秘密载体保密规定的行为。

**第二十九条** 禁止非法复制、记录、存储国家秘密。

禁止未按照国家保密规定和标准采取有效保密措施，在互联网及其他公共信息网络或者有线和无线通信中传递国家秘密。

禁止在私人交往和通信中涉及国家秘密。

**第三十条** 存储、处理国家秘密的计算机信息系统（以下简称涉密信息系统）按照涉密程度实行分级保护。

涉密信息系统应当按照国家保密规定和标准规划、建设、运行、维护，并配备保密设施、设备。保密设施、设备应当与涉密信息系统同步规划、同步建设、同步运行。

涉密信息系统应当按照规定，经检查合格后，方可投入使用，并定期开展风险评估。

**第三十一条** 机关、单位应当加强对信息系统、信息设备的保密管理，建设保密自监管设施，及时发现并处置安全保密风险隐患。任何组织和个人不得有下列行为：

（一）未按照国家保密规定和标准采取有效保密措施，将涉密信息系统、涉密信息设备接入互联网及其他公共信息网络；

（二）未按照国家保密规定和标准采取有效保密措施，在涉密信息系统、涉密信息设备与互联网及其他公共信息网络之间进行信息交换；

（三）使用非涉密信息系统、非涉密信息设备存储或者处理国家秘密；

（四）擅自卸载、修改涉密信息系统的安全技术程序、管理程序；

（五）将未经安全技术处理的退出使用的涉密信息设备赠送、出售、丢弃或者改作其他用途；

（六）其他违反信息系统、信息设备保密规定的行为。

**第三十二条** 用于保护国家秘密的安全保密产品和保密技术装备应当符合国家保密规定和标准。

国家建立安全保密产品和保密技术装备抽检、复检制度，由国家保密行政管理部门设立或者授权的机构进行检测。

**第三十三条** 报刊、图书、音像制品、电子出版物的编辑、出版、印制、发行，广播节目、电视节目、电影的制作和播放，网络信息的制作、复制、发布、传播，应当遵守国家保密规定。

**第三十四条** 网络运营者应当加强对其用户发布的信息的管理，配合监察机关、保密行政管理部门、公安机关、国家安全机关对涉嫌泄露国家秘密案件进行调查处理；发现利用互联网及其他公共信息网络发布的信息涉嫌泄露国家秘密的，应当立即停止传输该信息，保存有关记录，向保密行政管理部门或者公安机关、国家安全机关报告；应当根据保密行政管理部门或者公安机关、国家安全机关的要求，删除涉及泄露国家秘密的信息，并对有关设备进行技术处理。

**第三十五条** 机关、单位应当依法对拟公开的信息进行保密审查，遵守国家保密规定。

**第三十六条** 开展涉及国家秘密的数据处理活动及其安全监管应当符合国家保密规定。

国家保密行政管理部门和省、自治区、直辖市保密行政管理部门会同有关主管部门建立安全保密防控机制，采取安全保密防控措施，防范数据汇聚、关联引发的泄密风险。

机关、单位应当对汇聚、关联后属于国家秘密事项的数据依法加强安全管理。

**第三十七条** 机关、单位向境外或者向境外在中国境内设立的组织、机构提供国家秘密，任用、聘用的境外人员因工作需要知悉国家秘密的，按照国家有关规定办理。

**第三十八条** 举办会议或者其他活动涉及国家秘密的，主办单位应当采取保密措施，并对参加人员进行保密教育，提出具体保密要求。

**第三十九条** 机关、单位应当将涉及绝密级或者较多机密级、秘密级国家秘密的机构确定为保密要害部门，将集中制作、存放、保管国家秘密载体的专门场所确定为保密要害部位，按照国家保密规定和标准配备、使用必要的技术防护设施、设备。

**第四十条** 军事禁区、军事管理区和属于国家秘密不对外开放的其他场所、部位，应当采取保密措施，未经有关部门批准，不得擅自决定对外开放或者扩大开放范围。

涉密军事设施及其他重要涉密单位周边区域应当按国家保密规定加强保密管理。

第四十一条　从事涉及国家秘密业务的企业事业单位，应当具备相应的保密管理能力，遵守国家保密规定。

从事国家秘密载体制作、复制、维修、销毁，涉密信息系统集成，武器装备科研生产，或者涉密军事设施建设等涉及国家秘密业务的企业事业单位，应当经过审查批准，取得保密资质。

第四十二条　采购涉及国家秘密的货物、服务的机关、单位，直接涉及国家秘密的工程建设、设计、施工、监理等单位，应当遵守国家保密规定。

机关、单位委托企业事业单位从事涉及国家秘密的业务，应当与其签订保密协议，提出保密要求，采取保密措施。

第四十三条　在涉密岗位工作的人员（以下简称涉密人员），按照涉密程度分为核心涉密人员、重要涉密人员和一般涉密人员，实行分类管理。

任用、聘用涉密人员应当按照国家有关规定进行审查。

涉密人员应当具有良好的政治素质和品行，经过保密教育培训，具备胜任涉密岗位的工作能力和保密知识技能，签订保密承诺书，严格遵守国家保密规定，承担保密责任。

涉密人员的合法权益受法律保护。对因保密原因合法权益受到影响和限制的涉密人员，按照国家有关规定给予相应待遇或者补偿。

第四十四条　机关、单位应当建立健全涉密人员管理制度，明确涉密人员的权利、岗位责任和要求，对涉密人员履行职责情况开展经常性的监督检查。

第四十五条　涉密人员出境应当经有关部门批准，有关机关认为涉密人员出境将对国家安全造成危害或者对国家利益造成重大损失的，不得批准出境。

第四十六条　涉密人员离岗离职应当遵守国家保密规定。机关、单位应当开展保密教育提醒，清退国家秘密载体，实行脱密期管理。涉密人员在脱密期内，不得违反规定就业和出境，不得以任何方式泄露国家秘密；脱密期结束后，应当遵守国家保密规定，对知悉的国家秘密继续履行保密义务。涉密人员严重违反离岗离职及脱密期国家保密规定的，机关、单位应当及时报告同级保密行政管理部门，由保密行政管理部门会同有关部门依法采取处置措施。

**第四十七条** 国家工作人员或者其他公民发现国家秘密已经泄露或者可能泄露时,应当立即采取补救措施并及时报告有关机关、单位。机关、单位接到报告后,应当立即作出处理,并及时向保密行政管理部门报告。

## 第四章 监督管理

**第四十八条** 国家保密行政管理部门依照法律、行政法规的规定,制定保密规章和国家保密标准。

**第四十九条** 保密行政管理部门依法组织开展保密宣传教育、保密检查、保密技术防护、保密违法案件调查处理工作,对保密工作进行指导和监督管理。

**第五十条** 保密行政管理部门发现国家秘密确定、变更或者解除不当的,应当及时通知有关机关、单位予以纠正。

**第五十一条** 保密行政管理部门依法对机关、单位遵守保密法律法规和相关制度的情况进行检查;涉嫌保密违法的,应当及时调查处理或者组织、督促有关机关、单位调查处理;涉嫌犯罪的,应当依法移送监察机关、司法机关处理。

对严重违反国家保密规定的涉密人员,保密行政管理部门应当建议有关机关、单位将其调离涉密岗位。

有关机关、单位和个人应当配合保密行政管理部门依法履行职责。

**第五十二条** 保密行政管理部门在保密检查和案件调查处理中,可以依法查阅有关材料、询问人员、记录情况,先行登记保存有关设施、设备、文件资料等;必要时,可以进行保密技术检测。

保密行政管理部门对保密检查和案件调查处理中发现的非法获取、持有的国家秘密载体,应当予以收缴;发现存在泄露国家秘密隐患的,应当要求采取措施,限期整改;对存在泄露国家秘密隐患的设施、设备、场所,应当责令停止使用。

**第五十三条** 办理涉嫌泄露国家秘密案件的机关,需要对有关事项是否属于国家秘密、属于何种密级进行鉴定的,由国家保密行政管理部门或者省、自治区、直辖市保密行政管理部门鉴定。

**第五十四条** 机关、单位对违反国家保密规定的人员不依法给予处分的，保密行政管理部门应当建议纠正；对拒不纠正的，提请其上一级机关或者监察机关对该机关、单位负有责任的领导人员和直接责任人员依法予以处理。

**第五十五条** 设区的市级以上保密行政管理部门建立保密风险评估机制、监测预警制度、应急处置制度，会同有关部门开展信息收集、分析、通报工作。

**第五十六条** 保密协会等行业组织依照法律、行政法规的规定开展活动，推动行业自律，促进行业健康发展。

# 第五章　法　律　责　任

**第五十七条** 违反本法规定，有下列情形之一，根据情节轻重，依法给予处分；有违法所得的，没收违法所得：

（一）非法获取、持有国家秘密载体的；

（二）买卖、转送或者私自销毁国家秘密载体的；

（三）通过普通邮政、快递等无保密措施的渠道传递国家秘密载体的；

（四）寄递、托运国家秘密载体出境，或者未经有关主管部门批准，携带、传递国家秘密载体出境的；

（五）非法复制、记录、存储国家秘密的；

（六）在私人交往和通信中涉及国家秘密的；

（七）未按照国家保密规定和标准采取有效保密措施，在互联网及其他公共信息网络或者有线和无线通信中传递国家秘密的；

（八）未按照国家保密规定和标准采取有效保密措施，将涉密信息系统、涉密信息设备接入互联网及其他公共信息网络的；

（九）未按照国家保密规定和标准采取有效保密措施，在涉密信息系统、涉密信息设备与互联网及其他公共信息网络之间进行信息交换的；

（十）使用非涉密信息系统、非涉密信息设备存储、处理国家秘密的；

（十一）擅自卸载、修改涉密信息系统的安全技术程序、管理程序的；

（十二）将未经安全技术处理的退出使用的涉密信息设备赠送、出售、丢弃或者改作其他用途的；

（十三）其他违反本法规定的情形。

有前款情形尚不构成犯罪，且不适用处分的人员，由保密行政管理部门督促其所在机关、单位予以处理。

**第五十八条** 机关、单位违反本法规定，发生重大泄露国家秘密案件的，依法对直接负责的主管人员和其他直接责任人员给予处分。不适用处分的人员，由保密行政管理部门督促其主管部门予以处理。

机关、单位违反本法规定，对应当定密的事项不定密，对不应当定密的事项定密，或者未履行解密审核责任，造成严重后果的，依法对直接负责的主管人员和其他直接责任人员给予处分。

**第五十九条** 网络运营者违反本法第三十四条规定的，由公安机关、国家安全机关、电信主管部门、保密行政管理部门按照各自职责分工依法予以处罚。

**第六十条** 取得保密资质的企业事业单位违反国家保密规定的，由保密行政管理部门责令限期整改，给予警告或者通报批评；有违法所得的，没收违法所得；情节严重的，暂停涉密业务、降低资质等级；情节特别严重的，吊销保密资质。

未取得保密资质的企业事业单位违法从事本法第四十一条第二款规定的涉密业务的，由保密行政管理部门责令停止涉密业务，给予警告或者通报批评；有违法所得的，没收违法所得。

**第六十一条** 保密行政管理部门的工作人员在履行保密管理职责中滥用职权、玩忽职守、徇私舞弊的，依法给予处分。

**第六十二条** 违反本法规定，构成犯罪的，依法追究刑事责任。

# 第六章　附　　则

**第六十三条** 中国人民解放军和中国人民武装警察部队开展保密工作的具体规定，由中央军事委员会根据本法制定。

**第六十四条** 机关、单位对履行职能过程中产生或者获取的不属于国家秘密但泄露后会造成一定不利影响的事项，适用工作秘密管理办法采取必要的保护措施。工作秘密管理办法另行规定。

**第六十五条** 本法自2024年5月1日起施行。

# 中华人民共和国保守国家秘密法实施条例

(2014年1月17日中华人民共和国国务院令第646号公布
自2014年3月1日起施行)

## 第一章 总　则

**第一条**　根据《中华人民共和国保守国家秘密法》（以下简称保密法）的规定，制定本条例。

**第二条**　国家保密行政管理部门主管全国的保密工作。县级以上地方各级保密行政管理部门在上级保密行政管理部门指导下，主管本行政区域的保密工作。

**第三条**　中央国家机关在其职权范围内管理或者指导本系统的保密工作，监督执行保密法律法规，可以根据实际情况制定或者会同有关部门制定主管业务方面的保密规定。

**第四条**　县级以上人民政府应当加强保密基础设施建设和关键保密科技产品的配备。

省级以上保密行政管理部门应当加强关键保密科技产品的研发工作。

保密行政管理部门履行职责所需的经费，应当列入本级人民政府财政预算。机关、单位开展保密工作所需经费应当列入本机关、本单位的年度财政预算或者年度收支计划。

**第五条**　机关、单位不得将依法应当公开的事项确定为国家秘密，不得将涉及国家秘密的信息公开。

**第六条**　机关、单位实行保密工作责任制。机关、单位负责人对本机关、本单位的保密工作负责，工作人员对本岗位的保密工作负责。

机关、单位应当根据保密工作需要设立保密工作机构或者指定人员专门负责保密工作。

机关、单位及其工作人员履行保密工作责任制情况应当纳入年度考评和考核内容。

**第七条**　各级保密行政管理部门应当组织开展经常性的保密宣传教

育。机关、单位应当定期对本机关、本单位工作人员进行保密形势、保密法律法规、保密技术防范等方面的教育培训。

## 第二章　国家秘密的范围和密级

**第八条**　国家秘密及其密级的具体范围（以下称保密事项范围）应当明确规定国家秘密具体事项的名称、密级、保密期限、知悉范围。

保密事项范围应当根据情况变化及时调整。制定、修订保密事项范围应当充分论证，听取有关机关、单位和相关领域专家的意见。

**第九条**　机关、单位负责人为本机关、本单位的定密责任人，根据工作需要，可以指定其他人员为定密责任人。

专门负责定密的工作人员应当接受定密培训，熟悉定密职责和保密事项范围，掌握定密程序和方法。

**第十条**　定密责任人在职责范围内承担有关国家秘密确定、变更和解除工作。具体职责是：

（一）审核批准本机关、本单位产生的国家秘密的密级、保密期限和知悉范围；

（二）对本机关、本单位产生的尚在保密期限内的国家秘密进行审核，作出是否变更或者解除的决定；

（三）对是否属于国家秘密和属于何种密级不明确的事项先行拟定密级，并按照规定的程序报保密行政管理部门确定。

**第十一条**　中央国家机关、省级机关以及设区的市、自治州级机关可以根据保密工作需要或者有关机关、单位的申请，在国家保密行政管理部门规定的定密权限、授权范围内作出定密授权。

定密授权应当以书面形式作出。授权机关应当对被授权机关、单位履行定密授权的情况进行监督。

中央国家机关、省级机关作出的授权，报国家保密行政管理部门备案；设区的市、自治州级机关作出的授权，报省、自治区、直辖市保密行政管理部门备案。

**第十二条**　机关、单位应当在国家秘密产生的同时，由承办人依据有关保密事项范围拟定密级、保密期限和知悉范围，报定密责任人审核批准，并采取相应保密措施。

第十三条　机关、单位对所产生的国家秘密，应当按照保密事项范围的规定确定具体的保密期限；保密事项范围没有规定具体保密期限的，可以根据工作需要，在保密法规定的保密期限内确定；不能确定保密期限的，应当确定解密条件。

国家秘密的保密期限，自标明的制发日起计算；不能标明制发日的，确定该国家秘密的机关、单位应当书面通知知悉范围内的机关、单位和人员，保密期限自通知之日起计算。

第十四条　机关、单位应当按照保密法的规定，严格限定国家秘密的知悉范围，对知悉机关级以上国家秘密的人员，应当作出书面记录。

第十五条　国家秘密载体以及属于国家秘密的设备、产品的明显部位应当标注国家秘密标志。国家秘密标志应当标注密级和保密期限。国家秘密的密级和保密期限发生变更的，应当及时对原国家秘密标志作出变更。

无法标注国家秘密标志的，确定该国家秘密的机关、单位应当书面通知知悉范围内的机关、单位和人员。

第十六条　机关、单位对所产生的国家秘密，认为符合保密法有关解密或者延长保密期限规定的，应当及时解密或者延长保密期限。

机关、单位对不属于本机关、本单位产生的国家秘密，认为符合保密法有关解密或者延长保密期限规定的，可以向原定密机关、单位或者其上级机关、单位提出建议。

已经依法移交各级国家档案馆的属于国家秘密的档案，由原定密机关、单位按照国家有关规定进行解密审核。

第十七条　机关、单位被撤销或者合并的，该机关、单位所确定国家秘密的变更和解除，由承担其职能的机关、单位负责，也可以由其上级机关、单位或者保密行政管理部门指定的机关、单位负责。

第十八条　机关、单位发现本机关、本单位国家秘密的确定、变更和解除不当的，应当及时纠正；上级机关、单位发现下级机关、单位国家秘密的确定、变更和解除不当的，应当及时通知其纠正，也可以直接纠正。

第十九条　机关、单位对符合保密法的规定，但保密事项范围没有规定的不明确事项，应当先行拟定密级、保密期限和知悉范围，采取相应的保密措施，并自拟定之日起 10 日内报有关部门确定。拟定为绝密级的事项和中央国家机关拟定的机密级、秘密级的事项，报国家保密行政管理部门确定；其他机关、单位拟定的机密级、秘密级的事项，报省、自治区、直辖市保密行政管理部门确定。

保密行政管理部门接到报告后，应当在 10 日内作出决定。省、自治区、直辖市保密行政管理部门还应当将所作决定及时报国家保密行政管理部门备案。

**第二十条** 机关、单位对已定密事项是否属于国家秘密或者属于何种密级有不同意见的，可以向原定密机关、单位提出异议，由原定密机关、单位作出决定。

机关、单位对原定密机关、单位未予处理或者对作出的决定仍有异议的，按照下列规定办理：

（一）确定为绝密级的事项和中央国家机关确定的机密级、秘密级的事项，报国家保密行政管理部门确定。

（二）其他机关、单位确定的机密级、秘密级的事项，报省、自治区、直辖市保密行政管理部门确定；对省、自治区、直辖市保密行政管理部门作出的决定有异议的，可以报国家保密行政管理部门确定。

在原定密机关、单位或者保密行政管理部门作出决定前，对有关事项应当按照主张密级中的最高密级采取相应的保密措施。

# 第三章　保　密　制　度

**第二十一条** 国家秘密载体管理应当遵守下列规定：

（一）制作国家秘密载体，应当由机关、单位或者经保密行政管理部门保密审查合格的单位承担，制作场所应当符合保密要求。

（二）收发国家秘密载体，应当履行清点、编号、登记、签收手续。

（三）传递国家秘密载体，应当通过机要交通、机要通信或者其他符合保密要求的方式进行。

（四）复制国家秘密载体或者摘录、引用、汇编属于国家秘密的内容，应当按照规定报批，不得擅自改变原件的密级、保密期限和知悉范围，复制件应当加盖复制机关、单位戳记，并视同原件进行管理。

（五）保存国家秘密载体的场所、设施、设备，应当符合国家保密要求。

（六）维修国家秘密载体，应当由本机关、本单位专门技术人员负责。确需外单位人员维修的，应当由本机关、本单位的人员现场监督；确需在本机关、本单位以外维修的，应当符合国家保密规定。

（七）携带国家秘密载体外出，应当符合国家保密规定，并采取可靠的保密措施；携带国家秘密载体出境的，应当按照国家保密规定办理批准和携带手续。

**第二十二条** 销毁国家秘密载体应当符合国家保密规定和标准，确保销毁的国家秘密信息无法还原。

销毁国家秘密载体应当履行清点、登记、审批手续，并送交保密行政管理部门设立的销毁工作机构或者保密行政管理部门指定的单位销毁。机关、单位确因工作需要，自行销毁少量国家秘密载体的，应当使用符合国家保密标准的销毁设备和方法。

**第二十三条** 涉密信息系统按照涉密程度分为绝密级、机密级、秘密级。机关、单位应当根据涉密信息系统存储、处理信息的最高密级确定系统的密级，按照分级保护要求采取相应的安全保密防护措施。

**第二十四条** 涉密信息系统应当由国家保密行政管理部门设立或者授权的保密测评机构进行检测评估，并经设区的市、自治州级以上保密行政管理部门审查合格，方可投入使用。

公安、国家安全机关的涉密信息系统投入使用的管理办法，由国家保密行政管理部门会同国务院公安、国家安全部门另行规定。

**第二十五条** 机关、单位应当加强涉密信息系统的运行使用管理，指定专门机构或者人员负责运行维护、安全保密管理和安全审计，定期开展安全保密检查和风险评估。

涉密信息系统的密级、主要业务应用、使用范围和使用环境等发生变化或者涉密信息系统不再使用的，应当按照国家保密规定及时向保密行政管理部门报告，并采取相应措施。

**第二十六条** 机关、单位采购涉及国家秘密的工程、货物和服务的，应当根据国家保密规定确定密级，并符合国家保密规定和标准。机关、单位应当对提供工程、货物和服务的单位提出保密管理要求，并与其签订保密协议。

政府采购监督管理部门、保密行政管理部门应当依法加强对涉及国家秘密的工程、货物和服务采购的监督管理。

**第二十七条** 举办会议或者其他活动涉及国家秘密的，主办单位应当采取下列保密措施：

（一）根据会议、活动的内容确定密级，制定保密方案，限定参加人员范围；

（二）使用符合国家保密规定和标准的场所、设施、设备；

（三）按照国家保密规定管理国家秘密载体；

（四）对参加人员提出具体保密要求。

**第二十八条** 企业事业单位从事国家秘密载体制作、复制、维修、销毁，涉密信息系统集成或者武器装备科研生产等涉及国家秘密的业务（以下简称涉密业务），应当由保密行政管理部门或者保密行政管理部门会同有关部门进行保密审查。保密审查不合格的，不得从事涉密业务。

**第二十九条** 从事涉密业务的企业事业单位应当具备下列条件：

（一）在中华人民共和国境内依法成立 3 年以上的法人，无违法犯罪记录；

（二）从事涉密业务的人员具有中华人民共和国国籍；

（三）保密制度完善，有专门的机构或者人员负责保密工作；

（四）用于涉密业务的场所、设施、设备符合国家保密规定和标准；

（五）具有从事涉密业务的专业能力；

（六）法律、行政法规和国家保密行政管理部门规定的其他条件。

**第三十条** 涉密人员的分类管理、任（聘）用审查、脱密期管理、权益保障等具体办法，由国家保密行政管理部门会同国务院有关主管部门制定。

## 第四章　监　督　管　理

**第三十一条** 机关、单位应当向同级保密行政管理部门报送本机关、本单位年度保密工作情况。下级保密行政管理部门应当向上级保密行政管理部门报送本行政区域年度保密工作情况。

**第三十二条** 保密行政管理部门依法对机关、单位执行保密法律法规的下列情况进行检查：

（一）保密工作责任制落实情况；

（二）保密制度建设情况；

（三）保密宣传教育培训情况；

（四）涉密人员管理情况；

（五）国家秘密确定、变更和解除情况；

（六）国家秘密载体管理情况；

（七）信息系统和信息设备保密管理情况；

（八）互联网使用保密管理情况；

（九）保密技术防护设施设备配备使用情况；

（十）涉密场所及保密要害部门、部位管理情况；

（十一）涉密会议、活动管理情况；

（十二）信息公开保密审查情况。

**第三十三条**　保密行政管理部门在保密检查过程中，发现有泄密隐患的，可以查阅有关材料、询问人员、记录情况；对有关设施、设备、文件资料等可以依法先行登记保存，必要时进行保密技术检测。有关机关、单位及其工作人员对保密检查应当予以配合。

保密行政管理部门实施检查后，应当出具检查意见，对需要整改的，应当明确整改内容和期限。

**第三十四条**　机关、单位发现国家秘密已经泄露或者可能泄露的，应当立即采取补救措施，并在 24 小时内向同级保密行政管理部门和上级主管部门报告。

地方各级保密行政管理部门接到泄密报告的，应当在 24 小时内逐级报至国家保密行政管理部门。

**第三十五条**　保密行政管理部门对公民举报、机关和单位报告、保密检查发现、有关部门移送的涉嫌泄露国家秘密的线索和案件，应当依法及时调查或者组织、督促有关机关、单位调查处理。调查工作结束后，认为有违反保密法律法规的事实，需要追究责任的，保密行政管理部门可以向有关机关、单位提出处理建议。有关机关、单位应当及时将处理结果书面告知同级保密行政管理部门。

**第三十六条**　保密行政管理部门收缴非法获取、持有的国家秘密载体，应当进行登记并出具清单，查清密级、数量、来源、扩散范围等，并采取相应的保密措施。

保密行政管理部门可以提请公安、工商行政管理等有关部门协助收缴非法获取、持有的国家秘密载体，有关部门应当予以配合。

**第三十七条** 国家保密行政管理部门或者省、自治区、直辖市保密行政管理部门应当依据保密法律法规和保密事项范围，对办理涉嫌泄露国家秘密案件的机关提出鉴定的事项是否属于国家秘密、属于何种密级作出鉴定。

保密行政管理部门受理鉴定申请后，应当自受理之日起30日内出具鉴定结论；不能按期出具鉴定结论的，经保密行政管理部门负责人批准，可以延长30日。

**第三十八条** 保密行政管理部门及其工作人员应当按照法定的职权和程序开展保密审查、保密检查和泄露国家秘密案件查处工作，做到科学、公正、严格、高效，不得利用职权谋取利益。

# 第五章 法 律 责 任

**第三十九条** 机关、单位发生泄露国家秘密案件不按照规定报告或者未采取补救措施的，对直接负责的主管人员和其他直接责任人员依法给予处分。

**第四十条** 在保密检查或者泄露国家秘密案件查处中，有关机关、单位及其工作人员拒不配合，弄虚作假，隐匿、销毁证据，或者以其他方式逃避、妨碍保密检查或者泄露国家秘密案件查处的，对直接负责的主管人员和其他直接责任人员依法给予处分。

企业事业单位及其工作人员协助机关、单位逃避、妨碍保密检查或者泄露国家秘密案件查处的，由有关主管部门依法予以处罚。

**第四十一条** 经保密审查合格的企业事业单位违反保密管理规定的，由保密行政管理部门责令限期整改，逾期不改或者整改后仍不符合要求的，暂停涉密业务；情节严重的，停止涉密业务。

**第四十二条** 涉密信息系统未按照规定进行检测评估和审查而投入使用的，由保密行政管理部门责令改正，并建议有关机关、单位对直接负责的主管人员和其他直接责任人员依法给予处分。

**第四十三条** 机关、单位委托未经保密审查的单位从事涉密业务的，由有关机关、单位对直接负责的主管人员和其他直接责任人员依法给予处分。

未经保密审查的单位从事涉密业务的，由保密行政管理部门责令停止违法行为；有违法所得的，由工商行政管理部门没收违法所得。

**第四十四条** 保密行政管理部门未依法履行职责，或者滥用职权、玩忽职守、徇私舞弊的，对直接负责的主管人员和其他直接责任人员依法给予处分；构成犯罪的，依法追究刑事责任。

## 第六章　附　　则

**第四十五条** 本条例自 2014 年 3 月 1 日起施行。1990 年 4 月 25 日国务院批准、1990 年 5 月 25 日国家保密局发布的《中华人民共和国保守国家秘密法实施办法》同时废止。

# （二）　国家安全保密

# 中华人民共和国国家安全法

（2015 年 7 月 1 日第十二届全国人民代表大会常务委员会第十五次会议通过　2015 年 7 月 1 日中华人民共和国主席令第 29号公布　自公布之日起施行）

## 第一章　总　　则

**第一条** 为了维护国家安全，保卫人民民主专政的政权和中国特色社会主义制度，保护人民的根本利益，保障改革开放和社会主义现代化建设的顺利进行，实现中华民族伟大复兴，根据宪法，制定本法。

**第二条** 国家安全是指国家政权、主权、统一和领土完整、人民福祉、经济社会可持续发展和国家其他重大利益相对处于没有危险和不受内外威胁的状态，以及保障持续安全状态的能力。

**第三条** 国家安全工作应当坚持总体国家安全观，以人民安全为宗旨，以政治安全为根本，以经济安全为基础，以军事、文化、社会安全为保障，以促进国际安全为依托，维护各领域国家安全，构建国家安全体系，走中国特色国家安全道路。

**第四条** 坚持中国共产党对国家安全工作的领导，建立集中统一、高效权威的国家安全领导体制。

**第五条** 中央国家安全领导机构负责国家安全工作的决策和议事协调，研究制定、指导实施国家安全战略和有关重大方针政策，统筹协调国家安全重大事项和重要工作，推动国家安全法治建设。

**第六条** 国家制定并不断完善国家安全战略，全面评估国际、国内安全形势，明确国家安全战略的指导方针、中长期目标、重点领域的国家安全政策、工作任务和措施。

**第七条** 维护国家安全，应当遵守宪法和法律，坚持社会主义法治原则，尊重和保障人权，依法保护公民的权利和自由。

**第八条** 维护国家安全，应当与经济社会发展相协调。

国家安全工作应当统筹内部安全和外部安全、国土安全和国民安全、传统安全和非传统安全、自身安全和共同安全。

**第九条** 维护国家安全，应当坚持预防为主、标本兼治，专门工作与群众路线相结合，充分发挥专门机关和其他有关机关维护国家安全的职能作用，广泛动员公民和组织，防范、制止和依法惩治危害国家安全的行为。

**第十条** 维护国家安全，应当坚持互信、互利、平等、协作，积极同外国政府和国际组织开展安全交流合作，履行国际安全义务，促进共同安全，维护世界和平。

**第十一条** 中华人民共和国公民、一切国家机关和武装力量、各政党和各人民团体、企业事业组织和其他社会组织，都有维护国家安全的责任和义务。

中国的主权和领土完整不容侵犯和分割。维护国家主权、统一和领土完整是包括港澳同胞和台湾同胞在内的全中国人民的共同义务。

**第十二条** 国家对在维护国家安全工作中作出突出贡献的个人和组织给予表彰和奖励。

**第十三条** 国家机关工作人员在国家安全工作和涉及国家安全活动中，滥用职权、玩忽职守、徇私舞弊的，依法追究法律责任。

任何个人和组织违反本法和有关法律，不履行维护国家安全义务或者从事危害国家安全活动的，依法追究法律责任。

**第十四条** 每年4月15日为全民国家安全教育日。

## 第二章　维护国家安全的任务

**第十五条**　国家坚持中国共产党的领导，维护中国特色社会主义制度，发展社会主义民主政治，健全社会主义法治，强化权力运行制约和监督机制，保障人民当家作主的各项权利。

国家防范、制止和依法惩治任何叛国、分裂国家、煽动叛乱、颠覆或者煽动颠覆人民民主专政政权的行为；防范、制止和依法惩治窃取、泄露国家秘密等危害国家安全的行为；防范、制止和依法惩治境外势力的渗透、破坏、颠覆、分裂活动。

**第十六条**　国家维护和发展最广大人民的根本利益，保卫人民安全，创造良好生存发展条件和安定工作生活环境，保障公民的生命财产安全和其他合法权益。

**第十七条**　国家加强边防、海防和空防建设，采取一切必要的防卫和管控措施，保卫领陆、内水、领海和领空安全，维护国家领土主权和海洋权益。

**第十八条**　国家加强武装力量革命化、现代化、正规化建设，建设与保卫国家安全和发展利益需要相适应的武装力量；实施积极防御军事战略方针，防备和抵御侵略，制止武装颠覆和分裂；开展国际军事安全合作，实施联合国维和、国际救援、海上护航和维护国家海外利益的军事行动，维护国家主权、安全、领土完整、发展利益和世界和平。

**第十九条**　国家维护国家基本经济制度和社会主义市场经济秩序，健全预防和化解经济安全风险的制度机制，保障关系国民经济命脉的重要行业和关键领域、重点产业、重大基础设施和重大建设项目以及其他重大经济利益安全。

**第二十条**　国家健全金融宏观审慎管理和金融风险防范、处置机制，加强金融基础设施和基础能力建设，防范和化解系统性、区域性金融风险，防范和抵御外部金融风险的冲击。

**第二十一条**　国家合理利用和保护资源能源，有效管控战略资源能源的开发，加强战略资源能源储备，完善资源能源运输战略通道建设和安全保护措施，加强国际资源能源合作，全面提升应急保障能力，保障经济社会发展所需的资源能源持续、可靠和有效供给。

**第二十二条** 国家健全粮食安全保障体系，保护和提高粮食综合生产能力，完善粮食储备制度、流通体系和市场调控机制，健全粮食安全预警制度，保障粮食供给和质量安全。

**第二十三条** 国家坚持社会主义先进文化前进方向，继承和弘扬中华民族优秀传统文化，培育和践行社会主义核心价值观，防范和抵制不良文化的影响，掌握意识形态领域主导权，增强文化整体实力和竞争力。

**第二十四条** 国家加强自主创新能力建设，加快发展自主可控的战略高新技术和重要领域核心关键技术，加强知识产权的运用、保护和科技保密能力建设，保障重大技术和工程的安全。

**第二十五条** 国家建设网络与信息安全保障体系，提升网络与信息安全保护能力，加强网络和信息技术的创新研究和开发应用，实现网络和信息核心技术、关键基础设施和重要领域信息系统及数据的安全可控；加强网络管理，防范、制止和依法惩治网络攻击、网络入侵、网络窃密、散布违法有害信息等网络违法犯罪行为，维护国家网络空间主权、安全和发展利益。

**第二十六条** 国家坚持和完善民族区域自治制度，巩固和发展平等团结互助和谐的社会主义民族关系。坚持各民族一律平等，加强民族交往、交流、交融，防范、制止和依法惩治民族分裂活动，维护国家统一、民族团结和社会和谐，实现各民族共同团结奋斗、共同繁荣发展。

**第二十七条** 国家依法保护公民宗教信仰自由和正常宗教活动，坚持宗教独立自主自办的原则，防范、制止和依法惩治利用宗教名义进行危害国家安全的违法犯罪活动，反对境外势力干涉境内宗教事务，维护正常宗教活动秩序。

国家依法取缔邪教组织，防范、制止和依法惩治邪教违法犯罪活动。

**第二十八条** 国家反对一切形式的恐怖主义和极端主义，加强防范和处置恐怖主义的能力建设，依法开展情报、调查、防范、处置以及资金监管等工作，依法取缔恐怖活动组织和严厉惩治暴力恐怖活动。

**第二十九条** 国家健全有效预防和化解社会矛盾的体制机制，健全公共安全体系，积极预防、减少和化解社会矛盾，妥善处置公共卫生、社会安全等影响国家安全和社会稳定的突发事件，促进社会和谐，维护公共安全和社会安定。

第三十条　国家完善生态环境保护制度体系，加大生态建设和环境保护力度，划定生态保护红线，强化生态风险的预警和防控，妥善处置突发环境事件，保障人民赖以生存发展的大气、水、土壤等自然环境和条件不受威胁和破坏，促进人与自然和谐发展。

第三十一条　国家坚持和平利用核能和核技术，加强国际合作，防止核扩散，完善防扩散机制，加强对核设施、核材料、核活动和核废料处置的安全管理、监管和保护，加强核事故应急体系和应急能力建设，防止、控制和消除核事故对公民生命健康和生态环境的危害，不断增强有效应对和防范核威胁、核攻击的能力。

第三十二条　国家坚持和平探索和利用外层空间、国际海底区域和极地，增强安全进出、科学考察、开发利用的能力，加强国际合作，维护我国在外层空间、国际海底区域和极地的活动、资产和其他利益的安全。

第三十三条　国家依法采取必要措施，保护海外中国公民、组织和机构的安全和正当权益，保护国家的海外利益不受威胁和侵害。

第三十四条　国家根据经济社会发展和国家发展利益的需要，不断完善维护国家安全的任务。

## 第三章　维护国家安全的职责

第三十五条　全国人民代表大会依照宪法规定，决定战争和和平的问题，行使宪法规定的涉及国家安全的其他职权。

全国人民代表大会常务委员会依照宪法规定，决定战争状态的宣布，决定全国总动员或者局部动员，决定全国或者个别省、自治区、直辖市进入紧急状态，行使宪法规定的和全国人民代表大会授予的涉及国家安全的其他职权。

第三十六条　中华人民共和国主席根据全国人民代表大会的决定和全国人民代表大会常务委员会的决定，宣布进入紧急状态，宣布战争状态，发布动员令，行使宪法规定的涉及国家安全的其他职权。

第三十七条　国务院根据宪法和法律，制定涉及国家安全的行政法规，规定有关行政措施，发布有关决定和命令；实施国家安全法律法规和政策；依照法律规定决定省、自治区、直辖市的范围内部分地区进入紧急状态；行使宪法法律规定的和全国人民代表大会及其常务委员会授予的涉及国家安全的其他职权。

**第三十八条** 中央军事委员会领导全国武装力量,决定军事战略和武装力量的作战方针,统一指挥维护国家安全的军事行动,制定涉及国家安全的军事法规,发布有关决定和命令。

**第三十九条** 中央国家机关各部门按照职责分工,贯彻执行国家安全方针政策和法律法规,管理指导本系统、本领域国家安全工作。

**第四十条** 地方各级人民代表大会和县级以上地方各级人民代表大会常务委员会在本行政区域内,保证国家安全法律法规的遵守和执行。

地方各级人民政府依照法律法规规定管理本行政区域内的国家安全工作。

香港特别行政区、澳门特别行政区应当履行维护国家安全的责任。

**第四十一条** 人民法院依照法律规定行使审判权,人民检察院依照法律规定行使检察权,惩治危害国家安全的犯罪。

**第四十二条** 国家安全机关、公安机关依法搜集涉及国家安全的情报信息,在国家安全工作中依法行使侦查、拘留、预审和执行逮捕以及法律规定的其他职权。

有关军事机关在国家安全工作中依法行使相关职权。

**第四十三条** 国家机关及其工作人员在履行职责时,应当贯彻维护国家安全的原则。

国家机关及其工作人员在国家安全工作和涉及国家安全活动中,应当严格依法履行职责,不得超越职权、滥用职权,不得侵犯个人和组织的合法权益。

## 第四章　国家安全制度

### 第一节　一般规定

**第四十四条** 中央国家安全领导机构实行统分结合、协调高效的国家安全制度与工作机制。

**第四十五条** 国家建立国家安全重点领域工作协调机制,统筹协调中央有关职能部门推进相关工作。

**第四十六条** 国家建立国家安全工作督促检查和责任追究机制,确保国家安全战略和重大部署贯彻落实。

第四十七条　各部门、各地区应当采取有效措施，贯彻实施国家安全战略。

第四十八条　国家根据维护国家安全工作需要，建立跨部门会商工作机制，就维护国家安全工作的重大事项进行会商研判，提出意见和建议。

第四十九条　国家建立中央与地方之间、部门之间、军地之间以及地区之间关于国家安全的协同联动机制。

第五十条　国家建立国家安全决策咨询机制，组织专家和有关方面开展对国家安全形势的分析研判，推进国家安全的科学决策。

## 第二节　情报信息

第五十一条　国家健全统一归口、反应灵敏、准确高效、运转顺畅的情报信息收集、研判和使用制度，建立情报信息工作协调机制，实现情报信息的及时收集、准确研判、有效使用和共享。

第五十二条　国家安全机关、公安机关、有关军事机关根据职责分工，依法搜集涉及国家安全的情报信息。

国家机关各部门在履行职责过程中，对于获取的涉及国家安全的有关信息应当及时上报。

第五十三条　开展情报信息工作，应当充分运用现代科学技术手段，加强对情报信息的鉴别、筛选、综合和研判分析。

第五十四条　情报信息的报送应当及时、准确、客观，不得迟报、漏报、瞒报和谎报。

## 第三节　风险预防、评估和预警

第五十五条　国家制定完善应对各领域国家安全风险预案。

第五十六条　国家建立国家安全风险评估机制，定期开展各领域国家安全风险调查评估。

有关部门应当定期向中央国家安全领导机构提交国家安全风险评估报告。

第五十七条　国家健全国家安全风险监测预警制度，根据国家安全风险程度，及时发布相应风险预警。

第五十八条　对可能即将发生或者已经发生的危害国家安全的事件，

县级以上地方人民政府及其有关主管部门应当立即按照规定向上一级人民政府及其有关主管部门报告，必要时可以越级上报。

## 第四节　审查监管

**第五十九条**　国家建立国家安全审查和监管的制度和机制，对影响或者可能影响国家安全的外商投资、特定物项和关键技术、网络信息技术产品和服务、涉及国家安全事项的建设项目，以及其他重大事项和活动，进行国家安全审查，有效预防和化解国家安全风险。

**第六十条**　中央国家机关各部门依照法律、行政法规行使国家安全审查职责，依法作出国家安全审查决定或者提出安全审查意见并监督执行。

**第六十一条**　省、自治区、直辖市依法负责本行政区域内有关国家安全审查和监管工作。

## 第五节　危机管控

**第六十二条**　国家建立统一领导、协同联动、有序高效的国家安全危机管控制度。

**第六十三条**　发生危及国家安全的重大事件，中央有关部门和有关地方根据中央国家安全领导机构的统一部署，依法启动应急预案，采取管控处置措施。

**第六十四条**　发生危及国家安全的特别重大事件，需要进入紧急状态、战争状态或者进行全国总动员、局部动员的，由全国人民代表大会、全国人民代表大会常务委员会或者国务院依照宪法和有关法律规定的权限和程序决定。

**第六十五条**　国家决定进入紧急状态、战争状态或者实施国防动员后，履行国家安全危机管控职责的有关机关依照法律规定或者全国人民代表大会常务委员会规定，有权采取限制公民和组织权利、增加公民和组织义务的特别措施。

**第六十六条**　履行国家安全危机管控职责的有关机关依法采取处置国家安全危机的管控措施，应当与国家安全危机可能造成的危害的性质、程度和范围相适应；有多种措施可供选择的，应当选择有利于最大程度保护公民、组织权益的措施。

**第六十七条** 国家健全国家安全危机的信息报告和发布机制。

国家安全危机事件发生后，履行国家安全危机管控职责的有关机关，应当按照规定准确、及时报告，并依法将有关国家安全危机事件发生、发展、管控处置及善后情况统一向社会发布。

**第六十八条** 国家安全威胁和危害得到控制或者消除后，应当及时解除管控处置措施，做好善后工作。

# 第五章 国家安全保障

**第六十九条** 国家健全国家安全保障体系，增强维护国家安全的能力。

**第七十条** 国家健全国家安全法律制度体系，推动国家安全法治建设。

**第七十一条** 国家加大对国家安全各项建设的投入，保障国家安全工作所需经费和装备。

**第七十二条** 承担国家安全战略物资储备任务的单位，应当按照国家有关规定和标准对国家安全物资进行收储、保管和维护，定期调整更换，保证储备物资的使用效能和安全。

**第七十三条** 鼓励国家安全领域科技创新，发挥科技在维护国家安全中的作用。

**第七十四条** 国家采取必要措施，招录、培养和管理国家安全工作专门人才和特殊人才。

根据维护国家安全工作的需要，国家依法保护有关机关专门从事国家安全工作人员的身份和合法权益，加大人身保护和安置保障力度。

**第七十五条** 国家安全机关、公安机关、有关军事机关开展国家安全专门工作，可以依法采取必要手段和方式，有关部门和地方应当在职责范围内提供支持和配合。

**第七十六条** 国家加强国家安全新闻宣传和舆论引导，通过多种形式开展国家安全宣传教育活动，将国家安全教育纳入国民教育体系和公务员教育培训体系，增强全民国家安全意识。

## 第六章  公民、组织的义务和权利

**第七十七条**  公民和组织应当履行下列维护国家安全的义务：

（一）遵守宪法、法律法规关于国家安全的有关规定；

（二）及时报告危害国家安全活动的线索；

（三）如实提供所知悉的涉及危害国家安全活动的证据；

（四）为国家安全工作提供便利条件或者其他协助；

（五）向国家安全机关、公安机关和有关军事机关提供必要的支持和协助；

（六）保守所知悉的国家秘密；

（七）法律、行政法规规定的其他义务。

任何个人和组织不得有危害国家安全的行为，不得向危害国家安全的个人或者组织提供任何资助或者协助。

**第七十八条**  机关、人民团体、企业事业组织和其他社会组织应当对本单位的人员进行维护国家安全的教育，动员、组织本单位的人员防范、制止危害国家安全的行为。

**第七十九条**  企业事业组织根据国家安全工作的要求，应当配合有关部门采取相关安全措施。

**第八十条**  公民和组织支持、协助国家安全工作的行为受法律保护。

因支持、协助国家安全工作，本人或者其近亲属的人身安全面临危险的，可以向公安机关、国家安全机关请求予以保护。公安机关、国家安全机关应当会同有关部门依法采取保护措施。

**第八十一条**  公民和组织因支持、协助国家安全工作导致财产损失的，按照国家有关规定给予补偿；造成人身伤害或者死亡的，按照国家有关规定给予抚恤优待。

**第八十二条**  公民和组织对国家安全工作有向国家机关提出批评建议的权利，对国家机关及其工作人员在国家安全工作中的违法失职行为有提出申诉、控告和检举的权利。

**第八十三条**  在国家安全工作中，需要采取限制公民权利和自由的特别措施时，应当依法进行，并以维护国家安全的实际需要为限度。

## 第七章 附 则

**第八十四条** 本法自公布之日起施行。

# 中华人民共和国国家情报法

（2017 年 6 月 27 日第十二届全国人民代表大会常务委员会
第二十八次会议通过 根据 2018 年 4 月 27 日第十三届全国人民
代表大会常务委员会第二次会议《关于修改〈中华人民共和国
国境卫生检疫法〉等六部法律的决定》修正）

## 第一章 总 则

**第一条** 为了加强和保障国家情报工作，维护国家安全和利益，根据宪法，制定本法。

**第二条** 国家情报工作坚持总体国家安全观，为国家重大决策提供情报参考，为防范和化解危害国家安全的风险提供情报支持，维护国家政权、主权、统一和领土完整、人民福祉、经济社会可持续发展和国家其他重大利益。

**第三条** 国家建立健全集中统一、分工协作、科学高效的国家情报体制。

中央国家安全领导机构对国家情报工作实行统一领导，制定国家情报工作方针政策，规划国家情报工作整体发展，建立健全国家情报工作协调机制，统筹协调各领域国家情报工作，研究决定国家情报工作中的重大事项。

中央军事委员会统一领导和组织军队情报工作。

**第四条** 国家情报工作坚持公开工作与秘密工作相结合、专门工作与群众路线相结合、分工负责与协作配合相结合的原则。

**第五条** 国家安全机关和公安机关情报机构、军队情报机构（以下统称国家情报工作机构）按照职责分工，相互配合，做好情报工作、开展情报行动。

各有关国家机关应当根据各自职能和任务分工，与国家情报工作机构密切配合。

**第六条** 国家情报工作机构及其工作人员应当忠于国家和人民，遵守宪法和法律，忠于职守，纪律严明，清正廉洁，无私奉献，坚决维护国家安全和利益。

**第七条** 任何组织和公民都应当依法支持、协助和配合国家情报工作，保守所知悉的国家情报工作秘密。

国家对支持、协助和配合国家情报工作的个人和组织给予保护。

**第八条** 国家情报工作应当依法进行，尊重和保障人权，维护个人和组织的合法权益。

**第九条** 国家对在国家情报工作中作出重大贡献的个人和组织给予表彰和奖励。

## 第二章　国家情报工作机构职权

**第十条** 国家情报工作机构根据工作需要，依法使用必要的方式、手段和渠道，在境内外开展情报工作。

**第十一条** 国家情报工作机构应当依法搜集和处理境外机构、组织、个人实施或者指使、资助他人实施的，或者境内外机构、组织、个人相勾结实施的危害中华人民共和国国家安全和利益行为的相关情报，为防范、制止和惩治上述行为提供情报依据或者参考。

**第十二条** 国家情报工作机构可以按照国家有关规定，与有关个人和组织建立合作关系，委托开展相关工作。

**第十三条** 国家情报工作机构可以按照国家有关规定，开展对外交流与合作。

**第十四条** 国家情报工作机构依法开展情报工作，可以要求有关机关、组织和公民提供必要的支持、协助和配合。

**第十五条** 国家情报工作机构根据工作需要，按照国家有关规定，经过严格的批准手续，可以采取技术侦察措施和身份保护措施。

**第十六条** 国家情报工作机构工作人员依法执行任务时，按照国家有关规定，经过批准，出示相应证件，可以进入限制进入的有关区域、场所，可以向有关机关、组织和个人了解、询问有关情况，可以查阅或者调取有关的档案、资料、物品。

**第十七条** 国家情报工作机构工作人员因执行紧急任务需要，经出示相应证件，可以享受通行便利。

国家情报工作机构工作人员根据工作需要，按照国家有关规定，可以优先使用或者依法征用有关机关、组织和个人的交通工具、通信工具、场地和建筑物，必要时，可以设置相关工作场所和设备、设施，任务完成后应当及时归还或者恢复原状，并依照规定支付相应费用；造成损失的，应当补偿。

**第十八条** 国家情报工作机构根据工作需要，按照国家有关规定，可以提请海关、出入境边防检查等机关提供免检等便利。

**第十九条** 国家情报工作机构及其工作人员应当严格依法办事，不得超越职权、滥用职权，不得侵犯公民和组织的合法权益，不得利用职务便利为自己或者他人谋取私利，不得泄露国家秘密、商业秘密和个人信息。

## 第三章　国家情报工作保障

**第二十条** 国家情报工作机构及其工作人员依法开展情报工作，受法律保护。

**第二十一条** 国家加强国家情报工作机构建设，对其机构设置、人员、编制、经费、资产实行特殊管理，给予特殊保障。

国家建立适应情报工作需要的人员录用、选调、考核、培训、待遇、退出等管理制度。

**第二十二条** 国家情报工作机构应当适应情报工作需要，提高开展情报工作的能力。

国家情报工作机构应当运用科学技术手段，提高对情报信息的鉴别、筛选、综合和研判分析水平。

**第二十三条** 国家情报工作机构工作人员因执行任务，或者与国家情报工作机构建立合作关系的人员因协助国家情报工作，其本人或者近亲属人身安全受到威胁时，国家有关部门应当采取必要措施，予以保护、营救。

**第二十四条** 对为国家情报工作作出贡献并需要安置的人员，国家给予妥善安置。

公安、民政、财政、卫生、教育、人力资源社会保障、退役军人事务、医疗保障等有关部门以及国有企业事业单位应当协助国家情报工作机构做好安置工作。

**第二十五条** 对因开展国家情报工作或者支持、协助和配合国家情报工作导致伤残或者牺牲、死亡的人员，按照国家有关规定给予相应的抚恤优待。

个人和组织因支持、协助和配合国家情报工作导致财产损失的，按照国家有关规定给予补偿。

**第二十六条** 国家情报工作机构应当建立健全严格的监督和安全审查制度，对其工作人员遵守法律和纪律等情况进行监督，并依法采取必要措施，定期或者不定期进行安全审查。

**第二十七条** 任何个人和组织对国家情报工作机构及其工作人员超越职权、滥用职权和其他违法违纪行为，有权检举、控告。受理检举、控告的有关机关应当及时查处，并将查处结果告知检举人、控告人。

对依法检举、控告国家情报工作机构及其工作人员的个人和组织，任何个人和组织不得压制和打击报复。

国家情报工作机构应当为个人和组织检举、控告、反映情况提供便利渠道，并为检举人、控告人保密。

## 第四章　法　律　责　任

**第二十八条** 违反本法规定，阻碍国家情报工作机构及其工作人员依法开展情报工作的，由国家情报工作机构建议相关单位给予处分或者由国家安全机关、公安机关处警告或者十五日以下拘留；构成犯罪的，依法追究刑事责任。

**第二十九条** 泄露与国家情报工作有关的国家秘密的，由国家情报工作机构建议相关单位给予处分或者由国家安全机关、公安机关处警告或者十五日以下拘留；构成犯罪的，依法追究刑事责任。

**第三十条** 冒充国家情报工作机构工作人员或者其他相关人员实施招摇撞骗、诈骗、敲诈勒索等行为的，依照《中华人民共和国治安管理处罚法》的规定处罚；构成犯罪的，依法追究刑事责任。

**第三十一条** 国家情报工作机构及其工作人员有超越职权、滥用职权，侵犯公民和组织的合法权益，利用职务便利为自己或者他人谋取私利、泄露国家秘密、商业秘密和个人信息等违法违纪行为的，依法给予处分；构成犯罪的，依法追究刑事责任。

## 第五章　附　　则

**第三十二条**　本法自 2017 年 6 月 28 日起施行。

# 中华人民共和国反间谍法

（2014 年 11 月 1 日第十二届全国人民代表大会常务委员会第十一次会议通过　2023 年 4 月 26 日第十四届全国人民代表大会常务委员会第二次会议修订　2023 年 4 月 26 日中华人民共和国主席令第 4 号公布　自 2023 年 7 月 1 日起施行）

## 第一章　总　　则

**第一条**　为了加强反间谍工作，防范、制止和惩治间谍行为，维护国家安全，保护人民利益，根据宪法，制定本法。

**第二条**　反间谍工作坚持党中央集中统一领导，坚持总体国家安全观，坚持公开工作与秘密工作相结合、专门工作与群众路线相结合，坚持积极防御、依法惩治、标本兼治，筑牢国家安全人民防线。

**第三条**　反间谍工作应当依法进行，尊重和保障人权，保障个人和组织的合法权益。

**第四条**　本法所称间谍行为，是指下列行为：

（一）间谍组织及其代理人实施或者指使、资助他人实施，或者境内外机构、组织、个人与其相勾结实施的危害中华人民共和国国家安全的活动；

（二）参加间谍组织或者接受间谍组织及其代理人的任务，或者投靠间谍组织及其代理人；

（三）间谍组织及其代理人以外的其他境外机构、组织、个人实施或者指使、资助他人实施，或者境内机构、组织、个人与其相勾结实施的窃取、刺探、收买、非法提供国家秘密、情报以及其他关系国家安全和利益的文件、数据、资料、物品，或者策动、引诱、胁迫、收买国家工作人员叛变的活动；

（四）间谍组织及其代理人实施或者指使、资助他人实施，或者境内外机构、组织、个人与其相勾结实施针对国家机关、涉密单位或者关键信息基础设施等的网络攻击、侵入、干扰、控制、破坏等活动；

（五）为敌人指示攻击目标；

（六）进行其他间谍活动。

间谍组织及其代理人在中华人民共和国领域内，或者利用中华人民共和国的公民、组织或者其他条件，从事针对第三国的间谍活动，危害中华人民共和国国家安全的，运用本法。

**第五条**　国家建立反间谍工作协调机制，统筹协调反间谍工作中的重大事项，研究、解决反间谍工作中的重大问题。

**第六条**　国家安全机关是反间谍工作的主管机关。

公安、保密等有关部门和军队有关部门按照职责分工，密切配合，加强协调，依法做好有关工作。

**第七条**　中华人民共和国公民有维护国家的安全、荣誉和利益的义务，不得有危害国家的安全、荣誉和利益的行为。

一切国家机关和武装力量、各政党和各人民团体、企业事业组织和其他社会组织，都有防范、制止间谍行为，维护国家安全的义务。

国家安全机关在反间谍工作中必须依靠人民的支持，动员、组织人民防范、制止间谍行为。

**第八条**　任何公民和组织都应当依法支持、协助反间谍工作，保守所知悉的国家秘密和反间谍工作秘密。

**第九条**　国家对支持、协助反间谍工作的个人和组织给予保护。

对举报间谍行为或者在反间谍工作中做出重大贡献的个人和组织，按照国家有关规定给予表彰和奖励。

**第十条**　境外机构、组织、个人实施或者指使、资助他人实施的，或者境内机构、组织、个人与境外机构、组织、个人相勾结实施的危害中华人民共和国国家安全的间谍行为，都必须受到法律追究。

**第十一条**　国家安全机关及其工作人员在工作中，应当严格依法办事，不得超越职权、滥用职权，不得侵犯个人和组织的合法权益。

国家安全机关及其工作人员依法履行反间谍工作职责获取的个人和组织的信息，只能用于反间谍工作。对属于国家秘密、工作秘密、商业秘密和个人隐私、个人信息的，应当保密。

## 第二章　安全防范

**第十二条**　国家机关、人民团体、企业事业组织和其他社会组织承担本单位反间谍安全防范工作的主体责任，落实反间谍安全防范措施，对本单位的人员进行维护国家安全的教育，动员、组织本单位的人员防范、制止间谍行为。

地方各级人民政府、相关行业主管部门按照职责分工，管理本行政区域、本行业有关反间谍安全防范工作。

国家安全机关依法协调指导、监督检查反间谍安全防范工作。

**第十三条**　各级人民政府和有关部门应当组织开展反间谍安全防范宣传教育，将反间谍安全防范知识纳入教育、培训、普法宣传内容，增强全民反间谍安全防范意识和国家安全素养。

新闻、广播、电视、文化、互联网信息服务等单位，应当面向社会有针对性地开展反间谍宣传教育。

国家安全机关应当根据反间谍安全防范形势，指导有关单位开展反间谍宣传教育活动，提高防范意识和能力。

**第十四条**　任何个人和组织都不得非法获取、持有属于国家秘密的文件、数据、资料、物品。

**第十五条**　任何个人和组织都不得非法生产、销售、持有、使用间谍活动特殊需要的专用间谍器材。专用间谍器材由国务院国家安全主管部门依照国家有关规定确认。

**第十六条**　任何公民和组织发现间谍行为，应当及时向国家安全机关举报；向公安机关等其他国家机关、组织举报的，相关国家机关、组织应当立即移送国家安全机关处理。

国家安全机关应当将受理举报的电话、信箱、网络平台等向社会公开，依法及时处理举报信息，并为举报人保密。

**第十七条**　国家建立反间谍安全防范重点单位管理制度。

反间谍安全防范重点单位应当建立反间谍安全防范工作制度，履行反间谍安全防范工作要求，明确内设职能部门和人员承担反间谍安全防范职责。

第十八条　反间谍安全防范重点单位应当加强对工作人员反间谍安全防范的教育和管理，对离岗离职人员脱密期内履行反间谍安全防范义务的情况进行监督检查。

第十九条　反间谍安全防范重点单位应当加强对涉密事项、场所、载体等的日常安全防范管理，采取隔离加固、封闭管理、设置警戒等反间谍物理防范措施。

第二十条　反间谍安全防范重点单位应当按照反间谍技术防范的要求和标准，采取相应的技术措施和其他必要措施，加强对要害部门部位、网络设施、信息系统的反间谍技术防范。

第二十一条　在重要国家机关、国防军工单位和其他重要涉密单位以及重要军事设施的周边安全控制区域内新建、改建、扩建建设项目的，由国家安全机关实施涉及国家安全事项的建设项目许可。

县级以上地方各级人民政府编制国民经济和社会发展规划、国土空间规划等有关规划，应当充分考虑国家安全因素和划定的安全控制区域，征求国家安全机关的意见。

安全控制区域的划定应当统筹发展和安全，坚持科学合理、确有必要的原则，由国家安全机关会同发展改革、自然资源、住房城乡建设、保密、国防科技工业等部门以及军队有关部门共同划定，报省、自治区、直辖市人民政府批准并动态调整。

涉及国家安全事项的建设项目许可的具体实施办法，由国务院国家安全主管部门会同有关部门制定。

第二十二条　国家安全机关根据反间谍工作需要，可以会同有关部门制定反间谍技术防范标准，指导有关单位落实反间谍技术防范措施，对存在隐患的单位，经过严格的批准手续，可以进行反间谍技术防范检查和检测。

# 第三章　调查处置

第二十三条　国家安全机关在反间谍工作中依法行使本法和有关法律规定的职权。

第二十四条　国家安全机关工作人员依法执行反间谍工作任务时，依照规定出示工作证件，可以查验中国公民或者境外人员的身份证明，向有关个人和组织问询有关情况，对身份不明、有间谍行为嫌疑的人员，可以查看其随带物品。

第二十五条　国家安全机关工作人员依法执行反间谍工作任务时，经设区的市级以上国家安全机关负责人批准，出示工作证件，可以查验有关个人和组织的电子设备、设施及有关程序、工具。查验中发现存在危害国家安全情形的，国家安全机关应当责令其采取措施立即整改。拒绝整改或者整改后仍存在危害国家安全隐患的，可以予以查封、扣押。

对依照前款规定查封、扣押的电子设备、设施及有关程序、工具，在危害国家安全的情形消除后，国家安全机关应当及时解除查封、扣押。

第二十六条　国家安全机关工作人员依法执行反间谍工作任务时，根据国家有关规定，经设区的市级以上国家安全机关负责人批准，可以查阅、调取有关的文件、数据、资料、物品，有关个人和组织应当予以配合。查阅、调取不得超出执行反间谍工作任务所需的范围和限度。

第二十七条　需要传唤违反本法的人员接受调查的，经国家安全机关办案部门负责人批准，使用传唤证传唤。对现场发现的违反本法的人员，国家安全机关工作人员依照规定出示工作证件，可以口头传唤，但应当在询问笔录中注明。传唤的原因和依据应当告知被传唤人。对无正当理由拒不接受传唤或者逃避传唤的人，可以强制传唤。

国家安全机关应当在被传唤人所在市、县内的指定地点或者其住所进行询问。

国家安全机关对被传唤人应当及时询问查证。询问查证的时间不得超过八小时；情况复杂，可能适用行政拘留或者涉嫌犯罪的，询问查证的时间不得超过二十四小时。国家安全机关应当为被传唤人提供必要的饮食和休息时间。严禁连续传唤。

除无法通知或者可能妨碍调查的情形以外，国家安全机关应当及时将传唤的原因通知被传唤人家属。在上述情形消失后，应当立即通知被传唤人家属。

第二十八条　国家安全机关调查间谍行为，经设区的市级以上国家安全机关负责人批准，可以依法对涉嫌间谍行为的人身、物品、场所进行检查。

检查女性身体的，应当由女性工作人员进行。

**第二十九条** 国家安全机关调查间谍行为，经设区的市级以上国家安全机关负责人批准，可以查询涉嫌间谍行为人员的相关财产信息。

**第三十条** 国家安全机关调查间谍行为，经设区的市级以上国家安全机关负责人批准，可以对涉嫌用于间谍行为的场所、设施或者财物依法查封、扣押、冻结；不得查封、扣押、冻结与被调查的间谍行为无关的场所、设施或者财物。

**第三十一条** 国家安全机关工作人员在反间谍工作中采取查阅、调取、传唤、检查、查询、查封、扣押、冻结等措施，应当由二人以上进行，依照有关规定出示工作证件及相关法律文书，并由相关人员在有关笔录等书面材料上签名、盖章。

国家安全机关工作人员进行检查、查封、扣押等重要取证工作，应当对全过程进行录音录像，留存备查。

**第三十二条** 在国家安全机关调查了解有关间谍行为的情况、收集有关证据时，有关个人和组织应当如实提供，不得拒绝。

**第三十三条** 对出境后可能对国家安全造成危害，或者对国家利益造成重大损失的中国公民，国务院国家安全主管部门可以决定其在一定期限内不准出境，并通知移民管理机构。

对涉嫌间谍行为人员，省级以上国家安全机关可以通知移民管理机构不准其出境。

**第三十四条** 对入境后可能进行危害中华人民共和国国家安全活动的境外人员，国务院国家安全主管部门可以通知移民管理机构不准其入境。

**第三十五条** 对国家安全机关通知不准出境或者不准入境的人员，移民管理机构应当按照国家有关规定执行；不准出境、入境情形消失的，国家安全机关应当及时撤销不准出境、入境决定，并通知移民管理机构。

**第三十六条** 国家安全机关发现涉及间谍行为的网络信息内容或者网络攻击等风险，应当依照《中华人民共和国网络安全法》规定的职责分工，及时通报有关部门，由其依法处置或者责令电信业务经营者、互联网服务提供者及时采取修复漏洞、加固网络防护、停止传输、消除程序和内容、暂停相关服务、下架相关应用、关闭相关网站等措施，保存相关记录。情况紧急，不立即采取措施将对国家安全造成严重危害的，由国家安全机关责令有关单位修复漏洞、停止相关传输、暂停相关服务，并通报有关部门。

经采取相关措施，上述信息内容或者风险已经消除的，国家安全机关和有关部门应当及时作出恢复相关传输和服务的决定。

**第三十七条** 国家安全机关因反间谍工作需要，根据国家有关规定，经过严格的批准手续，可以采取技术侦察措施和身份保护措施。

**第三十八条** 对违反本法规定，涉嫌犯罪，需要对有关事项是否属于国家秘密或者情报进行鉴定以及需要对危害后果进行评估的，由国家保密部门或者省、自治区、直辖市保密部门按照程序在一定期限内进行鉴定和组织评估。

**第三十九条** 国家安全机关经调查，发现间谍行为涉嫌犯罪的，应当依照《中华人民共和国刑事诉讼法》的规定立案侦查。

## 第四章 保障与监督

**第四十条** 国家安全机关工作人员依法履行职责，受法律保护。

**第四十一条** 国家安全机关依法调查间谍行为，邮政、快递等物流运营单位和电信业务经营者、互联网服务提供者应当提供必要的支持和协助。

**第四十二条** 国家安全机关工作人员因执行紧急任务需要，经出示工作证件，享有优先乘坐公共交通工具、优先通行等通行便利。

**第四十三条** 国家安全机关工作人员依法执行任务时，依照规定出示工作证件，可以进入有关场所、单位；根据国家有关规定，经过批准，出示工作证件，可以进入限制进入的有关地区、场所、单位。

**第四十四条** 国家安全机关因反间谍工作需要，根据国家有关规定，可以优先使用或者依法征用国家机关、人民团体、企业事业组织和其他社会组织以及个人的交通工具、通信工具、场地和建筑物等，必要时可以设置相关工作场所和设施设备，任务完成后应当及时归还或者恢复原状，并依照规定支付相应费用；造成损失的，应当给予补偿。

**第四十五条** 国家安全机关因反间谍工作需要，根据国家有关规定，可以提请海关、移民管理等检查机关对有关人员提供通关便利，对有关资料、器材等予以免检。有关检查机关应当依法予以协助。

第四十六条　国家安全机关工作人员因执行任务，或者个人因协助执行反间谍工作任务，本人或者其近亲属的人身安全受到威胁时，国家安全机关应当会同有关部门依法采取必要措施，予以保护、营救。

个人因支持、协助反间谍工作，本人或者其近亲属的人身安全面临危险的，可以向国家安全机关请求予以保护。国家安全机关应当会同有关部门依法采取保护措施。

个人和组织因支持、协助反间谍工作导致财产损失的，根据国家有关规定给予补偿。

第四十七条　对为反间谍工作做出贡献并需要安置的人员，国家给予妥善安置。

公安、民政、财政、卫生健康、教育、人力资源和社会保障、退役军人事务、医疗保障、移民管理等有关部门以及国有企业事业单位应当协助国家安全机关做好安置工作。

第四十八条　对因开展反间谍工作或者支持、协助反间谍工作导致伤残或者牺牲、死亡的人员，根据国家有关规定给予相应的抚恤优待。

第四十九条　国家鼓励反间谍领域科技创新，发挥科技在反间谍工作中的作用。

第五十条　国家安全机关应当加强反间谍专业力量人才队伍建设和专业训练，提升反间谍工作能力。

对国家安全机关工作人员应当有计划地进行政治、理论和业务培训。培训应当坚持理论联系实际、按需施教、讲求实效，提高专业能力。

第五十一条　国家安全机关应当严格执行内部监督和安全审查制度，对其工作人员遵守法律和纪律等情况进行监督，并依法采取必要措施，定期或者不定期进行安全审查。

第五十二条　任何个人和组织对国家安全机关及其工作人员超越职权、滥用职权和其他违法行为，都有权向上级国家安全机关或者监察机关、人民检察院等有关部门检举、控告。受理检举、控告的国家安全机关或者监察机关、人民检察院等有关部门应当及时查清事实，依法处理，并将处理结果及时告知检举人、控告人。

对支持、协助国家安全机关工作或者依法检举、控告的个人和组织，任何个人和组织不得压制和打击报复。

# 第五章 法 律 责 任

**第五十三条** 实施间谍行为，构成犯罪的，依法追究刑事责任。

**第五十四条** 个人实施间谍行为，尚不构成犯罪的，由国家安全机关予以警告或者处十五日以下行政拘留，单处或者并处五万元以下罚款，违法所得在五万元以上的，单处或者并处违法所得一倍以上五倍以下罚款，并可以由有关部门依法予以处分。

明知他人实施间谍行为，为其提供信息、资金、物资、劳务、技术、场所等支持、协助，或者窝藏、包庇，尚不构成犯罪的，依照前款的规定处罚。

单位有前两款行为的，由国家安全机关予以警告，单处或者并处五十万元以下罚款，违法所得在五十万元以上的，单处或者并处违法所得一倍以上五倍以下罚款，并对直接负责的主管人员和其他直接责任人员，依照第一款的规定处罚。

国家安全机关根据相关单位、人员违法情节和后果，可以建议有关主管部门依法责令停止从事相关业务、提供相关服务或者责令停产停业、吊销有关证照、撤销登记。有关主管部门应当将作出行政处理的情况及时反馈国家安全机关。

**第五十五条** 实施间谍行为，有自首或者立功表现的，可以从轻、减轻或者免除处罚；有重大立功表现的，给予奖励。

在境外受胁迫或者受诱骗参加间谍组织、敌对组织，从事危害中华人民共和国国家安全的活动，及时向中华人民共和国驻外机构如实说明情况，或者入境后直接或者通过所在单位及时向国家安全机关如实说明情况，并有悔改表现的，可以不予追究。

**第五十六条** 国家机关、人民团体、企业事业组织和其他社会组织未按照本法规定履行反间谍安全防范义务的，国家安全机关可以责令改正；未按照要求改正的，国家安全机关可以约谈相关负责人，必要时可以将约谈情况通报该单位上级主管部门；产生危害后果或者不良影响的，国家安全机关可以予以警告、通报批评；情节严重的，对负有责任的领导人员和直接责任人员，由有关部门依法予以处分。

**第五十七条** 违反本法第二十一条规定新建、改建、扩建建设项目的，由国家安全机关责令改正，予以警告；拒不改正或者情节严重的，责令停止建设或者使用、暂扣或者吊销许可证件，或者建议有关主管部门依法予以处理。

**第五十八条**　违反本法第四十一条规定的，由国家安全机关责令改正，予以警告或者通报批评；拒不改正或者情节严重的，由有关主管部门依照相关法律法规予以处罚。

**第五十九条**　违反本法规定，拒不配合数据调取的，由国家安全机关依照《中华人民共和国数据安全法》的有关规定予以处罚。

**第六十条**　违反本法规定，有下列行为之一，构成犯罪的，依法追究刑事责任；尚不构成犯罪的，由国家安全机关予以警告或者处十日以下行政拘留，可以并处三万元以下罚款：

（一）泄露有关反间谍工作的国家秘密；

（二）明知他人有间谍犯罪行为，在国家安全机关向其调查有关情况、收集有关证据时，拒绝提供；

（三）故意阻碍国家安全机关依法执行任务；

（四）隐藏、转移、变卖、损毁国家安全机关依法查封、扣押、冻结的财物；

（五）明知是间谍行为的涉案财物而窝藏、转移、收购、代为销售或者以其他方法掩饰、隐瞒；

（六）对依法支持、协助国家安全机关工作的个人和组织进行打击报复。

**第六十一条**　非法获取、持有属于国家秘密的文件、数据、资料、物品，以及非法生产、销售、持有、使用专用间谍器材，尚不构成犯罪的，由国家安全机关予以警告或者处十日以下行政拘留。

**第六十二条**　国家安全机关对依照本法查封、扣押、冻结的财物，应当妥善保管，并按照下列情形分别处理：

（一）涉嫌犯罪的，依照《中华人民共和国刑事诉讼法》等有关法律的规定处理；

（二）尚不构成犯罪，有违法事实的，对依法应当没收的予以没收，依法应当销毁的予以销毁；

（三）没有违法事实的，或者与案件无关的，应当解除查封、扣押、冻结，并及时返还相关财物；造成损失的，应当依法予以赔偿。

**第六十三条** 涉案财物符合下列情形之一的，应当依法予以追缴、没收，或者采取措施消除隐患：

（一）违法所得的财物及其孳息、收益，供实施间谍行为所用的本人财物；

（二）非法获取、持有的属于国家秘密的文件、数据、资料、物品；

（三）非法生产、销售、持有、使用的专用间谍器材。

**第六十四条** 行为人及其近亲属或者其他相关人员，因行为人实施间谍行为从间谍组织及其代理人获取的所有利益，由国家安全机关依法采取追缴、没收等措施。

**第六十五条** 国家安全机关依法收缴的罚款以及没收的财物，一律上缴国库。

**第六十六条** 境外人员违反本法的，国务院国家安全主管部门可以决定限期出境，并决定其不准入境的期限。未在规定期限内离境的，可以遣送出境。

对违反本法的境外人员，国务院国家安全主管部门决定驱逐出境的，自被驱逐出境之日起十年内不准入境，国务院国家安全主管部门的处罚决定为最终决定。

**第六十七条** 国家安全机关作出行政处罚决定之前，应当告知当事人拟作出的行政处罚内容及事实、理由、依据，以及当事人依法享有的陈述、申辩、要求听证等权利，并依照《中华人民共和国行政处罚法》的有关规定实施。

**第六十八条** 当事人对行政处罚决定、行政强制措施决定、行政许可决定不服的，可以自收到决定书之日起六十日内，依法申请复议；对复议决定不服的，可以自收到复议决定书之日起十五日内，依法向人民法院提起诉讼。

**第六十九条** 国家安全机关工作人员滥用职权、玩忽职守、徇私舞弊，或者有非法拘禁、刑讯逼供、暴力取证、违反规定泄露国家秘密、工作秘密、商业秘密和个人隐私、个人信息等行为，依法予以处分，构成犯罪的，依法追究刑事责任。

## 第六章　附　则

**第七十条**　国家安全机关依照法律、行政法规和国家有关规定，履行防范、制止和惩治间谍行为以外的危害国家安全行为的职责，适用本法的有关规定。

公安机关在依法履行职责过程中发现、惩治危害国家安全的行为，适用本法的有关规定。

**第七十一条**　本法自 2023 年 7 月 1 日起施行。

# 中华人民共和国反间谍法实施细则①

（2017 年 11 月 22 日中华人民共和国国务院令第 692 号公布　自公布之日起施行）

## 第一章　总　则

**第一条**　根据《中华人民共和国反间谍法》（以下简称《反间谍法》），制定本实施细则。

**第二条**　国家安全机关负责本细则的实施。

公安、保密行政管理等其他有关部门和军队有关部门按照职责分工，密切配合，加强协调，依法做好有关工作。

**第三条**　《反间谍法》所称"境外机构、组织"包括境外机构、组织在中华人民共和国境内设立的分支（代表）机构和分支组织；所称"境外个人"包括居住在中华人民共和国境内不具有中华人民共和国国籍的人。

**第四条**　《反间谍法》所称"间谍组织代理人"，是指受间谍组织或者其成员的指使、委托、资助，进行或者授意、指使他人进行危害中华人民共和国国家安全活动的人。

---

①　本实施细则根据 2014 年第十二届全国人民代表大会常务委员会第十一次会议通过的《中华人民共和国反间谍法》制定。2023 年 4 月 26 日第十四届全国人民代表大会常务委员会第二次会议对反间谍法做了修订。——编者注

间谍组织和间谍组织代理人由国务院国家安全主管部门确认。

**第五条** 《反间谍法》所称"敌对组织",是指敌视中华人民共和国人民民主专政的政权和社会主义制度,危害国家安全的组织。

敌对组织由国务院国家安全主管部门或者国务院公安部门确认。

**第六条** 《反间谍法》所称"资助"实施危害中华人民共和国国家安全的间谍行为,是指境内外机构、组织、个人的下列行为:

(一)向实施间谍行为的组织、个人提供经费、场所和物资的;

(二)向组织、个人提供用于实施间谍行为的经费、场所和物资的。

**第七条** 《反间谍法》所称"勾结"实施危害中华人民共和国国家安全的间谍行为,是指境内外组织、个人的下列行为:

(一)与境外机构、组织、个人共同策划或者进行危害国家安全的间谍活动的;

(二)接受境外机构、组织、个人的资助或者指使,进行危害国家安全的间谍活动的;

(三)与境外机构、组织、个人建立联系,取得支持、帮助,进行危害国家安全的间谍活动的。

**第八条** 下列行为属于《反间谍法》第三十九条所称"间谍行为以外的其他危害国家安全行为":

(一)组织、策划、实施分裂国家、破坏国家统一,颠覆国家政权、推翻社会主义制度的;

(二)组织、策划、实施危害国家安全的恐怖活动的;

(三)捏造、歪曲事实,发表、散布危害国家安全的文字或者信息,或者制作、传播、出版危害国家安全的音像制品或者其他出版物的;

(四)利用设立社会团体或者企业事业组织,进行危害国家安全活动的;

(五)利用宗教进行危害国家安全活动的;

(六)组织、利用邪教进行危害国家安全活动的;

(七)制造民族纠纷,煽动民族分裂,危害国家安全的;

(八)境外个人违反有关规定,不听劝阻,擅自会见境内有危害国家安全行为或者有危害国家安全行为重大嫌疑的人员的。

## 第二章　国家安全机关在反间谍工作中的职权

**第九条**　境外个人被认为入境后可能进行危害中华人民共和国国家安全活动的，国务院国家安全主管部门可以决定其在一定时期内不得入境。

**第十条**　对背叛祖国、危害国家安全的犯罪嫌疑人，依据《反间谍法》第八条的规定，国家安全机关可以通缉、追捕。

**第十一条**　国家安全机关依法执行反间谍工作任务时，有权向有关组织和人员调查询问有关情况。

**第十二条**　国家安全机关工作人员依法执行反间谍工作任务时，对发现身份不明、有危害国家安全行为的嫌疑人员，可以检查其随带物品。

**第十三条**　国家安全机关执行反间谍工作紧急任务的车辆，可以配置特别通行标志和警灯、警报器。

**第十四条**　国家安全机关工作人员依法执行反间谍工作任务的行为，不受其他组织和个人的非法干涉。

国家安全机关工作人员依法执行反间谍工作任务时，应当出示国家安全部侦察证或者其他相应证件。

国家安全机关及其工作人员在工作中，应当严格依法办事，不得超越职权、滥用职权，不得侵犯组织和个人的合法权益。

## 第三章　公民和组织维护国家安全的义务和权利

**第十五条**　机关、团体和其他组织对本单位的人员进行维护国家安全的教育，动员、组织本单位的人员防范、制止间谍行为的工作，应当接受国家安全机关的协调和指导。

机关、团体和其他组织不履行《反间谍法》和本细则规定的安全防范义务，未按照要求整改或者未达到整改要求的，国家安全机关可以约谈相关负责人，将约谈情况通报该单位上级主管部门，推动落实防范间谍行为和其他危害国家安全行为的责任。

**第十六条**　下列情形属于《反间谍法》第七条所称"重大贡献"：

（一）为国家安全机关提供重要线索，发现、破获严重危害国家安全的犯罪案件的；

（二）为国家安全机关提供重要情况，防范、制止严重危害国家安全的行为发生的；

（三）密切配合国家安全机关执行国家安全工作任务，表现突出的；

（四）为维护国家安全，与危害国家安全的犯罪分子进行斗争，表现突出的；

（五）在教育、动员、组织本单位的人员防范、制止危害国家安全行为的工作中，成绩显著的。

**第十七条** 《反间谍法》第二十四条所称"非法持有属于国家秘密的文件、资料和其他物品"是指：

（一）不应知悉某项国家秘密的人员携带、存放属于该项国家秘密的文件、资料和其他物品的；

（二）可以知悉某项国家秘密的人员，未经办理手续，私自携带、留存属于该项国家秘密的文件、资料和其他物品的。

**第十八条** 《反间谍法》第二十五条所称"专用间谍器材"，是指进行间谍活动特殊需要的下列器材：

（一）暗藏式窃听、窃照器材；

（二）突发式收发报机、一次性密码本、密写工具；

（三）用于获取情报的电子监听、截收器材；

（四）其他专用间谍器材。

专用间谍器材的确认，由国务院国家安全主管部门负责。

# 第四章　法律责任

**第十九条** 实施危害国家安全的行为，由有关部门依法予以处分，国家安全机关也可以予以警告；构成犯罪的，依法追究刑事责任。

**第二十条** 下列情形属于《反间谍法》第二十七条所称"立功表现"：

（一）揭发、检举危害国家安全的其他犯罪分子，情况属实的；

（二）提供重要线索、证据，使危害国家安全的行为得以发现和制止的；

（三）协助国家安全机关、司法机关捕获其他危害国家安全的犯罪分子的；

（四）对协助国家安全机关维护国家安全有重要作用的其他行为。

"重大立功表现"，是指在前款所列立功表现的范围内对国家安全工作有特别重要作用的。

**第二十一条** 有证据证明知道他人有间谍行为，或者经国家安全机关明确告知他人有危害国家安全的犯罪行为，在国家安全机关向其调查有关情况、收集有关证据时，拒绝提供的，依照《反间谍法》第二十九条的规定处理。

**第二十二条** 国家安全机关依法执行反间谍工作任务时，公民和组织依法有义务提供便利条件或者其他协助，拒不提供或者拒不协助，构成故意阻碍国家安全机关依法执行反间谍工作任务的，依照《反间谍法》第三十条的规定处罚。

**第二十三条** 故意阻碍国家安全机关依法执行反间谍工作任务，造成国家安全机关工作人员人身伤害或者财物损失的，应当依法承担赔偿责任，并由司法机关或者国家安全机关依照《反间谍法》第三十条的规定予以处罚。

**第二十四条** 对涉嫌间谍行为的人员，国家安全机关可以决定其在一定期限内不得出境。对违反《反间谍法》的境外个人，国务院国家安全主管部门可以决定限期离境或者驱逐出境，并决定其不得入境的期限。被驱逐出境的境外个人，自被驱逐出境之日起 10 年内不得入境。

## 第五章　附　　则

**第二十五条** 国家安全机关、公安机关依照法律、行政法规和国家有关规定，履行防范、制止和惩治间谍行为以外的其他危害国家安全行为的职责，适用本细则的有关规定。

**第二十六条** 本细则目公布之日起施行。1994 年 6 月 4 日国务院发布的《中华人民共和国国家安全法实施细则》同时废止。

# 反间谍安全防范工作规定

(2021 年 4 月 26 日中华人民共和国国家安全部令 2021 年第 1 号公布 自公布之日起施行)

## 第一章 总 则

**第一条** 为了加强和规范反间谍安全防范工作，督促机关、团体、企业事业组织和其他社会组织落实反间谍安全防范责任，根据《中华人民共和国国家安全法》《中华人民共和国反间谍法》《中华人民共和国反间谍法实施细则》等有关法律法规，制定本规定。

**第二条** 机关、团体、企业事业组织和其他社会组织在国家安全机关的协调和指导下开展反间谍安全防范工作，适用本规定。

**第三条** 开展反间谍安全防范工作，应当坚持中央统一领导，坚持总体国家安全观，坚持专门工作与群众路线相结合，坚持人防物防技防相结合，严格遵守法定权限和程序，尊重和保障人权，保护公民、组织的合法权益。

**第四条** 机关、团体、企业事业组织和其他社会组织承担本单位反间谍安全防范工作的主体责任，应当对本单位的人员进行维护国家安全的教育，动员、组织本单位的人员防范、制止间谍行为和其他危害国家安全的行为。

行业主管部门在其职权范围内，监督管理本行业反间谍安全防范工作。

**第五条** 各级国家安全机关按照管理权限，依法对机关、团体、企业事业组织和其他社会组织开展反间谍安全防范工作进行业务指导和督促检查。

**第六条** 国家安全机关及其工作人员对履行反间谍安全防范指导和检查工作职责中知悉的国家秘密、工作秘密、商业秘密、个人隐私和个人信息，应当严格保密，不得泄露或者向他人非法提供。

## 第二章 反间谍安全防范责任

**第七条** 行业主管部门应当履行下列反间谍安全防范监督管理责任：

（一）根据主管行业特点，明确本行业反间谍安全防范工作要求；

（二）配合国家安全机关制定主管行业反间谍安全防范重点单位名录、开展反间谍安全防范工作；

（三）指导、督促主管行业所属重点单位履行反间谍安全防范义务；

（四）其他应当履行的反间谍安全防范行业管理责任。

有关行业主管部门应当与国家安全机关建立健全反间谍安全防范协作机制，加强信息互通、情况会商、协同指导、联合督查，共同做好反间谍安全防范工作。

第八条　机关、团体、企业事业组织和其他社会组织应当落实反间谍安全防范主体责任，履行下列义务：

（一）开展反间谍安全防范教育、培训，提高本单位人员的安全防范意识和应对能力；

（二）加强本单位反间谍安全防范管理，落实有关安全防范措施；

（三）及时向国家安全机关报告涉及间谍行为和其他危害国家安全行为的可疑情况；

（四）为国家安全机关依法执行任务提供便利或者其他协助；

（五）妥善应对和处置涉及本单位和本单位人员的反间谍安全防范突发情况；

（六）其他应当履行的反间谍安全防范义务。

第九条　国家安全机关根据单位性质、所属行业、涉密等级、涉外程度以及是否发生过危害国家安全案事件等因素，会同有关部门制定并定期调整反间谍安全防范重点单位名录，以书面形式告知重点单位。反间谍安全防范重点单位除履行本规定第八条规定的义务外，还应当履行下列义务：

（一）建立健全反间谍安全防范工作制度；

（二）明确本单位相关机构和人员承担反间谍安全防范职责；

（三）加强对涉密事项、场所、载体、数据、岗位和人员的日常安全防范管理，对涉密人员实行上岗前反间谍安全防范审查，与涉密人员签订安全防范承诺书；

（四）组织涉密、涉外人员向本单位报告涉及国家安全事项，并做好数据信息动态管理；

（五）做好涉外交流合作中的反间谍安全防范工作，制定并落实有关预案措施；

（六）做好本单位出国（境）团组、人员和长期驻外人员的反间谍安全防范行前教育、境外管理和回国（境）访谈工作；

（七）定期对涉密、涉外人员开展反间谍安全防范教育、培训；

（八）按照反间谍技术安全防范标准，配备必要的设备、设施，落实有关技术安全防范措施；

（九）定期对本单位反间谍安全防范工作进行自查，及时发现和消除安全隐患。

**第十条** 关键信息基础设施运营者除履行本规定第八条规定的义务外，还应当履行下列义务：

（一）对本单位安全管理机构负责人和关键岗位人员进行反间谍安全防范审查；

（二）定期对从业人员进行反间谍安全防范教育、培训；

（三）采取反间谍技术安全防范措施，防范、制止境外网络攻击、网络入侵、网络窃密等间谍行为，保障网络和信息核心技术、关键基础设施和重要领域信息系统及数据的安全。

列入反间谍安全防范重点单位名录的关键信息基础设施运营者，还应当履行本规定第九条规定的义务。

## 第三章　反间谍安全防范指导

**第十一条** 国家安全机关可以通过下列方式，对机关、团体、企业事业组织和其他社会组织落实反间谍安全防范责任进行指导：

（一）提供工作手册、指南等宣传教育材料；

（二）印发书面指导意见；

（三）举办工作培训；

（四）召开工作会议；

（五）提醒、劝告；

（六）其他指导方式。

**第十二条** 国家安全机关定期分析反间谍安全防范形势，开展风险评估，通报有关单位，向有关单位提出加强和改进反间谍安全防范工作的意见和建议。

**第十三条**　国家安全机关运用网络、媒体平台、国家安全教育基地（馆）等，开展反间谍安全防范宣传教育。

**第十四条**　国家安全机关会同教育主管部门，指导学校向全体师生开展反间谍安全防范教育，对参加出国（境）学习、交流的师生加强反间谍安全防范行前教育和回国（境）访谈。

**第十五条**　国家安全机关会同科技主管部门，指导各类科研机构向科研人员开展反间谍安全防范教育，对参加出国（境）学习、交流的科研人员加强反间谍安全防范行前教育和回国（境）访谈。

**第十六条**　国家安全机关会同有关部门，组织、动员居（村）民委员会结合本地实际配合开展群众性反间谍安全防范宣传教育。

**第十七条**　国家安全机关会同宣传主管部门，协调和指导广播、电视、报刊、互联网等媒体开展反间谍安全防范宣传活动，制作、刊登、播放反间谍安全防范公益广告、典型案例、宣传教育节目或者其他宣传品，提高公众反间谍安全防范意识。

**第十八条**　公民、组织可以通过国家安全机关12339举报受理电话、网络举报受理平台或者国家安全机关公布的其他举报方式，举报间谍行为和其他危害国家安全的行为，以及各类反间谍安全防范问题线索。

**第十九条**　国家安全机关应当严格为举报人保密，保护举报人的人身财产安全。未经举报人同意，不得以任何方式公开或者泄露其个人信息。

公民因举报间谍行为或者其他危害国家安全行为，本人或者其近亲属的人身安全面临危险的，可以向国家安全机关请求予以保护。国家安全机关应当会同有关部门依法采取保护措施。

**第二十条**　对反间谍安全防范工作中取得显著成绩或者做出重大贡献的单位和个人，符合下列条件之一的，国家安全机关可以按照国家有关规定，会同有关部门、单位给予表彰、奖励：

（一）提供重要情况或者线索，为国家安全机关发现、破获间谍案件或者其他危害国家安全案件，或者为有关单位防范、消除涉及国家安全的重大风险隐患或者现实危害发挥重要作用的；

（二）密切配合国家安全机关执行任务，表现突出的；

（三）防范、制止间谍行为或者其他危害国家安全行为，表现突出的；

（四）主动采取措施，及时消除本单位涉及国家安全的重大风险隐患或者现实危害，挽回重大损失的；

（五）在反间谍安全防范工作中，有重大创新或者成效特别显著的；

（六）在反间谍安全防范工作中做出其他重大贡献的。

## 第四章　反间谍安全防范检查

**第二十一条**　国家安全机关对有下列情形之一的，经设区的市级以上国家安全机关负责人批准，并出具法律文书，可以对机关、团体、企业事业组织和其他社会组织开展反间谍安全防范检查：

（一）发现反间谍安全防范风险隐患；

（二）接到反间谍安全防范问题线索举报；

（三）依据有关单位的申请；

（四）因其他反间谍安全防范工作需要。

**第二十二条**　国家安全机关可以通过下列方式对机关、团体、企业事业组织和其他社会组织的反间谍安全防范工作进行检查：

（一）向有关单位和人员了解情况；

（二）调阅有关资料；

（三）听取有关工作说明；

（四）进入有关单位、场所实地查看；

（五）查验电子通信工具、器材等设备、设施；

（六）反间谍技术防范检查和检测；

（七）其他法律、法规、规章授权的检查方式。

**第二十三条**　经设区的市级以上国家安全机关负责人批准，国家安全机关可以对存在风险隐患的机关、团体、企业事业组织和其他社会组织的相关部位、场所和建筑物、内部设备设施、强弱电系统、计算机网络及信息系统、关键信息基础设施等开展反间谍技术防范检查检测，防范、发现和处置危害国家安全的情况。

**第二十四条**　国家安全机关可以采取下列方式开展反间谍技术防范检查检测：

（一）进入有关单位、场所，进行现场技术检查；

（二）使用专用设备，对有关部位、场所、链路、网络进行技术检测；

（三）对有关设备设施、网络、系统进行远程技术检测。

**第二十五条** 国家安全机关开展反间谍技术防范现场检查检测时，检查人员不得少于两人，并应当出示相应证件。

国家安全机关开展远程技术检测，应当事先告知被检测对象检测时间、检测范围等事项。

检查检测人员应当制作检查检测记录，如实记录检查检测情况。

**第二十六条** 国家安全机关在开展反间谍技术防范检查检测中，为防止危害发生或者扩大，可以依法责令被检查对象采取技术屏蔽、隔离、拆除或者停止使用相关设备设施、网络、系统等整改措施，指导和督促有关措施的落实，并在检查检测记录中注明。

**第二十七条** 国家安全机关可以根据反间谍安全防范检查情况，向被检查单位提出加强和改进反间谍安全防范工作的意见和建议，督促有关单位落实反间谍安全防范责任和义务。

# 第五章　法律责任

**第二十八条** 机关、团体、企业事业组织和其他社会组织违反本规定，有下列情形之一的，国家安全机关可以依法责令限期整改；被责令整改单位应当于整改期限届满前向国家安全机关提交整改报告，国家安全机关应当自收到整改报告之日起十五个工作日内对整改情况进行检查：

（一）不认真履行反间谍安全防范责任和义务，安全防范工作措施不落实或者落实不到位，存在明显问题隐患的；

（二）不接受国家安全机关反间谍安全防范指导和检查的；

（三）发生间谍案件，叛逃案件，为境外窃取、刺探、收买、非法提供国家秘密、情报案件，以及其他危害国家安全案事件的；

（四）发现涉及间谍行为和其他危害国家安全行为的可疑情况，迟报、漏报、瞒报，造成不良后果或者影响的；

（五）不配合或者阻碍国家安全机关依法执行任务的。

对未按照要求整改或者未达到整改要求的，国家安全机关可以依法约谈相关负责人，并将约谈情况通报该单位上级主管部门。

**第二十九条** 机关、团体、企业事业组织和其他社会组织及其工作人员未履行或者未按照规定履行反间谍安全防范责任和义务，造成不良后果或者影响的，国家安全机关可以向有关机关、单位移送问题线索，建议有关机关、单位按照管理权限对负有责任的领导人员和直接责任人员依规依纪依法予以处理；构成犯罪的，依法追究刑事责任。

**第三十条** 国家安全机关及其工作人员在反间谍安全防范指导和检查工作中，滥用职权、玩忽职守、徇私舞弊的，对负有责任的领导人员和直接责任人员依规依纪依法予以处理；构成犯罪的，依法追究刑事责任。

## 第六章 附 则

**第三十一条** 本规定自公布之日起施行。

# 军工涉密业务咨询服务安全保密监督管理办法

（2019 年 12 月 31 日 科工安密〔2019〕1545 号）

**第一条** 为加强军工涉密业务咨询服务的保密管理，确保武器装备科研生产国家秘密安全，根据《中华人民共和国保守国家秘密法》《中华人民共和国保守国家秘密法实施条例》等规定，制定本办法。

**第二条** 本办法适用于军工集团公司及所属承担涉密武器装备科研生产任务单位、地方军工单位（以下简称军工单位）委托法人单位和其他组织，为其提供审计、法律、证券、评估、招投标、翻译、设计、施工、监理、评价、物流、设备设施维修（检测）、展览展示等可直接涉及武器装备科研生产国家秘密的咨询服务活动（以下简称涉密业务咨询服务）。

**第三条** 涉密业务咨询服务安全保密工作坚持"谁委托、谁负责，谁承接、谁负责"的原则。

**第四条** 军工单位对本单位涉密业务咨询服务安全保密管理负主体责任，应当选择符合本办法规定条件的单位或者组织从事涉密业务咨询服务，并监督和指导其落实保密措施。

**第五条** 军工集团公司负责本集团内部涉密业务咨询服务的组织管理。

**第六条** 从事涉密业务咨询服务的单位或者组织（以下简称咨询服务单位）对承担的涉密业务咨询服务事项安全保密管理负主体责任。

咨询服务单位发现有违反国家有关安全保密法律法规、本办法规定以及保密协议的情况，可能造成国家秘密泄露时，应当立即向军工单位报告。

**第七条** 军工单位选择咨询服务单位，应当选择安全保密体系健全、规章制度完善、技防措施符合国家保密标准的单位。

**第八条** 军工单位委托涉密业务咨询服务时，应当与咨询服务单位签订保密协议，在保密协议中明确项目的密级、保密要求和保密责任，并对其履行保密协议及安全保密管理情况等进行监督指导。咨询服务单位应当书面承诺其安全保密管理符合国家安全保密法律法规和本办法的规定。

**第九条** 军工单位应当准确界定涉密业务咨询服务事项密级、明确密点，并严格控制国家秘密知悉范围，不得提供委托涉密业务咨询服务事项以外的涉密信息。

**第十条** 咨询服务单位应当具备国家安全保密法律法规规定的从事涉密业务的条件，按照规定成立保密组织和工作机构、制定完善的安全保密制度，并在涉密人员、涉密场所、涉密载体、涉密项目、协作配套、涉密会议、宣传报道、计算机信息系统和办公自动化设备管理等方面符合国家安全保密规定和标准。涉及国家安全的，按有关规定从严把握。

**第十一条** 咨询服务单位应当严格落实国家有关安全保密法律法规的规定，禁止以下行为：

（一）非法获取、持有、买卖、转送或者私自销毁国家秘密载体，通过普通邮政、快递等无保密措施的渠道传递国家秘密载体，非法复制、记录、存储国家秘密信息；

（二）使用非涉密计算机、非涉密存储介质存储、处理和传输涉密信息；

（三）将涉密计算机、涉密存储介质、涉密办公自动化设备接入互联网及其他公共信息网络；

（四）涉密计算机和涉密信息系统未按国家保密标准采取防止非法外

联措施；

（五）涉密计算机和涉密信息系统内使用的移动存储介质，未按国家保密标准采取技术控制措施；

（六）在涉密计算机和非涉密计算机之间交叉使用存储介质；

（七）未按国家保密标准进行安全技术处理，将退出使用的涉密计算机和涉密存储介质赠送、出售、丢弃或者改作其他用途；

（八）未采取国家许可的技术措施的情况下，使用具有无线互联或者无线通信功能的设备处理涉密信息；

（九）其他有关安全保密法律法规明确禁止实施的行为。

**第十二条** 军工单位应当对咨询服务单位执行保密协议情况进行监督检查，并于委托项目后 30 个工作日内将使用的咨询机构有关情况向主管单位（部门）备案。属军工集团公司所属单位的，逐级向军工集团公司备案；属地方军工单位的，向所在地的省级国防科技工业管理部门备案。

**第十三条** 各军工集团公司应当建立军工涉密业务咨询服务监督管理机制，加强组织管理工作，定期组织监督检查，每年向国防科工局报告军工涉密业务咨询服务保密管理情况。具体监督管理规定由军工集团公司制定。

**第十四条** 国防科工局、地方国防科技工业管理部门应当按照职权范围对军工单位使用咨询服务单位的保密管理情况进行监督检查，发现违规行为及时纠正，并按照相关规定进行处理。地方国防科技工业管理部门可在职权范围内制定具体监督管理办法。

**第十五条** 军工单位委托涉密业务咨询服务有下列情形之一的，国防科工局根据其情节严重程度，视情在军工系统内通报。

（一）未与咨询服务单位签订保密协议的；

（二）未对咨询服务单位履行保密协议情况进行监督检查的；

（三）向咨询服务单位提供与完成咨询服务无关的国家秘密信息的。

**第十六条** 咨询服务单位具有以下行为的，国防科工局根据其情节严重程度，视情在军工系统内通报。

（一）检查发现违反本办法第十一条规定行为的；

（二）拒不接受或者不按规定接受保密监督检查的；

（三）违反保密管理规定，造成承担的军工涉密业务有关国家秘密泄露的。

第十七条　涉密业务咨询服务过程中，有关单位和人员不依法履行保密责任导致发生泄密事件的，按照国家有关法律法规严肃查处；构成犯罪的，依法追究刑事责任。

第十八条　本办法由国家国防科技工业局负责解释。涉及武器装备科研生产安全保密工作的事项，适用有关法律、行政法规的，从其规定。

第十九条　从事涉密武器装备科研生产的民口民营单位委托军工涉密咨询服务业务，参照本规定执行。

第二十条　本办法自印发之日起施行。《军工涉密业务咨询服务安全保密监督管理办法（试行）》（科工安密〔2011〕356号）和《军工涉密业务咨询服务安全保密监督管理办法实施细则》（科工安密〔2012〕105号）同时废止。

# （三）档案资料保密

# 中华人民共和国档案法

（1987年9月5日第六届全国人民代表大会常务委员会第二十二次会议通过　根据1996年7月5日第八届全国人民代表大会常务委员会第二十次会议《关于修改〈中华人民共和国档案法〉的决定》第一次修正　根据2016年11月7日第十二届全国人民代表大会常务委员会第二十四次会议《关于修改〈中华人民共和国对外贸易法〉等十二部法律的决定》第二次修正　2020年6月20日第十三届全国人民代表大会常务委员会第十九次会议修订　2020年6月20日中华人民共和国主席令第47号公布　自2021年1月1日起施行）

## 第一章　总　　则

第一条　为了加强档案管理，规范档案收集、整理工作，有效保护和利用档案，提高档案信息化建设水平，推进国家治理体系和治理能力现代化，为中国特色社会主义事业服务，制定本法。

**第二条** 从事档案收集、整理、保护、利用及其监督管理活动，适用本法。

本法所称档案，是指过去和现在的机关、团体、企业事业单位和其他组织以及个人从事经济、政治、文化、社会、生态文明、军事、外事、科技等方面活动直接形成的对国家和社会具有保存价值的各种文字、图表、声像等不同形式的历史记录。

**第三条** 坚持中国共产党对档案工作的领导。各级人民政府应当加强档案工作，把档案事业纳入国民经济和社会发展规划，将档案事业发展经费列入政府预算，确保档案事业发展与国民经济和社会发展水平相适应。

**第四条** 档案工作实行统一领导、分级管理的原则，维护档案完整与安全，便于社会各方面的利用。

**第五条** 一切国家机关、武装力量、政党、团体、企业事业单位和公民都有保护档案的义务，享有依法利用档案的权利。

**第六条** 国家鼓励和支持档案科学研究和技术创新，促进科技成果在档案收集、整理、保护、利用等方面的转化和应用，推动档案科技进步。

国家采取措施，加强档案宣传教育，增强全社会档案意识。

国家鼓励和支持在档案领域开展国际交流与合作。

**第七条** 国家鼓励社会力量参与和支持档案事业的发展。

对在档案收集、整理、保护、利用等方面做出突出贡献的单位和个人，按照国家有关规定给予表彰、奖励。

## 第二章　档案机构及其职责

**第八条** 国家档案主管部门主管全国的档案工作，负责全国档案事业的统筹规划和组织协调，建立统一制度，实行监督和指导。

县级以上地方档案主管部门主管本行政区域内的档案工作，对本行政区域内机关、团体、企业事业单位和其他组织的档案工作实行监督和指导。

乡镇人民政府应当指定人员负责管理本机关的档案，并对所属单位、基层群众性自治组织等的档案工作实行监督和指导。

**第九条** 机关、团体、企业事业单位和其他组织应当确定档案机构或者档案工作人员负责管理本单位的档案，并对所属单位的档案工作实行监督和指导。

中央国家机关根据档案管理需要，在职责范围内指导本系统的档案业务工作。

第十条　中央和县级以上地方各级各类档案馆，是集中管理档案的文化事业机构，负责收集、整理、保管和提供利用各自分管范围内的档案。

第十一条　国家加强档案工作人才培养和队伍建设，提高档案工作人员业务素质。

档案工作人员应当忠于职守，遵纪守法，具备相应的专业知识与技能，其中档案专业人员可以按照国家有关规定评定专业技术职称。

## 第三章　档案的管理

第十二条　按照国家规定应当形成档案的机关、团体、企业事业单位和其他组织，应当建立档案工作责任制，依法健全档案管理制度。

第十三条　直接形成的对国家和社会具有保存价值的下列材料，应当纳入归档范围：

（一）反映机关、团体组织沿革和主要职能活动的；

（二）反映国有企业事业单位主要研发、建设、生产、经营和服务活动，以及维护国有企业事业单位权益和职工权益的；

（三）反映基层群众性自治组织城乡社区治理、服务活动的；

（四）反映历史上各时期国家治理活动、经济科技发展、社会历史面貌、文化习俗、生态环境的；

（五）法律、行政法规规定应当归档的。

非国有企业、社会服务机构等单位依照前款第二项所列范围保存本单位相关材料。

第十四条　应当归档的材料，按照国家有关规定定期向本单位档案机构或者档案工作人员移交，集中管理，任何个人不得拒绝归档或者据为己有。

国家规定不得归档的材料，禁止擅自归档。

第十五条　机关、团体、企业事业单位和其他组织应当按照国家有关规定，定期向档案馆移交档案，档案馆不得拒绝接收。

经档案馆同意，提前将档案交档案馆保管的，在国家规定的移交期限届满前，该档案所涉及政府信息公开事项仍由原制作或者保存政府信息的单位办理。移交期限届满的，涉及政府信息公开事项的档案按照档案利用规定办理。

**第十六条** 机关、团体、企业事业单位和其他组织发生机构变动或者撤销、合并等情形时，应当按照规定向有关单位或者档案馆移交档案。

**第十七条** 档案馆除按照国家有关规定接收移交的档案外，还可以通过接受捐献、购买、代存等方式收集档案。

**第十八条** 博物馆、图书馆、纪念馆等单位保存的文物、文献信息同时是档案的，依照有关法律、行政法规的规定，可以由上述单位自行管理。

档案馆与前款所列单位应当在档案的利用方面互相协作，可以相互交换重复件、复制件或者目录，联合举办展览，共同研究、编辑出版有关史料。

**第十九条** 档案馆以及机关、团体、企业事业单位和其他组织的档案机构应当建立科学的管理制度，便于对档案的利用；按照国家有关规定配置适宜档案保存的库房和必要的设施、设备，确保档案的安全；采用先进技术，实现档案管理的现代化。

档案馆和机关、团体、企业事业单位以及其他组织应当建立健全档案安全工作机制，加强档案安全风险管理，提高档案安全应急处置能力。

**第二十条** 涉及国家秘密的档案的管理和利用，密级的变更和解密，应当依照有关保守国家秘密的法律、行政法规规定办理。

**第二十一条** 鉴定档案保存价值的原则、保管期限的标准以及销毁档案的程序和办法，由国家档案主管部门制定。

禁止篡改、损毁、伪造档案。禁止擅自销毁档案。

**第二十二条** 非国有企业、社会服务机构等单位和个人形成的档案，对国家和社会具有重要保存价值或者应当保密的，档案所有者应当妥善保管。对保管条件不符合要求或者存在其他原因可能导致档案严重损毁和不安全的，省级以上档案主管部门可以给予帮助，或者经协商采取指定档案馆代为保管等确保档案完整和安全的措施；必要时，可以依法收购或者征购。

前款所列档案，档案所有者可以向国家档案馆寄存或者转让。严禁出卖、赠送给外国人或者外国组织。

向国家捐献重要、珍贵档案的，国家档案馆应当按照国家有关规定给予奖励。

**第二十三条** 禁止买卖属于国家所有的档案。

国有企业事业单位资产转让时，转让有关档案的具体办法，由国家档案主管部门制定。

档案复制件的交换、转让，按照国家有关规定办理。

**第二十四条** 档案馆和机关、团体、企业事业单位以及其他组织委托档案整理、寄存、开发利用和数字化等服务的，应当与符合条件的档案服务企业签订委托协议，约定服务的范围、质量和技术标准等内容，并对受托方进行监督。

受托方应当建立档案服务管理制度，遵守有关安全保密规定，确保档案的安全。

**第二十五条** 属于国家所有的档案和本法第二十二条规定的档案及其复制件，禁止擅自运送、邮寄、携带出境或者通过互联网传输出境。确需出境的，按照国家有关规定办理审批手续。

**第二十六条** 国家档案主管部门应当建立健全突发事件应对活动相关档案收集、整理、保护、利用工作机制。

档案馆应当加强对突发事件应对活动相关档案的研究整理和开发利用，为突发事件应对活动提供文献参考和决策支持。

## 第四章 档案的利用和公布

**第二十七条** 县级以上各级档案馆的档案，应当自形成之日起满二十五年向社会开放。经济、教育、科技、文化等类档案，可以少于二十五年向社会开放；涉及国家安全或者重大利益以及其他到期不宜开放的档案，可以多于二十五年向社会开放。国家鼓励和支持其他档案馆向社会开放档案。档案开放的具体办法由国家档案主管部门制定，报国务院批准。

**第二十八条** 档案馆应当通过其网站或者其他方式定期公布开放档案的目录，不断完善利用规则，创新服务形式，强化服务功能，提高服务水平，积极为档案的利用创造条件，简化手续，提供便利。

单位和个人持有合法证明，可以利用已经开放的档案。档案馆不按规定开放利用的，单位和个人可以向档案主管部门投诉，接到投诉的档案主管部门应当及时调查处理并将处理结果告知投诉人。

利用档案涉及知识产权、个人信息的，应当遵守有关法律、行政法规的规定。

第二十九条　机关、团体、企业事业单位和其他组织以及公民根据经济建设、国防建设、教学科研和其他工作的需要，可以按照国家有关规定，利用档案馆未开放的档案以及有关机关、团体、企业事业单位和其他组织保存的档案。

第三十条　馆藏档案的开放审核，由档案馆会同档案形成单位或者移交单位共同负责。尚未移交进馆档案的开放审核，由档案形成单位或者保管单位负责，并在移交时附具意见。

第三十一条　向档案馆移交、捐献、寄存档案的单位和个人，可以优先利用该档案，并可以对档案中不宜向社会开放的部分提出限制利用的意见，档案馆应当予以支持，提供便利。

第三十二条　属于国家所有的档案，由国家授权的档案馆或者有关机关公布；未经档案馆或者有关机关同意，任何单位和个人无权公布。非国有企业、社会服务机构等单位和个人形成的档案，档案所有者有权公布。

公布档案应当遵守有关法律、行政法规的规定，不得损害国家安全和利益，不得侵犯他人的合法权益。

第三十三条　档案馆应当根据自身条件，为国家机关制定法律、法规、政策和开展有关问题研究，提供支持和便利。

档案馆应当配备研究人员，加强对档案的研究整理，有计划地组织编辑出版档案材料，在不同范围内发行。

档案研究人员研究整理档案，应当遵守档案管理的规定。

第三十四条　国家鼓励档案馆开发利用馆藏档案，通过开展专题展览、公益讲座、媒体宣传等活动，进行爱国主义、集体主义、中国特色社会主义教育，传承发展中华优秀传统文化，继承革命文化，发展社会主义先进文化，增强文化自信，弘扬社会主义核心价值观。

# 第五章 档案信息化建设

**第三十五条** 各级人民政府应当将档案信息化纳入信息化发展规划，保障电子档案、传统载体档案数字化成果等档案数字资源的安全保存和有效利用。

档案馆和机关、团体、企业事业单位以及其他组织应当加强档案信息化建设，并采取措施保障档案信息安全。

**第三十六条** 机关、团体、企业事业单位和其他组织应当积极推进电子档案管理信息系统建设，与办公自动化系统、业务系统等相互衔接。

**第三十七条** 电子档案应当来源可靠、程序规范、要素合规。

电子档案与传统载体档案具有同等效力，可以以电子形式作为凭证使用。

电子档案管理办法由国家档案主管部门会同有关部门制定。

**第三十八条** 国家鼓励和支持档案馆和机关、团体、企业事业单位以及其他组织推进传统载体档案数字化。已经实现数字化的，应当对档案原件妥善保管。

**第三十九条** 电子档案应当通过符合安全管理要求的网络或者存储介质向档案馆移交。

档案馆应当对接收的电子档案进行检测，确保电子档案的真实性、完整性、可用性和安全性。

档案馆可以对重要电子档案进行异地备份保管。

**第四十条** 档案馆负责档案数字资源的收集、保存和提供利用。有条件的档案馆应当建设数字档案馆。

**第四十一条** 国家推进档案信息资源共享服务平台建设，推动档案数字资源跨区域、跨部门共享利用。

# 第六章 监 督 检 查

**第四十二条** 档案主管部门依照法律、行政法规有关档案管理的规定，可以对档案馆和机关、团体、企业事业单位以及其他组织的下列情况进行检查：

（一）档案工作责任制和管理制度落实情况；

（二）档案库房、设施、设备配置使用情况；

（三）档案工作人员管理情况；

（四）档案收集、整理、保管、提供利用等情况；

（五）档案信息化建设和信息安全保障情况；

（六）对所属单位等的档案工作监督和指导情况。

**第四十三条** 档案主管部门根据违法线索进行检查时，在符合安全保密要求的前提下，可以检查有关库房、设施、设备，查阅有关材料，询问有关人员，记录有关情况，有关单位和个人应当配合。

**第四十四条** 档案馆和机关、团体、企业事业单位以及其他组织发现本单位存在档案安全隐患的，应当及时采取补救措施，消除档案安全隐患。发生档案损毁、信息泄露等情形的，应当及时向档案主管部门报告。

**第四十五条** 档案主管部门发现档案馆和机关、团体、企业事业单位以及其他组织存在档案安全隐患的，应当责令限期整改，消除档案安全隐患。

**第四十六条** 任何单位和个人对档案违法行为，有权向档案主管部门和有关机关举报。

接到举报的档案主管部门或者有关机关应当及时依法处理。

**第四十七条** 档案主管部门及其工作人员应当按照法定的职权和程序开展监督检查工作，做到科学、公正、严格、高效，不得利用职权牟取利益，不得泄露履职过程中知悉的国家秘密、商业秘密或者个人隐私。

## 第七章 法 律 责 任

**第四十八条** 单位或者个人有下列行为之一，由县级以上档案主管部门、有关机关对直接负责的主管人员和其他直接责任人员依法给予处分：

（一）丢失属于国家所有的档案的；

（二）擅自提供、抄录、复制、公布属于国家所有的档案的；

（三）买卖或者非法转让属于国家所有的档案的；

（四）篡改、损毁、伪造档案或者擅自销毁档案的；

（五）将档案出卖、赠送给外国人或者外国组织的；

（六）不按规定归档或者不按期移交档案，被责令改正而拒不改正的；

（七）不按规定向社会开放、提供利用档案的；

（八）明知存在档案安全隐患而不采取补救措施，造成档案损毁、灭失，或者存在档案安全隐患被责令限期整改而逾期未整改的；

（九）发生档案安全事故后，不采取抢救措施或者隐瞒不报、拒绝调查的；

（十）档案工作人员玩忽职守，造成档案损毁、灭失的。

**第四十九条** 利用档案馆的档案，有本法第四十八条第一项、第二项、第四项违法行为之一的，由县级以上档案主管部门给予警告，并对单位处一万元以上十万元以下的罚款，对个人处五百元以上五千元以下的罚款。

档案服务企业在服务过程中有本法第四十八条第一项、第二项、第四项违法行为之一的，由县级以上档案主管部门给予警告，并处二万元以上二十万元以下的罚款。

单位或者个人有本法第四十八条第三项、第五项违法行为之一的，由县级以上档案主管部门给予警告，没收违法所得，并对单位处一万元以上十万元以下的罚款，对个人处五百元以上五千元以下的罚款；并可以依照本法第二十二条的规定征购所出卖或者赠送的档案。

**第五十条** 违反本法规定，擅自运送、邮寄、携带或者通过互联网传输禁止出境的档案或者其复制件出境的，由海关或者有关部门予以没收、阻断传输，并对单位处一万元以上十万元以下的罚款，对个人处五百元以上五千元以下的罚款；并将没收、阻断传输的档案或者其复制件移交档案主管部门。

**第五十一条** 违反本法规定，构成犯罪的，依法追究刑事责任；造成财产损失或者其他损害的，依法承担民事责任。

# 第八章 附 则

**第五十二条** 中国人民解放军和中国人民武装警察部队的档案工作，由中央军事委员会依照本法制定管理办法。

**第五十三条** 本法自2021年1月1日起施行。

# 中华人民共和国档案法实施条例

(2023 年 12 月 29 日国务院第 22 次常务会议通过 2024 年 1 月 12 日中华人民共和国国务院令第 772 号公布 自 2024 年 3 月 1 日起施行)

## 第一章 总 则

**第一条** 根据《中华人民共和国档案法》(以下简称《档案法》)的规定,制定本条例。

**第二条** 《档案法》所称档案,其具体范围由国家档案主管部门或者国家档案主管部门会同国家有关部门确定。

反映地方文化习俗、民族风貌、历史人物、特色品牌等的档案,其具体范围可以由省、自治区、直辖市档案主管部门会同同级有关部门确定。

**第三条** 档案工作应当坚持和加强党的领导,全面贯彻党的路线方针政策和决策部署,健全党领导档案工作的体制机制,把党的领导贯彻到档案工作各方面和各环节。

**第四条** 县级以上人民政府应当加强档案工作,建立健全档案机构,提供档案长久安全保管场所和设施,并将档案事业发展经费列入本级预算。

机关、团体、企业事业单位和其他组织应当加强本单位档案工作,履行档案工作主体责任,保障档案工作依法开展。

**第五条** 国家档案馆馆藏的永久保管档案分一、二、三级管理,分级的具体标准和管理办法由国家档案主管部门制定。

**第六条** 中央国家机关经国家档案主管部门同意,省、自治区、直辖市有关国家机关经本级档案主管部门同意,可以制定本系统专业档案的具体管理制度和办法。

**第七条** 县级以上人民政府及其有关部门,应当加强档案宣传教育工作,普及档案知识,传播档案文化,增强全社会档案意识。

**第八条** 国家加强档案相关专业人才培养,支持高等院校、职业学校设立档案学等相关专业。

**第九条** 国家鼓励和支持企业事业单位、社会组织和个人等社会力量通过依法兴办实体、资助项目、从事志愿服务以及开展科学研究、技术创新和科技成果推广等形式，参与和支持档案事业的发展。

档案行业组织依照法律、法规、规章及其章程的规定，加强行业自律，推动诚信建设，提供行业服务，开展学术交流和档案相关科普教育，参与政策咨询和标准制定等活动。

档案主管部门应当在职责范围内予以指导。

**第十条** 有下列情形之一的，由县级以上人民政府、档案主管部门或者本单位按照国家有关规定给予表彰、奖励：

（一）对档案收集、整理、保护、利用做出显著成绩的；

（二）对档案科学研究、技术创新、宣传教育、交流合作做出显著成绩的；

（三）在重大活动、突发事件应对活动相关档案工作中表现突出的；

（四）将重要或者珍贵档案捐献给国家的；

（五）同违反档案法律、法规的行为作斗争，表现突出的；

（六）长期从事档案工作，表现突出的。

## 第二章　档案机构及其职责

**第十一条** 国家档案主管部门依照《档案法》第八条第一款的规定，履行下列职责：

（一）根据有关法律、行政法规和国家有关方针政策，研究、制定部门规章、档案工作具体方针政策和标准；

（二）组织协调全国档案事业的发展，制定国家档案事业发展综合规划和专项计划，并组织实施；

（三）对有关法律、行政法规、部门规章和国家有关方针政策的实施情况进行监督检查，依法查处档案违法行为；

（四）对中央国家机关各部门、中央管理的群团组织、中央企业以及中央和国务院直属事业单位的档案工作，中央级国家档案馆的工作，以及省、自治区、直辖市档案主管部门的工作，实施监督、指导；

（五）组织、指导档案理论与科学技术研究、档案信息化建设、档案宣传教育、档案工作人员培训；

（六）组织、开展档案领域的国际交流与合作。

**第十二条**　县级以上地方档案主管部门依照《档案法》第八条第二款的规定，履行下列职责：

（一）贯彻执行有关法律、法规、规章和国家有关方针政策；

（二）制定本行政区域档案事业发展规划和档案工作制度规范，并组织实施；

（三）监督、指导本行政区域档案工作，对有关法律、法规、规章和国家有关方针政策的实施情况进行监督检查，依法查处档案违法行为；

（四）组织、指导本行政区域档案理论与科学技术研究、档案信息化建设、档案宣传教育、档案工作人员培训。

**第十三条**　乡镇人民政府依照《档案法》第八条第三款的规定，履行下列职责：

（一）贯彻执行有关法律、法规、规章和国家有关方针政策，建立健全档案工作制度规范；

（二）指定人员管理本机关档案，并按照规定向有关档案馆移交档案；

（三）监督、指导所属单位以及基层群众性自治组织等的档案工作。

**第十四条**　机关、团体、企业事业单位和其他组织应当确定档案机构或者档案工作人员，依照《档案法》第九条第一款的规定，履行下列职责：

（一）贯彻执行有关法律、法规、规章和国家有关方针政策，建立健全本单位档案工作制度规范；

（二）指导本单位相关材料的形成、积累、整理和归档，统一管理本单位的档案，并按照规定向有关档案馆移交档案；

（三）监督、指导所属单位的档案工作。

**第十五条**　各级各类档案馆的设置和管理应当符合国家有关规定。

**第十六条**　国家档案馆应当配备与其职责和规模相适应的专业人员，依照《档案法》第十条的规定，履行下列职责：

（一）收集本馆分管范围内的档案；

（二）按照规定整理、保管档案；

（三）依法向社会开放档案，并采取各种形式研究、开发档案资源，为各方面利用档案资源提供服务；

（四）开展宣传教育，发挥爱国主义教育和历史文化教育功能。

按照国家有关规定设置的其他各类档案馆，参照前款规定依法履行相应职责。

**第十七条** 档案主管部门、档案馆和机关、团体、企业事业单位以及其他组织应当为档案工作人员的教育培训、职称评审、岗位聘用等创造条件，不断提高档案工作人员的专业知识水平和业务能力。

## 第三章 档案的管理

**第十八条** 按照国家规定应当形成档案的机关、团体、企业事业单位和其他组织，应当建立档案工作责任制，确定档案工作组织结构、职责分工，落实档案工作领导责任、管理责任、执行责任，健全单位主要负责人承担档案完整与安全第一责任人职责相关制度，明确档案管理、档案基础设施建设、档案信息化等工作要求。

**第十九条** 依照《档案法》第十三条以及国家有关规定应当归档的材料，由机关、团体、企业事业单位和其他组织的各内设机构收集齐全，规范整理，定期交本单位档案机构或者档案工作人员集中管理，任何内设机构和个人不得拒绝归档或者据为己有。

机关、群团组织、国有企业事业单位应当明确本单位的归档范围和档案保管期限，经同级档案主管部门审核同意后施行。单位内设机构或者工作职能发生重大变化时，应当及时调整归档范围和档案保管期限，经重新审核同意后施行。

机关、群团组织、国有企业事业单位负责所属单位的归档范围和档案保管期限的审核。

**第二十条** 机关、团体、企业事业单位和其他组织，应当按照国家档案主管部门关于档案移交的规定，定期向有关的国家档案馆移交档案。

属于中央级和省级、设区的市级国家档案馆接收范围的档案，移交单位应当自档案形成之日起满二十年即向有关的国家档案馆移交。属于县级国家档案馆接收范围的档案，移交单位应当自档案形成之日起满十年即向有关的县级国家档案馆移交。

　　经同级档案主管部门检查和同意，专业性较强或者需要保密的档案，可以延长向有关的国家档案馆移交的期限。已撤销单位的档案可以提前向有关的国家档案馆移交。

　　由于单位保管条件不符合要求或者存在其他原因可能导致不安全或者严重损毁的档案，经协商可以提前交有关档案馆保管。

　　**第二十一条**　档案馆可以按照国家有关规定，通过接受捐献、购买、代存、交换等方式收集档案。

　　档案馆通过前款规定方式收集档案时，应当考虑档案的珍稀程度、内容的重要性等，并以书面协议形式约定相关方的权利和义务，明确相关档案利用条件。

　　国家鼓励单位和个人将属于其所有的对国家和社会具有重要保存价值的档案捐献给国家档案馆。国家档案馆应当维护捐献者的合法权益。

　　**第二十二条**　档案馆应当对所保管的档案采取下列管理措施：

　　（一）建立健全科学的管理制度和查阅利用规范，制定有针对性的安全风险管控措施和应急预案；

　　（二）配置适宜安全保存档案、符合国家有关规定的专门库房，配备防火、防盗、防水、防光、防尘、防有害气体、防有害生物以及温湿度调控等必要的设施设备；

　　（三）根据档案的不同等级，采取有效措施，加以保护和管理；

　　（四）根据需要和可能，配备适应档案现代化管理需要的设施设备；

　　（五）编制档案目录等便于档案查找和利用的检索工具。

　　机关、团体、企业事业单位和其他组织的档案保管，参照前款规定办理。

　　**第二十三条**　县级以上人民政府应当采取措施，保障国家档案馆依法接收档案所需的库房及设施设备。

　　任何单位和个人不得侵占、挪用国家档案馆的馆舍，不得擅自改变国家档案馆馆舍的功能和用途。

　　国家档案馆馆舍的建设，应当符合实用、安全、科学、美观、环保、节约的要求和国家有关工程建设标准，并配置无障碍设施设备。

　　**第二十四条**　机关、团体、企业事业单位和其他组织应当定期对本单位保管的保管期限届满的档案进行鉴定，形成鉴定工作报告。

经鉴定仍需继续保存的档案，应当重新划定保管期限并作出标注。经鉴定需要销毁的档案，其销毁工作应当遵守国家有关规定。

**第二十五条** 县级以上档案主管部门可以依托国家档案馆，对下列属于国家所有的档案中具有永久保存价值的档案分类别汇集有关目录数据：

（一）机关、群团组织、国有企业事业单位形成的档案；

（二）第一项所列单位之外的其他单位，经法律法规授权或者受国家机关依法委托管理公共事务形成的档案；

（三）第一项所列单位之外的其他单位或者个人，由国家资金支持，从事或者参与建设工程、科学研究、技术创新等活动形成的且按照协议约定属于国家所有的档案；

（四）国家档案馆保管的前三项以外的其他档案。

涉及国防、外交、国家安全、公共安全等的档案的目录数据，其汇集范围由有关档案主管部门会同档案形成单位研究确定。

**第二十六条** 档案馆和机关、团体、企业事业单位以及其他组织为了收集、交换散失在国外的档案、进行国际文化交流，以及适应经济建设、科学研究和科技成果推广等的需要，经国家档案主管部门或者省、自治区、直辖市档案主管部门依据职权审查批准，可以向国内外的单位或者个人赠送、交换、出售属于国家所有的档案的复制件。

**第二十七条** 一级档案严禁出境。二级档案需要出境的，应当经国家档案主管部门审查批准。

除前款规定之外，属于《档案法》第二十五条规定的档案或者复制件确需出境的，有关档案馆、机关、团体、企业事业单位和其他组织以及个人应当按照管理权限，报国家档案主管部门或者省、自治区、直辖市档案主管部门审查批准，海关凭批准文件查验放行。

档案或者复制件出境涉及数据出境的，还应当符合国家关于数据出境的规定。

相关单位和个人应当在档案或者复制件出境时主动向海关申报核验，并按照出境申请审查批准意见，妥善保管、处置出境的档案或者复制件。

**第二十八条** 档案馆和机关、团体、企业事业单位以及其他组织依照《档案法》第二十四条的规定委托档案服务时，应当确定受委托的档案服务企业符合下列条件：

（一）具有企业法人资格和相应的经营范围；

（二）具有与从事档案整理、寄存、开发利用、数字化等相关服务相适应的场所、设施设备、专业人员和专业能力；

（三）具有保证档案安全的管理体系和保障措施。

委托方应当对受托方的服务进行全程指导和监督，确保档案安全和服务质量。

## 第四章　档案的利用和公布

**第二十九条**　国家档案馆应当依照《档案法》的有关规定，分期分批向社会开放档案，并同时公布开放档案的目录。

**第三十条**　国家档案馆应当建立馆藏档案开放审核协同机制，会同档案形成单位或者移交单位进行档案开放审核。档案形成单位或者移交单位撤销、合并、职权变更的，由有关的国家档案馆会同继续行使其职权的单位共同负责；无继续行使其职权的单位的，由有关的国家档案馆负责。

尚未移交进馆档案的开放审核，由档案形成单位或者保管单位负责，并在移交进馆时附具到期开放意见、政府信息公开情况、密级变更情况等。

县级以上档案主管部门应当加强对档案开放审核工作的统筹协调。

**第三十一条**　对于《档案法》第二十七条规定的到期不宜开放的档案，经国家档案馆报同级档案主管部门同意，可以延期向社会开放。

**第三十二条**　档案馆提供社会利用的档案，应当逐步实现以复制件代替原件。数字、缩微以及其他复制形式的档案复制件，载有档案保管单位签章标识的，具有与档案原件同等的效力。

**第三十三条**　档案馆可以通过阅览、复制和摘录等形式，依法提供利用档案。

国家档案馆应当明确档案利用的条件、范围、程序等，在档案利用接待场所和官方网站公布相关信息，创新档案利用服务形式，推进档案查询利用服务线上线下融合。

**第三十四条**　机关、团体、企业事业单位和其他组织以及公民利用国家档案馆保管的未开放的档案，应当经保管该档案的国家档案馆同意，必要时，国家档案馆应当征得档案形成单位或者移交单位同意。

机关、团体、企业事业单位和其他组织的档案机构保管的尚未向国家档案馆移交的档案，其他机关、团体、企业事业单位以及公民需要利用的，应当经档案形成单位或者保管单位同意。

**第三十五条** 《档案法》第三十二条所称档案的公布，是指通过下列形式首次向社会公开档案的全部或者部分原文：

（一）通过报纸、期刊、图书、音像制品、电子出版物等公开出版；

（二）通过电台、电视台、计算机信息网络等公开传播；

（三）在公开场合宣读、播放；

（四）公开出售、散发或者张贴档案复制件；

（五）在展览、展示中公开陈列。

**第三十六条** 公布属于国家所有的档案，按照下列规定办理：

（一）保存在档案馆的，由档案馆公布；必要时，应当征得档案形成单位或者移交单位同意后公布，或者报经档案形成单位或者移交单位的上级主管部门同意后公布；

（二）保存在各单位档案机构的，由各单位公布；必要时，应当报经其上级主管部门同意后公布；

（三）利用属于国家所有的档案的单位和个人，未经档案馆或者有关单位同意，均无权公布档案。

档案馆对寄存档案的公布，应当按照约定办理；没有约定的，应当征得档案所有者的同意。

**第三十七条** 国家档案馆应当根据工作需要和社会需求，开展馆藏档案的开发利用和公布，促进档案文献出版物、档案文化创意产品等的提供和传播。

国家鼓励和支持其他各类档案馆向社会开放和公布馆藏档案，促进档案资源的社会共享。

## 第五章　档案信息化建设

**第三十八条** 机关、团体、企业事业单位和其他组织应当加强档案信息化建设，积极推进电子档案管理信息系统建设。

机关、群团组织、国有企业事业单位应当将档案信息化建设纳入本单位信息化建设规划，加强办公自动化系统、业务系统归档功能建设，并与电子档案管理信息系统相互衔接，实现对电子档案的全过程管理。

电子档案管理信息系统应当按照国家有关规定建设，并符合国家关于网络安全、数据安全以及保密等的规定。

**第三十九条** 机关、团体、企业事业单位和其他组织应当采取管理措施和技术手段保证电子档案来源可靠、程序规范、要素合规，符合以下条件：

（一）形成者、形成活动、形成时间可确认，形成、办理、整理、归档、保管、移交等系统安全可靠；

（二）全过程管理符合有关规定，并准确记录、可追溯；

（三）内容、结构、背景信息和管理过程信息等构成要素符合规范要求。

**第四十条** 机关、团体、企业事业单位和其他组织应当按照国家档案主管部门有关规定，定期向有关档案馆移交电子档案。电子档案移交接收网络以及系统环境应当符合国家关于网络安全、数据安全以及保密等的规定。不具备在线移交条件的，应当通过符合安全管理要求的存储介质向档案馆移交电子档案。

档案馆应当在接收电子档案时进行真实性、完整性、可用性和安全性等方面的检测，并采取管理措施和技术手段保证电子档案在长期保存过程中的真实性、完整性、可用性和安全性。

国家档案馆可以为未到本条例第二十条第二款所规定的移交进馆期限的电子档案提供保管服务，涉及政府信息公开事项的，依照《档案法》第十五条第二款的规定办理。

**第四十一条** 档案馆对重要电子档案进行异地备份保管，应当采用磁介质、光介质、缩微胶片等符合安全管理要求的存储介质，定期检测载体的完好程度和数据的可读性。异地备份选址应当满足安全保密等要求。

档案馆可以根据需要建设灾难备份系统，实现重要电子档案及其管理系统的备份与灾难恢复。

**第四十二条** 档案馆和机关、团体、企业事业单位以及其他组织开展传统载体档案数字化工作，应当符合国家档案主管部门有关规定，保证档案数字化成果的质量和安全。

国家鼓励有条件的单位开展文字、语音、图像识别工作，加强档案资源深度挖掘和开发利用。

第四十三条　档案馆应当积极创造条件，按照国家有关规定建设、运行维护数字档案馆，为不同网络环境中的档案数字资源的收集、长期安全保存和有效利用提供保障。

国家鼓励有条件的机关、团体、企业事业单位和其他组织开展数字档案室建设，提升本单位的档案信息化水平。

第四十四条　国家档案主管部门应当制定数据共享标准，提升档案信息共享服务水平，促进全国档案数字资源跨区域、跨层级、跨部门共享利用工作。

县级以上地方档案主管部门应当推进本行政区域档案数字资源共享利用工作。

## 第六章　监 督 检 查

第四十五条　国家档案馆和机关、群团组织、国有企业事业单位应当定期向同级档案主管部门报送本单位档案工作情况。

第四十六条　档案主管部门对处理投诉、举报和监督检查中发现的或者有关部门移送的涉嫌档案违法的线索和案件，应当及时依法组织调查。

经调查，发现有档案违法行为的，档案主管部门应当依法予以处理。需要追究有关责任人责任的，档案主管部门可以依法向其所在单位或者任免机关、单位提出处理建议。有关机关、单位应当及时将处理结果书面告知提出处理建议的档案主管部门。

第四十七条　县级以上档案主管部门应当加强档案行政执法队伍建设和对档案行政执法人员的教育培训。从事档案行政执法工作的人员，应当通过考试，取得行政执法证件。

## 第七章　法 律 责 任

第四十八条　国家档案馆违反国家规定擅自扩大或者缩小档案接收范围的，或者不按国家规定开放、提供利用档案的，由县级以上档案主管部门责令限期改正；情节严重的，由有关机关对负有责任的领导人员和直接责任人员依法给予处分。

第四十九条　单位或者个人将应当归档的材料据为己有，拒绝交档案机构、档案工作人员归档的，或者不按照国家规定向国家档案馆移交档案的，由县级以上档案主管部门责令限期改正；拒不改正的，由有关机关对负有责任的领导人员和直接责任人员依法给予处分。

**第五十条** 单位或者个人侵占、挪用国家档案馆的馆舍的，由县级以上档案主管部门责令限期改正；情节严重的，由有关机关对负有责任的领导人员和直接责任人员依法给予处分；构成犯罪的，依法追究刑事责任；造成财产损失或者其他损害的，依法承担民事责任。

**第五十一条** 档案服务企业在提供服务过程中明知存在档案安全隐患而不采取措施的，档案主管部门可以采取约谈、责令限期改正等措施。

档案服务企业因违反《档案法》和本条例规定受到行政处罚的，行政处罚信息依照有关法律、行政法规的规定予以公示。

## 第八章 附 则

**第五十二条** 本条例自 2024 年 3 月 1 日起施行。《中华人民共和国档案法实施办法》同时废止。

# 中华人民共和国密码法

（2019 年 10 月 26 日第十三届全国人民代表大会常务委员会第十四次会议通过 2019 年 10 月 26 日中华人民共和国主席令第 35 号公布 自 2020 年 1 月 1 日起施行）

## 第一章 总 则

**第一条** 为了规范密码应用和管理，促进密码事业发展，保障网络与信息安全，维护国家安全和社会公共利益，保护公民、法人和其他组织的合法权益，制定本法。

**第二条** 本法所称密码，是指采用特定变换的方法对信息等进行加密保护、安全认证的技术、产品和服务。

**第三条** 密码工作坚持总体国家安全观，遵循统一领导、分级负责、创新发展、服务大局，依法管理、保障安全的原则。

**第四条** 坚持中国共产党对密码工作的领导。中央密码工作领导机构对全国密码工作实行统一领导，制定国家密码工作重大方针政策，统筹协调国家密码重大事项和重要工作，推进国家密码法治建设。

**第五条** 国家密码管理部门负责管理全国的密码工作。县级以上地方各级密码管理部门负责管理本行政区域的密码工作。

国家机关和涉及密码工作的单位在其职责范围内负责本机关、本单位或者本系统的密码工作。

**第六条** 国家对密码实行分类管理。

密码分为核心密码、普通密码和商用密码。

**第七条** 核心密码、普通密码用于保护国家秘密信息，核心密码保护信息的最高密级为绝密级，普通密码保护信息的最高密级为机密级。

核心密码、普通密码属于国家秘密。密码管理部门依照本法和有关法律、行政法规、国家有关规定对核心密码、普通密码实行严格统一管理。

**第八条** 商用密码用于保护不属于国家秘密的信息。

公民、法人和其他组织可以依法使用商用密码保护网络与信息安全。

**第九条** 国家鼓励和支持密码科学技术研究和应用，依法保护密码领域的知识产权，促进密码科学技术进步和创新。

国家加强密码人才培养和队伍建设，对在密码工作中作出突出贡献的组织和个人，按照国家有关规定给予表彰和奖励。

**第十条** 国家采取多种形式加强密码安全教育，将密码安全教育纳入国民教育体系和公务员教育培训体系，增强公民、法人和其他组织的密码安全意识。

**第十一条** 县级以上人民政府应当将密码工作纳入本级国民经济和社会发展规划，所需经费列入本级财政预算。

**第十二条** 任何组织或者个人不得窃取他人加密保护的信息或者非法侵入他人的密码保障系统。

任何组织或者个人不得利用密码从事危害国家安全、社会公共利益、他人合法权益等违法犯罪活动。

## 第二章　核心密码、普通密码

**第十三条** 国家加强核心密码、普通密码的科学规划、管理和使用，加强制度建设，完善管理措施，增强密码安全保障能力。

第十四条　在有线、无线通信中传递的国家秘密信息，以及存储、处理国家秘密信息的信息系统，应当依照法律、行政法规和国家有关规定使用核心密码、普通密码进行加密保护、安全认证。

第十五条　从事核心密码、普通密码科研、生产、服务、检测、装备、使用和销毁等工作的机构（以下统称密码工作机构）应当按照法律、行政法规、国家有关规定以及核心密码、普通密码标准的要求，建立健全安全管理制度，采取严格的保密措施和保密责任制，确保核心密码、普通密码的安全。

第十六条　密码管理部门依法对密码工作机构的核心密码、普通密码工作进行指导、监督和检查，密码工作机构应当配合。

第十七条　密码管理部门根据工作需要会同有关部门建立核心密码、普通密码的安全监测预警、安全风险评估、信息通报、重大事项会商和应急处置等协作机制，确保核心密码、普通密码安全管理的协同联动和有序高效。

密码工作机构发现核心密码、普通密码泄密或者影响核心密码、普通密码安全的重大问题、风险隐患的，应当立即采取应对措施，并及时向保密行政管理部门、密码管理部门报告，由保密行政管理部门、密码管理部门会同有关部门组织开展调查、处置，并指导有关密码工作机构及时消除安全隐患。

第十八条　国家加强密码工作机构建设，保障其履行工作职责。

国家建立适应核心密码、普通密码工作需要的人员录用、选调、保密、考核、培训、待遇、奖惩、交流、退出等管理制度。

第十九条　密码管理部门因工作需要，按照国家有关规定，可以提请公安、交通运输、海关等部门对核心密码、普通密码有关物品和人员提供免检等便利，有关部门应当予以协助。

第二十条　密码管理部门和密码工作机构应当建立健全严格的监督和安全审查制度，对其工作人员遵守法律和纪律等情况进行监督，并依法采取必要措施，定期或者不定期组织开展安全审查。

## 第三章　商用密码

第二十一条　国家鼓励商用密码技术的研究开发、学术交流、成果转化和推广应用，健全统一、开放、竞争、有序的商用密码市场体系，鼓励和促进商用密码产业发展。

各级人民政府及其有关部门应当遵循非歧视原则，依法平等对待包括外商投资企业在内的商用密码科研、生产、销售、服务、进出口等单位（以下统称商用密码从业单位）。国家鼓励在外商投资过程中基于自愿原则和商业规则开展商用密码技术合作。行政机关及其工作人员不得利用行政手段强制转让商用密码技术。

商用密码的科研、生产、销售、服务和进出口，不得损害国家安全、社会公共利益或者他人合法权益。

**第二十二条**　国家建立和完善商用密码标准体系。

国务院标准化行政主管部门和国家密码管理部门依据各自职责，组织制定商用密码国家标准、行业标准。

国家支持社会团体、企业利用自主创新技术制定高于国家标准、行业标准相关技术要求的商用密码团体标准、企业标准。

**第二十三条**　国家推进参与商用密码国际标准化活动，参与制定商用密码国际标准，推进商用密码中国标准与国外标准之间的转化运用。

国家鼓励企业、社会团体和教育、科研机构等参与商用密码国际标准化活动。

**第二十四条**　商用密码从业单位开展商用密码活动，应当符合有关法律、行政法规、商用密码强制性国家标准以及该从业单位公开标准的技术要求。

国家鼓励商用密码从业单位采用商用密码推荐性国家标准、行业标准，提升商用密码的防护能力，维护用户的合法权益。

**第二十五条**　国家推进商用密码检测认证体系建设，制定商用密码检测认证技术规范、规则，鼓励商用密码从业单位自愿接受商用密码检测认证，提升市场竞争力。

商用密码检测、认证机构应当依法取得相关资质，并依照法律、行政法规的规定和商用密码检测认证技术规范、规则开展商用密码检测认证。

商用密码检测、认证机构应当对其在商用密码检测认证中所知悉的国家秘密和商业秘密承担保密义务。

**第二十六条**　涉及国家安全、国计民生、社会公共利益的商用密码产品，应当依法列入网络关键设备和网络安全专用产品目录，由具备资格的机构检测认证合格后，方可销售或者提供。商用密码产品检测认证适用《中华人民共和国网络安全法》的有关规定，避免重复检测认证。

商用密码服务使用网络关键设备和网络安全专用产品的，应当经商用密码认证机构对该商用密码服务认证合格。

**第二十七条** 法律、行政法规和国家有关规定要求使用商用密码进行保护的关键信息基础设施，其运营者应当使用商用密码进行保护，自行或者委托商用密码检测机构开展商用密码应用安全性评估。商用密码应用安全性评估应当与关键信息基础设施安全检测评估、网络安全等级测评制度相衔接，避免重复评估、测评。

关键信息基础设施的运营者采购涉及商用密码的网络产品和服务，可能影响国家安全的，应当按照《中华人民共和国网络安全法》的规定，通过国家网信部门会同国家密码管理部门等有关部门组织的国家安全审查。

**第二十八条** 国务院商务主管部门、国家密码管理部门依法对涉及国家安全、社会公共利益且具有加密保护功能的商用密码实施进口许可，对涉及国家安全、社会公共利益或者中国承担国际义务的商用密码实施出口管制。商用密码进口许可清单和出口管制清单由国务院商务主管部门会同国家密码管理部门和海关总署制定并公布。

大众消费类产品所采用的商用密码不实行进口许可和出口管制制度。

**第二十九条** 国家密码管理部门对采用商用密码技术从事电子政务电子认证服务的机构进行认定，会同有关部门负责政务活动中使用电子签名、数据电文的管理。

**第三十条** 商用密码领域的行业协会等组织依照法律、行政法规及其章程的规定，为商用密码从业单位提供信息、技术、培训等服务，引导和督促商用密码从业单位依法开展商用密码活动，加强行业自律，推动行业诚信建设，促进行业健康发展。

**第三十一条** 密码管理部门和有关部门建立日常监管和随机抽查相结合的商用密码事中事后监管制度，建立统一的商用密码监督管理信息平台，推进事中事后监管与社会信用体系相衔接，强化商用密码从业单位自律和社会监督。

密码管理部门和有关部门及其工作人员不得要求商用密码从业单位和商用密码检测、认证机构向其披露源代码等密码相关专有信息，并对其在履行职责中知悉的商业秘密和个人隐私严格保密，不得泄露或者非法向他人提供。

# 第四章 法 律 责 任

**第三十二条** 违反本法第十二条规定，窃取他人加密保护的信息，非法侵入他人的密码保障系统，或者利用密码从事危害国家安全、社会公共利益、他人合法权益等违法活动的，由有关部门依照《中华人民共和国网络安全法》和其他有关法律、行政法规的规定追究法律责任。

**第三十三条** 违反本法第十四条规定，未按照要求使用核心密码、普通密码的，由密码管理部门责令改正或者停止违法行为，给予警告；情节严重的，由密码管理部门建议有关国家机关、单位对直接负责的主管人员和其他直接责任人员依法给予处分或者处理。

**第三十四条** 违反本法规定，发生核心密码、普通密码泄密案件的，由保密行政管理部门、密码管理部门建议有关国家机关、单位对直接负责的主管人员和其他直接责任人员依法给予处分或者处理。

违反本法第十七条第二款规定，发现核心密码、普通密码泄密或者影响核心密码、普通密码安全的重大问题、风险隐患，未立即采取应对措施，或者未及时报告的，由保密行政管理部门、密码管理部门建议有关国家机关、单位对直接负责的主管人员和其他直接责任人员依法给予处分或者处理。

**第三十五条** 商用密码检测、认证机构违反本法第二十五条第二款、第三款规定开展商用密码检测认证的，由市场监督管理部门会同密码管理部门责令改正或者停止违法行为，给予警告，没收违法所得；违法所得三十万元以上的，可以并处违法所得一倍以上三倍以下罚款；没有违法所得或者违法所得不足三十万元的，可以并处十万元以上三十万元以下罚款；情节严重的，依法吊销相关资质。

**第三十六条** 违反本法第二十六条规定，销售或者提供未经检测认证或者检测认证不合格的商用密码产品，或者提供未经认证或者认证不合格的商用密码服务的，由市场监督管理部门会同密码管理部门责令改正或者停止违法行为，给予警告，没收违法产品和违法所得；违法所得十万元以上的，可以并处违法所得一倍以上三倍以下罚款；没有违法所得或者违法所得不足十万元的，可以并处三万元以上十万元以下罚款。

**第三十七条** 关键信息基础设施的运营者违反本法第二十七条第一款规定，未按照要求使用商用密码，或者未按照要求开展商用密码应用安全性评估的，由密码管理部门责令改正，给予警告；拒不改正或者导致危害网络安全等后果的，处十万元以上一百万元以下罚款，对直接负责的主管人员处一万元以上十万元以下罚款。

关键信息基础设施的运营者违反本法第二十七条第二款规定，使用未经安全审查或者安全审查未通过的产品或者服务的，由有关主管部门责令停止使用，处采购金额一倍以上十倍以下罚款；对直接负责的主管人员和其他直接责任人员处一万元以上十万元以下罚款。

**第三十八条** 违反本法第二十八条实施进口许可、出口管制的规定，进出口商用密码的，由国务院商务主管部门或者海关依法予以处罚。

**第三十九条** 违反本法第二十九条规定，未经认定从事电子政务电子认证服务的，由密码管理部门责令改正或者停止违法行为，给予警告，没收违法产品和违法所得；违法所得三十万元以上的，可以并处违法所得一倍以上三倍以下罚款；没有违法所得或者违法所得不足三十万元的，可以并处十万元以上三十万元以下罚款。

**第四十条** 密码管理部门和有关部门、单位的工作人员在密码工作中滥用职权、玩忽职守、徇私舞弊，或者泄露、非法向他人提供在履行职责中知悉的商业秘密和个人隐私的，依法给予处分。

**第四十一条** 违反本法规定，构成犯罪的，依法追究刑事责任；给他人造成损害的，依法承担民事责任。

## 第五章　附　　则

**第四十二条** 国家密码管理部门依照法律、行政法规的规定，制定密码管理规章。

**第四十三条** 中国人民解放军和中国人民武装警察部队的密码工作管理办法，由中央军事委员会根据本法制定。

**第四十四条** 本法自 2020 年 1 月 1 日起施行。

# 统计资料保密管理办法

(1985 年 4 月 15 日　国办发〔1985〕30 号)

一、为了确保国家秘密和对外公布统计数字的准确、统一，根据《中华人民共和国统计法》第三章的规定，特制定本办法。

二、属于国家秘密的统计资料分为三级，即绝密级、机密级、秘密级。

绝密级是指国家的核心秘密，一旦泄露会使国家安全和利益遭受特别严重的损害，包括的范围：1. 国防军工方面的生产、建设、资金、物资消费和库存、人员和人才培养；2. 铀、铌、钽、铍、锂、金矿产的全国工业储量和产量；3. 国家储备资金和物资；4. 涉及国防军工等特种物资的运输量、吞吐量和装卸量。

机密级是指国家的重要秘密，一旦泄露会使国家的安全和利益遭受较大的损害，包括的范围：1. 军用产品出口和援外的品种、数量、去向；2. 铀、钍、铌、钽、铍、锂矿产的大型矿区工业储量和锆、铯、铷以及稀土元素矿产的全国和大型矿区工业储量；3. 除绝密级外的稀有金属产量和单位成本；4. 钢材、木材、煤炭、石油及其制品、有色金属、粮食、食用植物油、棉花、棉布库存量；5. 出口商品换汇成本；6. 财政信贷中有关国防战备方面的细项资料；7. 在建和已建成的战备通信、保密通信、边防海防通信、党政专用通信网、邮政机要通信等；8. 战备广播电台（播控中心）、发射台、战备工程的个数、台址、功率、人员编制等；9. 国防公路和有国防意义的航道要害区段河床断面的实际水深。

秘密级是指国家的一般秘密，一旦泄露会使国家的安全和利益遭受一般的损害，包括的范围：1. 钛、铬、镍、钴、铂及铂族元素、银、钨、锡、铋、钼、锑、铜、铝、汞、石油、蓝石棉、金刚石、高档宝石矿产的全国和大中型矿区工业储量以及金矿产的大中型矿区工业储量；2. 铀、铌、钽、铍、锂、钍、锆、铯、铷矿产的中小型矿区工业储量；3. 与出口有关的产品成本；4. 全国性的铁路线路和枢纽能力；5. 具有世界先进水平的科研成果；6. 全国重大工伤事故；7. 副霍乱、斑疹伤寒、回归热、布氏杆菌病、狂犬病、炭疽病六种发病和死亡人数；8. 牲畜口蹄疫、水泡病以及影响外贸出口的其他畜禽传染病发病率；9. 高等学校秘密专业设置；10. 国民经济和社会发展统计公报中使用的重要统计数字，在未公布前属于秘密统计资料。

三、对外公布统计资料的批准权实行分级负责。

1. 绝密、机密、秘密统计资料，非经批准，任何单位或个人不得对外发表。必须发表时，属于绝密级的，先征得管理该资料部门的同意，送统计部门审核，全国性数字报国务院审批，地方性数字报省、自治区、直辖市人民政府审批；属于机密级的，先征得有关部门同意，全国性数字由国家统计局批准，地方性数字由地方人民政府统计部门批准；属于秘密级的，一般由确定该资料密级的单位批准，综合性统计数字要送统计部门审核备案。

2. 非秘密的统计资料，国家统计部门和主管业务部门要通过国民经济和社会发展的统计公报、统计年鉴、统计月报和其他方式，及时对外发表。在未发表以前，仍应注意保密。有的单位要发表尚未发表过的非秘密统计资料，需征得该资料的管理部门同意，综合性统计数字要送统计部门审核同意。其中，发表时间对国际市场影响较大的经济统计数字，要征得对外经济贸易部门同意。

四、对外公开发表科技成果方面的统计资料，由国家科委和地方科委批准。

五、各部门、各地区可根据上述原则和本部门、本地区的实际情况，拟定自己的统计资料保密范围和管理统计资料的具体办法。

# 对外经济合作提供资料保密暂行规定

(1993 年 4 月 19 日　国保〔1993〕28 号)

**第一条**　为做好对外经济合作提供资料的保密工作，适应对外开放和经济建设的需要，依据《中华人民共和国保守国家秘密法》第二十一条和《中华人民共和国保守国家秘密法实施办法》第二十二条，制定本规定。

**第二条**　本规定适应于在对外经济合作中以各种方式向境外的组织、机构、人员提供资料的机关、单位。

本规定中所称的"资料"是指各种载体形式的文件、资料。

**第三条**　对外经济合作提供资料（以下简称"对外提供资料"），要从国家整体利益和对个经济合作的实际出发，权衡利弊，遵循合理、合法、适度的原则，做到既能够维护国家秘密安全，又有利于保障和促进对外经济合作的顺利进行。

**第四条**　对外提供资料保密工作的基本程序：

（一）根据对外经济合作项目的实际需要，确定提供资料的范围。

（二）对已确定需要提供的资料进行保密审查。

（三）经审查属于国家秘密的资料，其中能够作技术处理且经技术处理后能够符合对外经济合作项目实际需要的，应当作技术处理。

（四）提供国家秘密资料，须经有审批权限的机关、单位批准。

（五）经批准提供国家秘密资料，应当以一定的形式要求对方承担保密义务。

**第五条**　对外提供资料的保密审查，应当以有关《国家秘密及其密级具体范围的规定》为依据。

**第六条**　对外提供国家秘密资料的审批权限：

（一）绝密级资料，原则上不得对外提供的，确需对外提供的，须经国务院有关业务主管部门审批，或者由国务院有关业务主管部门按照有关规定审核后报国务院审批。

（二）机密级资料，涉及全国性的，须经国务院有关业务主管部门审批；不涉及全国性的，须经所涉及的省、自治区、直辖市业务主管部门或国务院有关业务主管部门授权的单位审批，其中，国务院有关业务主管部门有特殊规定的，应从其规定。

（三）秘密级资料，涉及全国性的，须经国务院有关业务主管部门审批；不涉及全国性的，须所涉及的地、市级以上（含）地方业务主管部门或国务院有关业务主管部门授权的单位审批，其中，国务院有关业务主管部门有特殊规定的，应从其规定。

（四）涉及军事、军工方面的国家秘密资料，须按照国务院和中央军委的有关规定，经有审批权限的军事机关或军工主管部门审批。

有关机关、单位在履行对外提供国家秘密资料的批准手续后，应将批件报同级政府保密工作部门备案。

**第七条** 对外提供明确不属于国家秘密的资料，不需要经过保密审批，但提供内部资料应当按照有关业务主管部门的规定执行。

**第八条** 对外提供资料的保密工作由对外经济合作项目的主办单位具体负责。涉及多部门的合作项目，由项目主办单位或其上级机关牵头，组成有关机关、单位参加的保密组织，负责对外提供资料的保密工作。有关的保密工作部门应当进行组织、协调工作。

**第九条** 项目主办单位保密工作的职责：

（一）确定一名主管领导负责对外提供资料的保密工作，指定机构或人员制定有关保密工作措施并组织实施，及时向有关业务主管部门和保密工作部门通报情况。

（二）审查对方要求提供资料的合理性和是否涉及国家秘密；将确需对外提供的国家秘密资料和意见报送有关业务主管部门和单位审批。

（三）遇有是否属于国家秘密和属于何种不明确的事项，报送有确定权限的业务主管部门或保密工作部门依法确定。

（四）遇有是否属于国家秘密和属于何种密级有争议的事项，报送有确定权限的保密工作部门依法确定。

（五）遇有保密期限内符合解密条件的事项，报送原确定密级的机关、单位或其上级机关依法确定。

（六）负责对外提供国家秘密资料的技术处理，并将处理结果报送有关业务主管部门审核。

（七）严格按照经照批准的范围对外提供国家秘密资料，并要求对方承担保密义务的手续。

（八）根据合作项目进展和变化情况、对经批准对外提供的国家秘密资料，采取一次性提供、分阶段逐步提供的方式或终止提供。

（九）按照有关规定向保密工作部门申办携带国家秘密资料出境的手续。

（十）接受上级机关和保密工作部门的保密监督和检查。

**第十条** 有关业务主管部门保密工作的职责：

（一）对项目主办单位报送的需要确定和审批的事项，依法确定或履行审批手续。

（二）指导、协调和审核对外提供国家秘密资料的技术处理工作。

（三）向保密工作部门通报对外提供资料保密工作情况。

**第十一条**　保密工作部门的职责：

（一）依照职权范围主管本地区或者本部门对外提供资料的保密工作，进行指导、监督和检查。

（二）组织、协调或者直接参与涉及多部门的对外经济合作项目提供资料的保密工作。

（三）依法确定是否属于国家秘密和属于何种密级不明确或者有争议的事项。

（四）按照有关规定办理携带国家秘密资料出境的手续。

（五）向上级报告对外提供资料保密工作的重要情况。

**第十二条**　对外提供资料保密工作中需要送审、报批、审批或者协调、确定的事项，项目主办单位和有关业务主管部门、保密工作部门应当及时办理。

**第十三条**　保密工作部门承担对外提供资料保密业务咨询服务工作。

**第十四条**　严禁个人对外提供国家秘密资料。

**第十五条**　违反本规定，擅自对外提供国家秘密资料的，依法追究有关责任者的法律责任。

**第十六条**　本规定由国家保密局负责解释。

**第十七条**　本规定自 1993 年 8 月 1 日起施行。


# 海关总署、国家保密局关于禁止邮寄或非法携运国家秘密文件、资料和其他物品出境的规定

（1994 年 12 月 8 日　国保发〔1994〕17 号）

**第一条**　为保守国家秘密，防止属于国家秘密的文件、资料和其他物品被邮寄或非法携运出境，根据《中华人民共和国保守国家秘密法》和

《中华人民共和国海关法》的有关规定，制定本规定。

**第二条** 本规定所称国家秘密文件、资料和其他物品，系指以文字、符号、图形、图像、声音等形式载有国家秘密的物件和直接含有国家秘密信息的设备或产品。

**第三条** 禁止邮寄属于国家秘密的文件、资料和其他物品出境。

禁止非法携运属于国家秘密的文件、资料和其他物品出境。

**第四条** 属于国家秘密的文件、资料和其他物品出境，须由外交信使（含临时信使）或国家保密局核准的单位和人员携运。

**第五条** 目的地不通外交信使或外交信使难以携运的，确因工作需要，需自行携运机密级、秘密级国家秘密文件、资料和其他物品出境的，应当向有关保密工作部门或保密工作机构申办《国家秘密载体出境许可证》（以下简称《许可证》，样式附后）。

机关、单位在对外交往与合作中，依照国家有关规定，合法向外方提供属于机密级、秘密级国家秘密的文件、资料和其他物品，需由外方携运出境的，应当由中方提供单位办理《许可证》。

**第六条** 携运国家秘密文件、资料和其他物品出境的人员，出境时应当主动向海关申报，海关凭《许可证》验放。

**第七条** 核发《许可证》的权限：

（一）机密级国家秘密，须经中央、国家机关和人民团体的保密工作机构或省、自治区、直辖市的保密工作部门批准，核发《许可证》。

（二）秘密级国家秘密，须经中央、国家机关和人民团体的保密工作机构或地市级（含）以上地方保密工作部门批准，核发《许可证》。

**第八条** 申办《许可证》时，须将拟自行携运出境的属于国家秘密的文件、资料和其他物品及其制发单位和本单位同意出境的证明，向本规定第七条所规定的保密工作部门或保密工作机构申办。

保密工作部门或保密工作机构一般应在接到申请起十日内将审批结果通知申办单位。

**第九条** 对违反本规定有关条款，邮寄或非法携运属于国家秘密的文件、资料和其他物品出境的，海关依据《中华人民共和国海关法》和《中华人民共和国海关法行政处罚实施细则》的有关规定，对当事人予以处罚，同时将有关文件、资料和其他物品扣留并移交查扣地的地市级

（含）以上政府保密工作部门处理；保密工作部门或保密工作机构可依据有关保密法规对上述当事人进行查处。

**第十条** 邮寄或携运出境的文件、资料和其他物品，虽无密级标志，但海关认为其涉嫌涉及国家秘密时，有权将其扣留并移交查扣地的地市级（含）以上政府保密工作部门，由有密级鉴定权的保密工作部门或机构进行鉴定。

经鉴定不属于国家秘密的，由保密工作部门出具证明，连同有关的文件、资料和其他物品一并发还物主，海关凭保密工作部门的证明放行。

经鉴定属于国家秘密的，应当依照本规定第九条予以处理。

**第十一条** 对防止邮寄或非法携运属于国家秘密的文件、资料和其他物品出境有功、成绩显著的单位和个人，由保密工作部门或有关单位予以表彰、奖励。

**第十二条** 保密工作部门和保密工作机构办理《许可证》所使用的鉴定印章、铅识章和《许可证》由国家保密局统一制发。

**第十三条** 军队系统属于国家秘密的文件、资料和其他物品出境的批准权限由中国人民解放军保密委员会规定，并送国家保密局和中华人民共和国海关总署备案。

**第十四条** 本规定由国家保密局负责解释。

**第十五条** 本规定自一九九五年四月一日起施行。国家保密局、中华人民共和国海关总署一九九〇年二月二十二日颁布的《关于国家秘密文件、资料和其他物品出竟的管理规定》同时废止。

**样式：**中华人民共和国国家秘密载体出境许可证（略）

**样式：**中华人民共和国国家秘密载体出境许可证存根（略）


# 机关档案管理规定

（2018 年 10 月 11 日国家档案局令第 13 号公布　自 2019 年 1 月 1 日起施行）

## 第一章　总　　则

**第一条** 为了加强各级党和国家机关、人民团体（以下统称机关）

档案工作，推进机关档案科学、规范管理，丰富国家档案资源，为各项工作提供有效服务，根据《中华人民共和国档案法》《机关档案工作条例》等法律法规，制定本规定。

**第二条** 本规定所称的机关档案，是指机关在公务活动中形成的，对国家和社会有查考、利用和保存价值的各种形式、各种载体的信息记录。

**第三条** 机关档案工作是档案工作开展的基础，是国家档案事业的重要组成部分。

机关档案工作是机关不可缺少的基础性工作，是推进依法行政、促进科学决策、提高治理水平的必要条件，是保护单位和个人合法权益、维护机关历史真实面貌的一项重要工作。

**第四条** 机关档案工作实行统一领导、分级管理。

国家档案行政管理部门负责全国机关档案工作的统筹规划、组织协调、统一制度，负责中央和国家机关档案工作的监督、指导和检查。地方档案行政管理部门在上级档案行政管理部门指导下，负责本行政区域内机关档案工作的统筹协调、制度建设，负责本行政区域内机关档案工作的监督、指导和检查。

档案行政管理部门履行检查职责时，以进入相关场所检查，询问有关人员，查阅、复制有关档案资料等方式开展。

中央和地方专业主管机关应当根据本专业的管理体制，在档案行政管理部门指导下对本系统和直属单位的档案工作进行监督、指导。中央和地方专业主管机关进行监督、指导时，应当遵循统一领导、分级管理原则。

**第五条** 机关的全部档案应当集中、统一管理。

机关档案管理应当维护档案的真实、完整、可用和安全，便于检索、利用和开发。

**第六条** 机关应当加强对档案工作的组织领导，将档案工作纳入整体规划、年度工作计划和考核体系，与业务工作同步部署、同步实施、同步发展。

档案工作所需的基础设施配备和维护经费，档案日常管理工作经费，档案信息化建设经费，档案宣传、培训等其他经费应当列入机关年度财政预算。

## 第二章　机构和人员

**第七条**　机关应当建立由机关分管档案工作的单位负责人、办公厅（室）（或承担办公厅（室）职能的部门，下同）及相关部门负责人组成的档案工作协调机制，协调处理本机关、本系统档案工作重大事务和重要事项。

**第八条**　机关应当按规定设立档案工作机构。不具备档案工作机构设立条件的机关，应当指定档案工作负责部门。档案工作负责部门的名称应当反映档案工作属性。

经同级档案行政管理部门同意，办公地点相对集中且条件成熟的县级或形成档案数量较少的多个机关可以成立联合档案工作机构，对相应机关的档案进行集中管理。

**第九条**　机关档案工作机构或档案工作负责部门（以下简称机关档案部门）应当配备与工作量相匹配的专职档案工作人员，具体承担机关档案业务工作。机关文书或业务部门应当指定人员，承担相应部门文件材料的收集、整理和归档工作。机关应当建立以机关档案部门为中心，由相关人员组成的机关档案工作网络。

县级或形成档案数量较少的机关可以综合考虑工作量等情况，配备适当数量的专（兼）职档案工作人员。

**第十条**　机关档案工作的基本任务是：

（一）贯彻执行档案工作的法律法规和方针政策，建立健全档案工作规章制度，并将规范本单位、本系统档案管理的基本制度报档案行政管理部门备案；

（二）制定并组织实施档案工作发展规划或计划；

（三）对机关各种文件材料的形成、积累和归档工作进行监督和指导，对所属机构的档案工作进行监督和指导；

（四）负责管理机关的全部档案并提供利用，协助做好机关政府信息公开工作；

（五）负责机关档案信息化工作并统筹机关及所属机构档案信息一体化工作，推动传统载体档案数字化和电子文件、电子档案规范管理；

（六）接受档案行政管理部门监督、指导和检查，执行年度报告制度，定期向同级国家综合档案馆移交档案；

（七）负责组织档案业务交流和档案工作人员培训，开展档案宣传、教育活动；

（八）对档案工作中取得突出成绩的部门或个人，向机关提出表彰奖励建议；对违反档案管理要求的部门或个人，向机关提出处理建议。

**第十一条** 机关通过档案购买服务方式辅助实现档案工作基本任务的，应当严格限定社会化服务范围，严格审核服务供方的信息安全保障能力和业务资质，并接受档案行政管理部门监督、指导和检查。

机关档案业务社会化服务限于档案整理、传统载体档案数字化、纸质档案数字复制件全文识别、电子档案管理技术支持等辅助性工作。社会化服务应当符合《档案服务外包工作规范》（DA/T 68）规定。

**第十二条** 档案工作人员应当为机关正式在编人员，且政治可靠、遵纪守法、忠于职守，具备胜任岗位要求的工作能力。

档案工作人员应当熟悉机关工作，具备档案管理、信息管理等相关知识背景，并定期参加业务培训。

不具备前述知识背景的档案工作人员，应当经过相关专业知识和技能培训。

**第十三条** 档案工作人员调离岗位或退休的，应当在离岗前办好交接手续。涉密档案工作人员的调离应当按照国家有关保密法律法规执行。

## 第三章 基 础 设 施

**第十四条** 机关应当分别设置档案办公用房、整理用房、阅览用房和档案库房，并根据工作需要设置展览用房、档案数字化用房、服务器机房等。

档案库房应当根据载体类型分别设置，不具备条件的应当根据载体类型分区设置。

县级或形成档案数量较少的机关设置库房以外其他档案用房时，可以按照办公、整理、阅览等基本功能分区设置。

**第十五条** 档案办公用房面积按照《党政机关办公用房建设标准》执行。

阅览用房面积应当满足不同类型档案阅览需求，适应涉密档案与非涉密档案分区阅览的需要。

档案库房面积应当满足机关档案法定存放年限需要，使用面积按（档案存量+年增长量×存放年限）×60m²/万卷（或10万件）测算。档案数量少于2500卷（或25000件）的，档案库房面积按15m²测算。

整理用房、展览用房、档案数字化用房、服务器机房等用房面积应当满足业务开展需要。

**第十六条** 档案用房宜集中布置，自成一区。

档案办公用房选址应当便于档案库房管理。档案库房选址应当防潮、防火、避免阳光直射，利于档案保护。

档案库房不应设置在地下或顶层，地处湿润地区的还不宜设置在首层。档案库房不得毗邻水房、卫生间、食堂（厨房）、变配电室、车库等可能危及档案安全的用房。

**第十七条** 档案办公用房建筑设计应当符合《办公建筑设计规范》（JGJ 67）规定，整理用房、阅览用房建筑设计应当符合《档案馆建筑设计规范》（JGJ 25）规定。

档案库房内不得设置其他用房和明火设施，不应设置除消防以外的给水点，其他给水排水管道不应穿越库房。档案库房的装具布置、门窗设置应当符合《档案馆建筑设计规范》（JGJ 25）规定。

**第十八条** 档案库房应当根据需要配备符合国家规定的密闭五节柜、密集架、光盘柜、底图柜等档案装具，不得采用木质柜、玻璃门柜等装具。档案整理台、档案梯、移动置物架、档案盒、装订用品等配备应当满足工作需要。

档案库房配备的档案装具应当与档案库楼面均布活荷载标准值相匹配。库房采用密集架的，楼面均布活荷载标准值不应小于8kN/m²或按档案装载情况相应增加。

**第十九条** 档案库房应当配备温湿度监测调控系统，安装漏水报警设备。档案库房不得使用电阻丝加热、电热油汀及以水、汽为热媒的采暖系统。

保存重要档案或具备条件的，应当安装恒温恒湿设备，必要时可配备通风换气、空气净化设备。

**第二十条** 档案库房应当配备消防系统。根据档案重要程度和载体类型的不同，可以选择采用洁净气体、惰性气体或高压细水雾灭火设备。档案库房应当安装甲级防火门，配备火灾自动报警设备。

**第二十一条** 档案库房应当安装全封闭防盗门窗、遮光阻燃窗帘、防护栏等防护设施，可以选择设置智能门禁识别、红外报警、视频监控、出入口控制、电子巡查等安全防范系统。整理用房、阅览用房、档案数字化用房应当设置视频监控设备。

**第二十二条** 机关应当按照信息化要求，建设或配备能够满足库房现代化管理、档案数字化、电子文件及电子档案管理需求的基础设施设备。智能库房管理基础设施设备应当满足温湿度调控、漏水监测、消防报警、安全防范、视频监控等系统集成管理以及其他智能管理需要。档案数字化、电子文件及电子档案管理基础设施设备应当符合本规定第五章要求。

县级或形成档案数量较少的机关按照本规定第十九条至第二十二条配备基础设施设备的，应当满足温湿度调控、消防、安防和信息化工作的基本需求。

## 第四章 管 理 要 求

### 第一节 一 般 规 定

**第二十三条** 机关档案包括：

（一）文书、科技（科研、基建、设备）、人事、会计档案；

（二）机关履行行业特有职责形成的专业档案；

（三）照片、录音、录像等音像档案；

（四）业务数据、公务电子邮件、网站信息、社交媒体档案；

（五）印章、题词、奖牌、奖章、证书、公务礼品等实物档案；

（六）其他档案。

前款（一）（二）（三）项包含传统载体档案和电子档案两种形式。电子档案与传统载体档案具有同等效力。

**第二十四条** 机关全部档案构成一个全宗。机关隶属关系、名称发生变化但工作性质和主要业务范围未变化的，维持原全宗不变。

机关应当建立并定期完善全宗卷。全宗卷应当包含全宗背景、档案状况、工作制度、管理记录等内容，编制要求按照《全宗卷规范》（DA/T 12）执行。

第二十五条 机关档案管理应当做到收集齐全完整，整理规范有序，保管安全可靠，鉴定准确及时，利用简捷方便，开发实用有效。

涉及国家秘密档案的管理应当符合保密管理的相关规定。

第二节 形成与收集

第二十六条 机关履行职责过程中应当按照有关程序和要求形成归档文件材料。机关办公自动化和其他业务系统应当支持形成符合要求的归档文件材料。

文件材料形成时，应当采用耐久、可靠、满足长期保存需求的记录载体和记录方式。

归档文件材料应当真实、准确、系统，文件材料组件齐全、内容完整。

第二十七条 机关文书或业务部门应当及时收集形成的归档文件材料，交本部门指定人员保管。下列文件材料应当纳入收集范围。

机关在日常公务活动中形成的归档文件材料；机关设立临时机构处理专项工作、处置突发事件、举办重要活动等形成的归档文件材料；机关承担重大建设项目、重大科研课题等形成的归档文件材料；机关所属机构撤销形成的归档文件材料；机关向社会和个人征集的、与机关有关文件材料等。

第二十八条 机关应当编制本单位文件材料归档范围和档案保管期限表，经同级档案行政管理部门审查同意后施行。机关内部机构或工作职能发生变化时应当及时修订，经重新审查同意后施行。

文件材料归档范围和档案保管期限表应当全面、系统反映机关主要职能活动和基本历史面貌。人事、会计文件材料的归档范围和档案保管期限从其专门规定。

机关所属机构文件材料归档范围和档案保管期限表报机关审查同意后施行。

第二十九条 文书档案的收集范围按照《机关文件材料归档范围和文书档案保管期限规定》制定执行。

会计、科研、基建档案收集范围应当分别符合《会计档案管理办法》、《科学技术研究课题档案管理规范》（DA/T 2）、《建设项目档案管理规范》（DA/T 28）及《国家电子政务工程建设项目档案管理暂行办法》规定。

照片档案的收集范围应当符合《照片档案管理规范》（GB/T 11821）和《数码照片归档与管理规范》（DA/T 50）规定。

其他门类档案收集范围按照国家相关规定执行。

**第三十条** 电子文件应当连同元数据一并收集。收集的元数据应当符合《数字档案室建设指南》、《电子文件归档与电子档案管理规范》（GB/T 18894）、《文书类电子文件元数据方案》（DA/T 46）、《照片类电子档案元数据方案》（DA/T 54）、《录音录像类电子档案元数据方案》（DA/T 63）等规定。

## 第三节 整理与归档

**第三十一条** 机关应当按照本规定第二十三条制定统一的档案分类方案。不同门类、载体或形式的档案的分类方法应当协调呼应，便于档案的统一管理和利用。分类方案一经确定，应当保持一致，不得随意变动。

机关档案分类方案一般采用年度、机构（问题）、保管期限等分类项进行复式分类，有专门规定的，从其规定。

**第三十二条** 机关档案整理应当遵循文件材料的形成规律，保持文件材料之间的有机联系，区分不同价值，便于保管和利用，逐步推进卷件融合管理。

文书档案、照片档案、录音档案、录像档案、实物档案一般以件（张）等为单位进行整理。科技档案、人事档案、会计档案一般以卷为单位进行整理。其他门类档案根据需要以卷或件为单位进行整理。整理方法分别按照相应要求执行。

**第三十三条** 机关档案应当逐卷或逐件编制档号。档号应当指代单一，体现档案来源、档案门类、整理分类体系和排列顺序等档案基本属性。档号结构应当符合《档号编制规则》（DA/T 13）、《归档文件整理规则》（DA/T 22）和《数字档案室建设指南》要求，不同载体或形式的档号编制方法应当协调呼应。

机关档案门类宜按照文书（WS）、科技（KJ）、人事（RS）、会计（KU）、专业（ZY）、照片（ZP）、录音（LY）、录像（LX）、业务数据

（SJ）、公务电子邮件（YJ）、网站信息（WZ）、社交媒体（MT）、实物档案（SW）设置一级门类代码，按照科研（KJ·KY）、基建（KJ·JJ）、设备（KJ·SB）设置科技档案二级门类代码。专业档案按照《国家基本专业档案目录》规定设置二级门类代码。

**第三十四条** 机关档案应当编制检索工具，满足手工检索和计算机检索需要。

机关档案应当按照《档案著录规则》（DA/T 18）进行著录。传统载体照片、录音、录像档案和实物档案应当详细著录背景、人物、来源等信息。档案著录应当与目录编制、元数据收集等工作和要求协调对应。

**第三十五条** 机关档案经文书或业务部门整理完毕后，应当在第二年6月底前向机关档案部门归档；采用办公自动化或其他业务系统的，应当随办随归。归档时间有特殊规定的，从其规定。

归档时交接双方根据归档目录清点核对，并履行交接手续。机关档案实现随办随归的，还应当按规定履行登记手续，记录电子文件归档过程元数据。

任何部门和人员不得将应归档材料据为己有或拒绝归档。

**第三十六条** 归档文件材料应当为原件。电子文件需要转换为纸质文件归档的，若电子文件已经具备电子签名、电子印章，且电子印章按照规定转换为印章图形的，纸质文件不需再行实体签名、实体盖章。

满足本规定第五章规定且不具有永久保存价值或其他重要价值的电子文件，以及无法转换为纸质文件或缩微胶片的电子文件可以仅以电子形式进行归档。

## 第四节 保管与保护

**第三十七条** 机关应当根据档案载体的不同要求对档案进行存储和保管。档案存储和保管应当确保实体安全和信息安全。

机关应当制定档案管理应急预案并定期组织演练，以应对突发事件和自然灾害。档案管理应急预案应当纳入机关总体应急预案。

**第三十八条** 机关应当做好档案防火、防盗、防紫外线、防有害生物、防水、防潮、防尘、防高温、防污染等防护工作。库房温湿度应当符合《档案馆建筑设计规范》（JGJ 25）规定。

档案库房不得存放与档案保管、保护无关的物品。

**第三十九条** 档案工作人员应当监测和记录库房温湿度，根据需要采取措施调节；定期检查维护档案库房设施设备，确保正常运转；定期清扫除尘，保持库房清洁；定期采取措施，防止鼠虫霉等。

**第四十条** 机关档案部门应当定期组织人员对档案数量进行清点、对保管状况进行检查，定期对电子档案的保管情况、读取状况等进行检查，发现问题应当及时处理，并建立检查和处理情况台账。

**第四十一条** 档案工作人员应当及时对受损、易损档案进行修复、复制或作其他技术处理。档案修复应当保持档案内容的完整，尽量维持档案的原貌。档案修复前应当做好登记和检查工作，必要时进行复制备份，做出修复说明。

**第四十二条** 机关应当为档案工作人员配备劳动保护用品，避免档案管理过程中有毒有害物质损害健康。

### 第五节 鉴定与销毁

**第四十三条** 机关应当定期对已达到保管期限的档案进行鉴定处置。鉴定工作应当在档案工作协调机制下进行，由办公厅（室）负责人主持，档案部门会同相关业务部门有关人员组成鉴定小组共同开展，必要时可邀请相关领域专家参与。

鉴定结束后，应当形成鉴定工作报告。对仍需继续保存的档案，应当重新划定保管期限并作出标注；对确无保存价值的档案，应当按规定予以销毁。

**第四十四条** 经鉴定可以销毁的档案，应当按照以下程序销毁：

（一）机关档案部门编制档案销毁清册，列明拟销毁档案的档号、文号、责任者、题名、形成时间、应保管期限、已保管时间和销毁时间等内容，按档案工作协调机制报请审核批准；

（二）机关分管档案工作的单位负责人、办公厅（室）负责人、档案部门负责人、相关业务部门负责人、档案部门经办人、相关业务部门经办人在档案销毁清册上签署意见；

（三）机关档案部门组织档案销毁工作，并与相关业务部门共同派员监销。监销人在档案销毁前，应当按照档案销毁清册所列内容进行清点核对；在档案销毁后，应当在档案销毁清册上签名或盖章。销毁清册应当永久保存。

**第四十五条** 档案销毁应当在指定场所进行。

电子档案和档案数字复制件需要销毁的，除在指定场所销毁离线存储介质外，还应当确保电子档案和档案数字复制件从系统中彻底删除。销毁时应当留存电子档案和档案数字复制件元数据，并在管理过程元数据、审计日志中自动记录销毁活动。

涉密档案的销毁应当符合《国家秘密载体销毁管理规定》。

## 第六节　利用与开发

**第四十六条** 机关应当积极开展档案利用工作，建立健全档案利用制度，根据档案的密级、内容和利用方式，规定不同的利用权限、范围和审批手续。机关保管的档案对外提供利用的，需经本单位负责人批准。

利用档案应当履行查阅手续，进行档案查阅登记和利用效果反馈记录。档案工作人员应当对利用活动及时跟踪和监督。

**第四十七条** 机关应当按照《中华人民共和国政府信息公开条例》等有关规定，及时向同级国家综合档案馆提供主动公开的政府信息文件资料。

**第四十八条** 机关应当积极推进档案信息开发工作，采取编制全宗介绍、组织沿革、大事记、基础数字汇编、专题文件汇集，以及举办陈列展览、拍摄专题片等多种形式，发挥档案价值。

全宗介绍、组织沿革等应当纳入全宗卷管理。

**第四十九条** 机关应当积极采用数据分析、文本挖掘等新方法，扩展档案开发的力度和深度。

## 第七节　统计与移交

**第五十条** 机关应当建立完善统计工作，对所保管档案情况、档案年度出入库情况、档案设施设备情况、档案利用情况、档案移交进馆情况、档案鉴定销毁情况、档案信息化情况、档案工作人员情况、档案业务社会化服务等情况定期统计并建立完备的台账。

统计结果应当真实、准确、完整，支持以可视化方式显示，便于统计分析。

**第五十一条** 机关应当编制档案工作情况统计年报，汇总分析当年档案工作情况形成年度报告，报送同级档案行政管理部门、上级档案部门。

机关应当加强对档案工作变化情况的分析，为决策提供参考。

**第五十二条** 机关应当按照国家规定定期向同级国家综合档案馆移交档案。移交档案时，应当同时移交检索工具、编研成果。传统载体档案的数字复制件应当与档案原件一并移交。

机关向国家综合档案馆移交前，应当按照相关规定做好移交档案的密级变更或解除工作，并提出划控与开放意见。

**第五十三条** 电子档案一般自形成之日起 5 年内向国家综合档案馆移交，也可按本规定第五十二条与相应的纸质文件或缩微胶片同步移交。

电子档案移交可以采用在线移交或离线移交。在线移交应当通过档案行政管理部门指定的电子档案接收系统和专用网络，不得通过未设置安全可靠措施的互联网移交。

电子档案移交后，机关继续留存的，应当按照档案管理的要求进行管理。

**第五十四条** 机关撤销或合并的，档案移交按照下列办法进行：

（一）撤销机关的档案，应当由有关主管机关代管或按照规定向同级国家综合档案馆移交；

（二）撤销机关的业务分别划归几个机关的，其档案不得分散，可由其中一个机关代管或向同级国家综合档案馆移交；

（三）一个机关并入另一个机关或几个机关合并为一个新的机关，其档案应当移交给合并后的机关代管或向同级国家综合档案馆移交；

（四）机关所属机构撤销的，其档案由主管机关代管，属于国家综合档案馆接收范围的可按照规定向同级国家综合档案馆移交。

# 第五章　信息化建设

**第五十五条** 机关应当加强档案信息化工作，将机关档案信息化工作纳入机关电子政务和信息化总体规划。

机关档案信息化工作应当与机关信息化建设、档案馆信息化建设协调配合，实现系统互联互通，资源共享共用。

**第五十六条** 机关应当开展数字档案室建设，统筹传统载体档案数字化、电子文件归档与电子档案管理工作。数字档案室建设按照《数字档案室建设指南》执行。

**第五十七条** 机关应当建立档案数字化常态机制，有序开展档案数字化工作。

档案数字化应当符合真实性管理要求，数字化过程的元数据应当收集齐全，数字化复制件应当保持原貌并纳入电子档案管理系统统一管理。

**第五十八条** 纸质档案数字化按照《纸质档案数字化规范》（DA/T 31）执行，录音录像档案数字化按照《录音录像档案数字化规范》（DA/T 62）执行。其他传统载体档案数字化参照有关规定执行。

机关应当积极实施纸质档案数字复制件的全文识别，将现有图像数据转化为文本信息，便于检索和开发利用。

**第五十九条** 机关应当开展室藏传统载体档案目录数据库建设，数据库质量符合《档案著录规则》（DA/T 18）等标准规范要求。

各门类传统载体档案目录数据应当与相应数字化元数据、电子档案管理系统相应元数据库融合管理。

**第六十条** 机关应当建立电子文件归档与电子档案管理制度，按照《电子文件归档与电子档案管理规范》（GB/T 18894）确定的职责与分工开展电子文件归档与电子档案管理工作。

**第六十一条** 机关配备的网络基础设施、系统硬件、基础软件、安全保障系统、终端及辅助设备应当满足档案信息化的管理需要并适当冗余、方便扩展。

机关档案部门应当配置独立的专业服务器和专用存储设备。服务器和存储设备应当满足高效、可用、可扩展等要求。

机关在电子政务云或自建私有云上建设电子档案管理系统的，其计算资源、存储资源和安全防范等应当满足电子文件和电子档案管理要求。不得使用电子政务云之外的其他公有云存储管理电子文件、电子档案。

**第六十二条** 机关办公自动化系统和其他业务系统应当嵌入电子文件分类方案、归档范围与保管期限表和整理要求，在电子文件形成时自动或半自动开展鉴定、整理工作，实施预归档。

电子档案管理系统应当功能完善、适度前瞻，满足电子档案真实性、可靠性、完整性、可用性管理要求。电子档案管理系统基本功能和可选功能应当参照《数字档案室建设指南》《数字档案室建设评价办法》《电子文件管理系统通用功能要求》（GB/T 29194）以及同级国家综合档案馆的相关要求执行。

电子档案管理系统等级保护不得低于二级标准，分级保护等级应当与电子档案最高密级相适应。使用电子政务云服务的，应当与电子政务云管理机构明确安全管理责任。

**第六十三条** 电子档案的文件格式和质量应当符合标准要求，元数据应当齐全完整，满足长期保存和同级国家综合档案馆进馆要求。

**第六十四条** 机关应当为电子档案安全存储配置在线存储系统。在线存储系统应当实施容错技术方案，定期扫描、诊断存储设备。

**第六十五条** 机关应当制定电子档案备份方案和策略，采用磁带、一次性刻录光盘、硬磁盘等离线存储介质对电子档案实行离线备份。具备条件的，应当对电子档案进行近线备份和容灾备份。

机关应当根据需要制定电子档案转换与迁移方案和策略，转换与迁移活动应当记入电子档案管理过程元数据。

**第六十六条** 机关应当统筹开展传统载体档案数字化、电子文件归档与电子档案管理的安全保密工作，采取有效措施严防信息篡改、丢失、外泄。涉密档案进行数字化、涉密电子文件归档与电子档案管理应当严格遵守保密规定。

## 第六章　奖励与处罚

**第六十七条** 有下列情形之一的，由县级以上档案行政管理部门单独或联合有关部门，或由本单位给予表彰奖励：

（一）档案收集、整理、移交做出显著成绩的；

（二）档案的保管、保护和现代化管理做出显著成绩的；

（三）档案利用、开发取得突出效果的；

（四）档案学理论研究、档案科研做出重要贡献的；

（五）同违反档案法律、法规的行为作斗争，表现突出的；

（六）从事专（兼）职档案工作满 15 年的。

**第六十八条** 有下列行为之一的，由县级以上档案行政管理部门责令限期改正；情节严重的，由有关主管部门对机关直接负责的主管人员和直接责任人员依法给予处分；构成犯罪的，依法追究刑事责任。

（一）机关未统一管理机关档案或未按规定形成、收集档案的；

（二）机关未按规定设置档案工作机构或未指定档案工作负责部门，未按要求配备专（兼）职档案工作人员的；

（三）将机关应当归档的文件材料据为己有，拒绝移交机关档案部门的；

（四）档案管理不符合档案安全保护要求的；

（五）拒不按照国家规定向国家综合档案馆移交档案的；

（六）明知所保存的档案面临危险而不采取措施，造成档案损失的；档案工作人员、对档案工作负有领导责任的人员玩忽职守，造成档案损失的。

## 第七章　附　　则

**第六十九条**　本规定由国家档案局负责解释。事业单位、《社会团体登记管理条例》界定的社会团体可参照执行。

**第七十条**　本规定自 2019 年 1 月 1 日起施行。

# 涉密地质资料管理细则

（2022 年 4 月 11 日　自然资发〔2022〕78 号）

## 第一章　总　　则

**第一条**　为规范和加强涉密地质资料管理和服务工作，根据《中华人民共和国保守国家秘密法》《中华人民共和国保守国家秘密法实施条例》《地质资料管理条例》《国家秘密定密管理暂行规定》《国家秘密解密暂行办法》等法律法规和工作秘密有关管理要求，结合地质资料管理与服务工作实际，制定本细则。

**第二条**　涉密地质资料管理坚持总体国家安全观，既确保国家秘密安全，又有利于信息资源开发利用。

**第三条** 本细则所称涉密地质资料包括涉及国家秘密、工作秘密的地质资料。

**第四条** 本细则适用于地质资料的汇交、接收、保管和利用。

## 第二章　地质资料定密

**第五条** 涉及国家秘密的地质资料的确定、变更和解除，应当严格按照《中华人民共和国保守国家秘密法》《中华人民共和国保守国家秘密法实施条例》《国家秘密定密管理暂行规定》《国家秘密解密暂行办法》等规定的权限和程序，依据国家保密行政管理部门会同中央有关机关制定的保密事项范围进行。

**第六条** 涉及工作秘密的地质资料的确定和解除，依据自然资源部有关规定进行。

**第七条** 汇交地质资料的单位对所产生的国家秘密事项有定密权的，应当依法确定拟汇交地质资料的密级、保密期限和知悉范围。没有定密权的，应当先行拟定密级、保密期限和知悉范围，采取相应的保密措施，并立即报请有定密权的上级机关、单位确定；没有上级机关、单位的，应当报请省级（含）以上自然资源主管部门或者保密行政管理部门确定。

**第八条** 在汇交地质资料时，汇交地质资料的单位应当在地质资料汇交报送单中标注是否涉及国家秘密或者工作秘密，有涉密情形的，须按档逐件填报《地质资料涉密情况报告表》（见附件1）。

**第九条** 各级自然资源主管部门的地质资料馆以及自然资源部地质资料委托保管单位（以下简称"馆藏机构"）所保管的涉及国家秘密的地质资料，因定密依据或者定密条件发生变化使其密级、保密期限或者知悉范围改变的，馆藏机构应当及时通知原定密单位进行国家秘密变更或者解除。

原定密单位不清或者无法联系的，馆藏机构按照定密管理的有关规定提出国家秘密变更或者解除的建议，经上级业务主管部门同意后履行通知程序。原定密单位明确的，应当与接收地质资料的馆藏机构充分协商，对涉及国家秘密的地质资料进行国家秘密变更或者解除，并书面通知接收地质资料的馆藏机构。

馆藏机构与原定密单位对地质资料定密有不同意见的，应当依据《中华人民共和国保守国家秘密法实施条例》第二十条有关规定执行。

**第十条** 国家秘密解除后，涉及工作秘密的，应当确定为工作秘密并做好管理，不涉及工作秘密且需要公开的，应当依照信息公开程序进行保密审查。

**第十一条** 馆藏机构每年应当将上一年度国家秘密和工作秘密确定、变更、解除情况报上级业务主管部门，并报全国地质资料馆备案。全国地质资料馆负责汇总国家秘密和工作秘密确定、变更、解除情况。

## 第三章　涉密地质资料标志和保管

**第十二条** 涉密地质资料要按件、按装具标注国家秘密标志和工作秘密标志，其中国家秘密标志的形式和标注方式按国家保密行政管理部门有关规定执行，工作秘密标志的形式和标注方式按自然资源部有关规定执行。

**第十三条** 国家秘密变更后，馆藏机构应当在原国家秘密标志附近重新作出国家秘密标志。国家秘密或者工作秘密解除后，馆藏机构应当在原国家秘密标志、工作秘密标志附近作出解密标志。

**第十四条** 馆藏机构应当加强涉密地质资料的著录管理，按件著录密级和保密期限，并可同时著录密点、定密依据等信息。案卷级目录数据，应当按每档地质资料中涉密件的最高密级和最长保密期限著录该档地质资料的密级和保密期限。

**第十五条** 馆藏机构应当具备符合国家保密规定和标准的涉密数据处理、存储环境，妥善保管涉密地质资料。各馆藏机构的主管部门应当保障涉密地质资料管理工作所需的人员、资金和环境。

**第十六条** 馆藏机构应当对存储、处理、传输涉及工作秘密的地质资料的信息系统和信息设备采取必要的防护措施。不得在未采取防护措施的情况下直接在互联网及其他公共信息网络中存储、处理、传输涉及工作秘密的地质资料。

## 第四章　涉密地质资料服务

**第十七条** 借阅复制机密级、秘密级或者涉及工作秘密的地质资料，借阅复制涉密地质资料单位（以下简称"借阅复制单位"）应当出示地质资料使用申请表（见附件2）、《涉密地质资料借阅复制证书》（以下简称《证书》）、经办人身份证；借阅复制绝密级地质资料，如果该资料不是本单位或者其直接下属单位形成的，借阅复制单位除出示上述证件外，还应当出示地（市）级（含）以上人民政府或者其工作部门同意借阅复制该资料的批文。馆藏机构根据借阅复制单位的实际用途确定提供涉密地质资料的内容和数量。

**第十八条** 在对外交往中需要提供涉密地质资料的，应当报省级（含）以上自然资源主管部门批准，并与对方签订保密协议。

**第十九条** 申请办理《证书》的机关、单位（以下简称"办证单位"），应当填写《涉密地质资料借阅复制证书申请书》（以下简称《申请书》，见附件3），并按要求加盖办证单位的公章。下列机关、单位可申请办理《证书》：

1. 县（团）级（含）以上的党委、人大、人民政府及其工作部门、政协、监察委员会、人民法院、人民检察院、军队。

2. 县级（含）以上人民政府及其工作部门设立的事业单位。

3. 国有独资和国有控股企业。

4. 地（市）级（含）以上国家机关批准从事地质工作且具备保密条件的单位。

**第二十条** 申请办理《证书》应提交的材料。

1. 国家机关申请办理《证书》应当提交内容齐全、并加盖了本机关公章的《申请书》。

2. 非国家机关申请办理《证书》除提交内容齐全、并加盖了本单位公章的《申请书》外，还应当按下列要求提交有关材料：

（1）事业单位应当提交县级（含）以上人民政府机构编制管理部门核发的《事业单位法人证书》复印件，并加盖本单位公章。

（2）国有独资企业或者国有控股企业应当提交县级（含）以上国有资产监管部门核发的《企业国有资产产权登记证》等企业资产组成证明材料的复印件，并加盖本单位公章。

（3）地（市）级（含）以上国家机关批准从事地质工作单位应提交有关机构批文复印件，办证单位具备符合保密管理有关规定要求的保密机构、人员、制度、场所、设施条件的证明材料，加载统一社会信用代码的营业执照复印件，并加盖本单位公章。

第二十一条 自然资源部和省级自然资源主管部门的地质资料馆接收办证单位提交的申请材料后，应当及时为其办理《证书》，每单位 1 个，有效期一般不超过 5 年，《证书》在全国各馆藏机构通用。《证书》封面样式见附件 4。

第二十二条 发证单位办理、制作完《证书》后，应当天将该《证书》的发证日期、《证书》编号、单位名称、联系人姓名和电话及申请材料的扫描件等内容上传全国地质资料馆网站"证书信息"栏内，并及时更新证书的有效性状态。

第二十三条 《事业单位法人证书》《企业国有资产产权登记证》《证书》联系人等信息发生变化时，办证单位应当在 30 日内向发证单位申请信息变更，发证单位应当在 5 个工作日内完成信息变更。

第二十四条 馆藏机构工作人员审核借阅复制单位出示的有效证件，核实《证书》有效性，或者在借阅复制单位未能出示《证书》的情况下，核实《地质资料使用申请表》上的《证书》联系人签字和《证书》编号后，向其提供借阅复制服务。

第二十五条 办理借阅复制服务时，馆藏机构工作人员应当做好涉密地质资料借阅复制登记并存档，登记内容包括档号、件号、资料名称、借阅复制日期、借阅复制单位名称、经办人姓名等，并将其中非涉密信息每月上传到全国地质资料馆网站对应的《证书》栏内。在资料归档时，《证书》联系人登录全国地质资料馆网站，对上述信息进行确认。

第二十六条 借阅复制单位应当按照国家保密法律法规的规定做好涉密地质资料管理。按照申请时的用途使用涉密地质资料，不得扩大知悉范围，不得向第三方提供，不得以任何形式在互联网上传播；应当采取符合国家保密规定和标准的安全保密防护措施，管理涉密地质资料载体和设备；定期开展涉密地质资料管理情况自查。

第二十七条 借阅复制单位应当做好涉密地质资料使用人员的保密管理，并做好使用记录。对符合涉密人员条件的涉密地质资料使用人员，应当按照涉密人员管理；对不符合涉密人员条件的，应当按照有关保密法律法规提出具体保密要求，加强保密教育，签订保密承诺书。

## 第五章　附　则

**第二十八条**　单位和个人在涉密地质资料定密、保管、利用中存在违法违规问题的，依据《中华人民共和国保守国家秘密法》《中华人民共和国保守国家秘密法实施条例》及相关规定予以处罚。

**第二十九条**　省级（含）以上自然资源主管部门、保密行政管理部门根据地质资料保密管理实际情况可以组织或者联合组织开展涉密地质资料管理情况检查。

**第三十条**　本细则由自然资源部负责解释，自印发之日起施行。《国土资源部　国家保密局关于印发〈涉密地质资料管理细则〉的通知》（国土资发〔2008〕69号）同时废止。

附件：

1. 地质资料涉密情况报告表（略）
2. 地质资料使用申请表（略）
3. 涉密地质资料借阅复制证书申请书（略）
4. 涉密地质资料借阅复制证书封面样式（略）

# 中国证券监督管理委员会、财政部、国家保密局、国家档案局关于加强境内企业境外发行证券和上市相关保密和档案管理工作的规定

（2023年2月24日中国证券监督管理委员会、财政部、国家保密局、国家档案局公告〔2023〕44号公布　自2023年3月31日起施行）

一、为保障国家经济安全，保护社会公共利益，规范中华人民共和国境内企业直接或者间接到境外发行证券或者将其证券在境外上市交易（以下简称境外发行上市）相关保密和档案管理工作，支持企业依法合规开展境外发行上市活动，根据《中华人民共和国证券法》《中华人民共和国保守国家秘密法》《中华人民共和国档案法》《中华人民共和国会计法》《中

华人民共和国注册会计师法》《中华人民共和国国家安全法》和《境内企业境外发行证券和上市管理试行办法》及相关法律法规，制定本规定。

二、境内企业境外发行上市活动中，境内企业以及提供相应服务的证券公司、证券服务机构应当严格遵守中华人民共和国相关法律法规以及本规定的要求，增强保守国家秘密和加强档案管理的法律意识，建立健全保密和档案工作制度，采取必要措施落实保密和档案管理责任，不得泄露国家秘密和国家机关工作秘密，不得损害国家和公共利益。

前款所称境内企业包括直接境外发行上市的境内股份有限公司和间接境外发行上市主体的境内运营实体；所称证券公司、证券服务机构是指从事境内企业境外发行上市业务的境内外证券公司、证券服务机构。

三、境内企业向有关证券公司、证券服务机构、境外监管机构等单位和个人提供、公开披露，或者通过其境外上市主体等提供、公开披露涉及国家秘密、国家机关工作秘密的文件、资料的，应当依法报有审批权限的主管部门批准，并报同级保密行政管理部门备案。是否属于国家秘密不明确或者有争议的，应当依法报有关保密行政管理部门确定；是否属于国家机关工作秘密不明确或者有争议的，应当报有关业务主管部门确定。

四、境内企业向有关证券公司、证券服务机构、境外监管机构等单位和个人提供、公开披露，或者通过其境外上市主体等提供、公开披露其他泄露后会对国家安全或者公共利益造成不利影响的文件、资料的，应当按照国家有关规定，严格履行相应程序。

五、境内企业向有关证券公司、证券服务机构提供文件、资料时，应按照国家相关保密规定处理相关文件、资料，并就执行本规定第三条、第四条的情况向有关证券公司、证券服务机构提供书面说明。证券公司、证券服务机构应当妥善保存上述书面说明以备查。

六、境内企业经履行相应程序后，向有关证券公司、证券服务机构等提供涉及国家秘密、国家机关工作秘密或者其他泄露后会对国家安全或者公共利益造成不利影响的文件、资料的，双方应当依照《中华人民共和国保守国家秘密法》等法律法规及本规定，签订保密协议，明确有关证券公司、证券服务机构等承担的保密义务和责任。

证券公司、证券服务机构应当遵守我国保密及档案管理的要求，妥善保管获取的上述文件、资料。存储、处理、传输上述文件、资料的信息系统、信息设备应当符合国家有关规定。证券公司、证券服务机构向境外监管机构和其他相关机构等单位和个人提供、公开披露上述文件、资料的，应当按照第三条、第四条有关规定履行相应程序。

七、境内企业、证券公司、证券服务机构发现国家秘密、国家机关工作秘密或者其他泄露后会对国家安全或者公共利益造成不利影响的文件、资料已经泄露或者可能泄露的，应当立即采取补救措施并及时向有关机关、单位报告。机关、单位接到报告后，应当立即作出处理，并及时向保密行政管理等部门报告。

八、境内企业向有关证券公司、证券服务机构、境外监管机构等单位和个人提供会计档案或会计档案复制件的，应当按照国家有关规定履行相应程序。

九、为境内企业境外发行上市提供相应服务的证券公司、证券服务机构在境内形成的工作底稿应当存放在境内。需要出境的，按照国家有关规定办理审批手续。

十、证监会、财政部、国家保密局和国家档案局等有关主管部门建立协作机制，在各自的职权范围内依法对境内企业境外发行上市活动中涉及保密和档案管理的有关事项进行规范和监督检查。

十一、境外证券监督管理机构及有关主管部门提出就境内企业境外发行上市相关活动对境内企业以及为该等企业境外发行上市提供相应服务的境内证券公司、证券服务机构进行检查或调查取证的，应当通过跨境监管合作机制进行，证监会或有关主管部门依据双多边合作机制提供必要的协助。境内有关企业、证券公司和证券服务机构，在配合境外证券监督管理机构或境外有关主管部门检查、调查或为配合检查、调查而提供文件、资料前，应当经证监会或有关主管部门同意。

十二、境内企业境外发行上市活动中，任何单位和个人违反《中华人民共和国保守国家秘密法》和《中华人民共和国档案法》等法律法规的，由有关部门依法追究法律责任；涉嫌犯罪的，移送司法机关依法追究刑事责任。

十三、本规定自 2023 年 3 月 31 日起施行。《关于加强在境外发行证券与上市相关保密和档案管理工作的规定》（证监会公告〔2009〕29 号）同时废止。

# （四） 网络保密

## 中华人民共和国网络安全法

（2016 年 11 月 7 日第十二届全国人民代表大会常务委员会
第二十四次会议通过　2016 年 11 月 7 日中华人民共和国主席令
第 53 号公布　自 2017 年 6 月 1 日起施行）

### 第一章　总　　则

**第一条**　为了保障网络安全，维护网络空间主权和国家安全、社会公共利益，保护公民、法人和其他组织的合法权益，促进经济社会信息化健康发展，制定本法。

**第二条**　在中华人民共和国境内建设、运营、维护和使用网络，以及网络安全的监督管理，适用本法。

**第三条**　国家坚持网络安全与信息化发展并重，遵循积极利用、科学发展、依法管理、确保安全的方针，推进网络基础设施建设和互联互通，鼓励网络技术创新和应用，支持培养网络安全人才，建立健全网络安全保障体系，提高网络安全保护能力。

**第四条**　国家制定并不断完善网络安全战略，明确保障网络安全的基本要求和主要目标，提出重点领域的网络安全政策、工作任务和措施。

**第五条**　国家采取措施，监测、防御、处置来源于中华人民共和国境内外的网络安全风险和威胁，保护关键信息基础设施免受攻击、侵入、干扰和破坏，依法惩治网络违法犯罪活动，维护网络空间安全和秩序。

**第六条**　国家倡导诚实守信、健康文明的网络行为，推动传播社会主义核心价值观，采取措施提高全社会的网络安全意识和水平，形成全社会共同参与促进网络安全的良好环境。

**第七条**　国家积极开展网络空间治理、网络技术研发和标准制定、打击网络违法犯罪等方面的国际交流与合作，推动构建和平、安全、开放、合作的网络空间，建立多边、民主、透明的网络治理体系。

第八条　国家网信部门负责统筹协调网络安全工作和相关监督管理工作。国务院电信主管部门、公安部门和其他有关机关依照本法和有关法律、行政法规的规定，在各自职责范围内负责网络安全保护和监督管理工作。

县级以上地方人民政府有关部门的网络安全保护和监督管理职责，按照国家有关规定确定。

第九条　网络运营者开展经营和服务活动，必须遵守法律、行政法规，尊重社会公德，遵守商业道德，诚实信用，履行网络安全保护义务，接受政府和社会的监督，承担社会责任。

第十条　建设、运营网络或者通过网络提供服务，应当依照法律、行政法规的规定和国家标准的强制性要求，采取技术措施和其他必要措施，保障网络安全、稳定运行，有效应对网络安全事件，防范网络违法犯罪活动，维护网络数据的完整性、保密性和可用性。

第十一条　网络相关行业组织按照章程，加强行业自律，制定网络安全行为规范，指导会员加强网络安全保护，提高网络安全保护水平，促进行业健康发展。

第十二条　国家保护公民、法人和其他组织依法使用网络的权利，促进网络接入普及，提升网络服务水平，为社会提供安全、便利的网络服务，保障网络信息依法有序自由流动。

任何个人和组织使用网络应当遵守宪法法律，遵守公共秩序，尊重社会公德，不得危害网络安全，不得利用网络从事危害国家安全、荣誉和利益，煽动颠覆国家政权、推翻社会主义制度，煽动分裂国家、破坏国家统一，宣扬恐怖主义、极端主义，宣扬民族仇恨、民族歧视，传播暴力、淫秽色情信息，编造、传播虚假信息扰乱经济秩序和社会秩序，以及侵害他人名誉、隐私、知识产权和其他合法权益等活动。

第十三条　国家支持研究开发有利于未成年人健康成长的网络产品和服务，依法惩治利用网络从事危害未成年人身心健康的活动，为未成年人提供安全、健康的网络环境。

第十四条　任何个人和组织有权对危害网络安全的行为向网信、电信、公安等部门举报。收到举报的部门应当及时依法作出处理；不属于本部门职责的，应当及时移送有权处理的部门。

有关部门应当对举报人的相关信息予以保密，保护举报人的合法权益。

## 第二章　网络安全支持与促进

**第十五条**　国家建立和完善网络安全标准体系。国务院标准化行政主管部门和国务院其他有关部门根据各自的职责，组织制定并适时修订有关网络安全管理以及网络产品、服务和运行安全的国家标准、行业标准。

国家支持企业、研究机构、高等学校、网络相关行业组织参与网络安全国家标准、行业标准的制定。

**第十六条**　国务院和省、自治区、直辖市人民政府应当统筹规划，加大投入，扶持重点网络安全技术产业和项目，支持网络安全技术的研究开发和应用，推广安全可信的网络产品和服务，保护网络技术知识产权，支持企业、研究机构和高等学校等参与国家网络安全技术创新项目。

**第十七条**　国家推进网络安全社会化服务体系建设，鼓励有关企业、机构开展网络安全认证、检测和风险评估等安全服务。

**第十八条**　国家鼓励开发网络数据安全保护和利用技术，促进公共数据资源开放，推动技术创新和经济社会发展。

国家支持创新网络安全管理方式，运用网络新技术，提升网络安全保护水平。

**第十九条**　各级人民政府及其有关部门应当组织开展经常性的网络安全宣传教育，并指导、督促有关单位做好网络安全宣传教育工作。

大众传播媒介应当有针对性地面向社会进行网络安全宣传教育。

**第二十条**　国家支持企业和高等学校、职业学校等教育培训机构开展网络安全相关教育与培训，采取多种方式培养网络安全人才，促进网络安全人才交流。

## 第三章　网络运行安全

### 第一节　一般规定

**第二十一条**　国家实行网络安全等级保护制度。网络运营者应当按照网络安全等级保护制度的要求，履行下列安全保护义务，保障网络免受干扰、破坏或者未经授权的访问，防止网络数据泄露或者被窃取、篡改：

（一）制定内部安全管理制度和操作规程，确定网络安全负责人，落实网络安全保护责任；

（二）采取防范计算机病毒和网络攻击、网络侵入等危害网络安全行为的技术措施；

（三）采取监测、记录网络运行状态、网络安全事件的技术措施，并按照规定留存相关的网络日志不少于六个月；

（四）采取数据分类、重要数据备份和加密等措施；

（五）法律、行政法规规定的其他义务。

**第二十二条** 网络产品、服务应当符合相关国家标准的强制性要求。网络产品、服务的提供者不得设置恶意程序；发现其网络产品、服务存在安全缺陷、漏洞等风险时，应当立即采取补救措施，按照规定及时告知用户并向有关主管部门报告。

网络产品、服务的提供者应当为其产品、服务持续提供安全维护；在规定或者当事人约定的期限内，不得终止提供安全维护。

网络产品、服务具有收集用户信息功能的，其提供者应当向用户明示并取得同意；涉及用户个人信息的，还应当遵守本法和有关法律、行政法规关于个人信息保护的规定。

**第二十三条** 网络关键设备和网络安全专用产品应当按照相关国家标准的强制性要求，由具备资格的机构安全认证合格或者安全检测符合要求后，方可销售或者提供。国家网信部门会同国务院有关部门制定、公布网络关键设备和网络安全专用产品目录，并推动安全认证和安全检测结果互认，避免重复认证、检测。

**第二十四条** 网络运营者为用户办理网络接入、域名注册服务，办理固定电话、移动电话等入网手续，或者为用户提供信息发布、即时通讯等服务，在与用户签订协议或者确认提供服务时，应当要求用户提供真实身份信息。用户不提供真实身份信息的，网络运营者不得为其提供相关服务。

国家实施网络可信身份战略，支持研究开发安全、方便的电子身份认证技术，推动不同电子身份认证之间的互认。

**第二十五条** 网络运营者应当制定网络安全事件应急预案，及时处置系统漏洞、计算机病毒、网络攻击、网络侵入等安全风险；在发生危害网络安全的事件时，立即启动应急预案，采取相应的补救措施，并按照规定向有关主管部门报告。

**第二十六条** 开展网络安全认证、检测、风险评估等活动，向社会发布系统漏洞、计算机病毒、网络攻击、网络侵入等网络安全信息，应当遵守国家有关规定。

**第二十七条** 任何个人和组织不得从事非法侵入他人网络、干扰他人网络正常功能、窃取网络数据等危害网络安全的活动；不得提供专门用于从事侵入网络、干扰网络正常功能及防护措施、窃取网络数据等危害网络安全活动的程序、工具；明知他人从事危害网络安全的活动的，不得为其提供技术支持、广告推广、支付结算等帮助。

**第二十八条** 网络运营者应当为公安机关、国家安全机关依法维护国家安全和侦查犯罪的活动提供技术支持和协助。

**第二十九条** 国家支持网络运营者之间在网络安全信息收集、分析、通报和应急处置等方面进行合作，提高网络运营者的安全保障能力。

有关行业组织建立健全本行业的网络安全保护规范和协作机制，加强对网络安全风险的分析评估，定期向会员进行风险警示，支持、协助会员应对网络安全风险。

**第三十条** 网信部门和有关部门在履行网络安全保护职责中获取的信息，只能用于维护网络安全的需要，不得用于其他用途。

## 第二节　关键信息基础设施的运行安全

**第三十一条** 国家对公共通信和信息服务、能源、交通、水利、金融、公共服务、电子政务等重要行业和领域，以及其他一旦遭到破坏、丧失功能或者数据泄露，可能严重危害国家安全、国计民生、公共利益的关键信息基础设施，在网络安全等级保护制度的基础上，实行重点保护。关键信息基础设施的具体范围和安全保护办法由国务院制定。

国家鼓励关键信息基础设施以外的网络运营者自愿参与关键信息基础设施保护体系。

**第三十二条** 按照国务院规定的职责分工，负责关键信息基础设施安全保护工作的部门分别编制并组织实施本行业、本领域的关键信息基础设施安全规划，指导和监督关键信息基础设施运行安全保护工作。

**第三十三条** 建设关键信息基础设施应当确保其具有支持业务稳定、持续运行的性能，并保证安全技术措施同步规划、同步建设、同步使用。

**第三十四条** 除本法第二十一条的规定外，关键信息基础设施的运营者还应当履行下列安全保护义务：

（一）设置专门安全管理机构和安全管理负责人，并对该负责人和关键岗位的人员进行安全背景审查；

（二）定期对从业人员进行网络安全教育、技术培训和技能考核；

（三）对重要系统和数据库进行容灾备份；

（四）制定网络安全事件应急预案，并定期进行演练；

（五）法律、行政法规规定的其他义务。

**第三十五条** 关键信息基础设施的运营者采购网络产品和服务，可能影响国家安全的，应当通过国家网信部门会同国务院有关部门组织的国家安全审查。

**第三十六条** 关键信息基础设施的运营者采购网络产品和服务，应当按照规定与提供者签订安全保密协议，明确安全和保密义务与责任。

**第三十七条** 关键信息基础设施的运营者在中华人民共和国境内运营中收集和产生的个人信息和重要数据应当在境内存储。因业务需要，确需向境外提供的，应当按照国家网信部门会同国务院有关部门制定的办法进行安全评估；法律、行政法规另有规定的，依照其规定。

**第三十八条** 关键信息基础设施的运营者应当自行或者委托网络安全服务机构对其网络的安全性和可能存在的风险每年至少进行一次检测评估，并将检测评估情况和改进措施报送相关负责关键信息基础设施安全保护工作的部门。

**第三十九条** 国家网信部门应当统筹协调有关部门对关键信息基础设施的安全保护采取下列措施：

（一）对关键信息基础设施的安全风险进行抽查检测，提出改进措施，必要时可以委托网络安全服务机构对网络存在的安全风险进行检测评估；

（二）定期组织关键信息基础设施的运营者进行网络安全应急演练，

提高应对网络安全事件的水平和协同配合能力；

（三）促进有关部门、关键信息基础设施的运营者以及有关研究机构、网络安全服务机构等之间的网络安全信息共享；

（四）对网络安全事件的应急处置与网络功能的恢复等，提供技术支持和协助。

## 第四章　网络信息安全

**第四十条**　网络运营者应当对其收集的用户信息严格保密，并建立健全用户信息保护制度。

**第四十一条**　网络运营者收集、使用个人信息，应当遵循合法、正当、必要的原则，公开收集、使用规则，明示收集、使用信息的目的、方式和范围，并经被收集者同意。

网络运营者不得收集与其提供的服务无关的个人信息，不得违反法律、行政法规的规定和双方的约定收集、使用个人信息，并应当依照法律、行政法规的规定和与用户的约定，处理其保存的个人信息。

**第四十二条**　网络运营者不得泄露、篡改、毁损其收集的个人信息；未经被收集者同意，不得向他人提供个人信息。但是，经过处理无法识别特定个人且不能复原的除外。

网络运营者应当采取技术措施和其他必要措施，确保其收集的个人信息安全，防止信息泄露、毁损、丢失。在发生或者可能发生个人信息泄露、毁损、丢失的情况时，应当立即采取补救措施，按照规定及时告知用户并向有关主管部门报告。

**第四十三条**　个人发现网络运营者违反法律、行政法规的规定或者双方的约定收集、使用其个人信息的，有权要求网络运营者删除其个人信息；发现网络运营者收集、存储的其个人信息有错误的，有权要求网络运营者予以更正。网络运营者应当采取措施予以删除或者更正。

**第四十四条**　任何个人和组织不得窃取或者以其他非法方式获取个人信息，不得非法出售或者非法向他人提供个人信息。

**第四十五条**　依法负有网络安全监督管理职责的部门及其工作人员，必须对在履行职责中知悉的个人信息、隐私和商业秘密严格保密，不得泄露、出售或者非法向他人提供。

第四十六条　任何个人和组织应当对其使用网络的行为负责，不得设立用于实施诈骗，传授犯罪方法，制作或者销售违禁物品、管制物品等违法犯罪活动的网站、通讯群组，不得利用网络发布涉及实施诈骗，制作或者销售违禁物品、管制物品以及其他违法犯罪活动的信息。

第四十七条　网络运营者应当加强对其用户发布的信息的管理，发现法律、行政法规禁止发布或者传输的信息的，应当立即停止传输该信息，采取消除等处置措施，防止信息扩散，保存有关记录，并向有关主管部门报告。

第四十八条　任何个人和组织发送的电子信息、提供的应用软件，不得设置恶意程序，不得含有法律、行政法规禁止发布或者传输的信息。

电子信息发送服务提供者和应用软件下载服务提供者，应当履行安全管理义务，知道其用户有前款规定行为的，应当停止提供服务，采取消除等处置措施，保存有关记录，并向有关主管部门报告。

第四十九条　网络运营者应当建立网络信息安全投诉、举报制度，公布投诉、举报方式等信息，及时受理并处理有关网络信息安全的投诉和举报。

网络运营者对网信部门和有关部门依法实施的监督检查，应当予以配合。

第五十条　国家网信部门和有关部门依法履行网络信息安全监督管理职责，发现法律、行政法规禁止发布或者传输的信息的，应当要求网络运营者停止传输，采取消除等处置措施，保存有关记录；对来源于中华人民共和国境外的上述信息，应当通知有关机构采取技术措施和其他必要措施阻断传播。

## 第五章　监测预警与应急处置

第五十一条　国家建立网络安全监测预警和信息通报制度。国家网信部门应当统筹协调有关部门加强网络安全信息收集、分析和通报工作，按照规定统一发布网络安全监测预警信息。

第五十二条　负责关键信息基础设施安全保护工作的部门，应当建立健全本行业、本领域的网络安全监测预警和信息通报制度，并按照规定报送网络安全监测预警信息。

第五十三条　国家网信部门协调有关部门建立健全网络安全风险评估和应急工作机制，制定网络安全事件应急预案，并定期组织演练。

负责关键信息基础设施安全保护工作的部门应当制定本行业、本领域的网络安全事件应急预案，并定期组织演练。

网络安全事件应急预案应当按照事件发生后的危害程度、影响范围等因素对网络安全事件进行分级，并规定相应的应急处置措施。

第五十四条　网络安全事件发生的风险增大时，省级以上人民政府有关部门应当按照规定的权限和程序，并根据网络安全风险的特点和可能造成的危害，采取下列措施：

（一）要求有关部门、机构和人员及时收集、报告有关信息，加强对网络安全风险的监测；

（二）组织有关部门、机构和专业人员，对网络安全风险信息进行分析评估，预测事件发生的可能性、影响范围和危害程度；

（三）向社会发布网络安全风险预警，发布避免、减轻危害的措施。

第五十五条　发生网络安全事件，应当立即启动网络安全事件应急预案，对网络安全事件进行调查和评估，要求网络运营者采取技术措施和其他必要措施，消除安全隐患，防止危害扩大，并及时向社会发布与公众有关的警示信息。

第五十六条　省级以上人民政府有关部门在履行网络安全监督管理职责中，发现网络存在较大安全风险或者发生安全事件的，可以按照规定的权限和程序对该网络的运营者的法定代表人或者主要负责人进行约谈。网络运营者应当按照要求采取措施，进行整改，消除隐患。

第五十七条　因网络安全事件，发生突发事件或者生产安全事故的，应当依照《中华人民共和国突发事件应对法》、《中华人民共和国安全生产法》等有关法律、行政法规的规定处置。

第五十八条　因维护国家安全和社会公共秩序，处置重大突发社会安全事件的需要，经国务院决定或者批准，可以在特定区域对网络通信采取限制等临时措施。

# 第六章　法律责任

第五十九条　网络运营者不履行本法第二十一条、第二十五条规定的网络安全保护义务的，由有关主管部门责令改正，给予警告；拒不改正或者导致危害网络安全等后果的，处一万元以上十万元以下罚款，对直接负责的主管人员处五千元以上五万元以下罚款。

关键信息基础设施的运营者不履行本法第三十三条、第三十四条、第三十六条、第三十八条规定的网络安全保护义务的，由有关主管部门责令改正，给予警告；拒不改正或者导致危害网络安全等后果的，处十万元以上一百万元以下罚款，对直接负责的主管人员处一万元以上十万元以下罚款。

**第六十条** 违反本法第二十二条第一款、第二款和第四十八条第一款规定，有下列行为之一的，由有关主管部门责令改正，给予警告；拒不改正或者导致危害网络安全等后果的，处五万元以上五十万元以下罚款，对直接负责的主管人员处一万元以上十万元以下罚款：

（一）设置恶意程序的；

（二）对其产品、服务存在的安全缺陷、漏洞等风险未立即采取补救措施，或者未按照规定及时告知用户并向有关主管部门报告的；

（三）擅自终止为其产品、服务提供安全维护的。

**第六十一条** 网络运营者违反本法第二十四条第一款规定，未要求用户提供真实身份信息，或者对不提供真实身份信息的用户提供相关服务的，由有关主管部门责令改正；拒不改正或者情节严重的，处五万元以上五十万元以下罚款，并可以由有关主管部门责令暂停相关业务、停业整顿、关闭网站、吊销相关业务许可证或者吊销营业执照，对直接负责的主管人员和其他直接责任人员处一万元以上十万元以下罚款。

**第六十二条** 违反本法第二十六条规定，开展网络安全认证、检测、风险评估等活动，或者向社会发布系统漏洞、计算机病毒、网络攻击、网络侵入等网络安全信息的，由有关主管部门责令改正，给予警告；拒不改正或者情节严重的，处一万元以上十万元以下罚款，并可以由有关主管部门责令暂停相关业务、停业整顿、关闭网站、吊销相关业务许可证或者吊销营业执照，对直接负责的主管人员和其他直接责任人员处五千元以上五万元以下罚款。

**第六十三条** 违反本法第二十七条规定，从事危害网络安全的活动，或者提供专门用于从事危害网络安全活动的程序、工具，或者为他人从事危害网络安全的活动提供技术支持、广告推广、支付结算等帮助，尚不构成犯罪的，由公安机关没收违法所得，处五日以下拘留，可以并处五万元以上五十万元以下罚款；情节较重的，处五日以上十五日以下拘留，可以并处十万元以上一百万元以下罚款。

单位有前款行为的，由公安机关没收违法所得，处十万元以上一百万元以下罚款，并对直接负责的主管人员和其他直接责任人员依照前款规定处罚。

违反本法第二十七条规定，受到治安管理处罚的人员，五年内不得从事网络安全管理和网络运营关键岗位的工作；受到刑事处罚的人员，终身不得从事网络安全管理和网络运营关键岗位的工作。

**第六十四条**　网络运营者、网络产品或者服务的提供者违反本法第二十二条第三款、第四十一条至第四十三条规定，侵害个人信息依法得到保护的权利的，由有关主管部门责令改正，可以根据情节单处或者并处警告、没收违法所得、处违法所得一倍以上十倍以下罚款，没有违法所得的，处一百万元以下罚款，对直接负责的主管人员和其他直接责任人员处一万元以上十万元以下罚款；情节严重的，并可以责令暂停相关业务、停业整顿、关闭网站、吊销相关业务许可证或者吊销营业执照。

违反本法第四十四条规定，窃取或者以其他非法方式获取、非法出售或者非法向他人提供个人信息，尚不构成犯罪的，由公安机关没收违法所得，并处违法所得一倍以上十倍以下罚款，没有违法所得的，处一百万元以下罚款。

**第六十五条**　关键信息基础设施的运营者违反本法第三十五条规定，使用未经安全审查或者安全审查未通过的网络产品或者服务的，由有关主管部门责令停止使用，处采购金额一倍以上十倍以下罚款；对直接负责的主管人员和其他直接责任人员处一万元以上十万元以下罚款。

**第六十六条**　关键信息基础设施的运营者违反本法第三十七条规定，在境外存储网络数据，或者向境外提供网络数据的，由有关主管部门责令改正，给予警告，没收违法所得，处五万元以上五十万元以下罚款，并可以责令暂停相关业务、停业整顿、关闭网站、吊销相关业务许可证或者吊销营业执照；对直接负责的主管人员和其他直接责任人员处一万元以上十万元以下罚款。

**第六十七条** 违反本法第四十六条规定，设立用于实施违法犯罪活动的网站、通讯群组，或者利用网络发布涉及实施违法犯罪活动的信息，尚不构成犯罪的，由公安机关处五日以下拘留，可以并处一万元以上十万元以下罚款；情节较重的，处五日以上十五日以下拘留，可以并处五万元以上五十万元以下罚款。关闭用于实施违法犯罪活动的网站、通讯群组。

单位有前款行为的，由公安机关处十万元以上五十万元以下罚款，并对直接负责的主管人员和其他直接责任人员依照前款规定处罚。

**第六十八条** 网络运营者违反本法第四十七条规定，对法律、行政法规禁止发布或者传输的信息未停止传输、采取消除等处置措施、保存有关记录的，由有关主管部门责令改正，给予警告，没收违法所得；拒不改正或者情节严重的，处十万元以上五十万元以下罚款，并可以责令暂停相关业务、停业整顿、关闭网站、吊销相关业务许可证或者吊销营业执照，对直接负责的主管人员和其他直接责任人员处一万元以上十万元以下罚款。

电子信息发送服务提供者、应用软件下载服务提供者，不履行本法第四十八条第二款规定的安全管理义务的，依照前款规定处罚。

**第六十九条** 网络运营者违反本法规定，有下列行为之一的，由有关主管部门责令改正；拒不改正或者情节严重的，处五万元以上五十万元以下罚款，对直接负责的主管人员和其他直接责任人员，处一万元以上十万元以下罚款：

（一）不按照有关部门的要求对法律、行政法规禁止发布或者传输的信息，采取停止传输、消除等处置措施的；

（二）拒绝、阻碍有关部门依法实施的监督检查的；

（三）拒不向公安机关、国家安全机关提供技术支持和协助的。

**第七十条** 发布或者传输本法第十二条第二款和其他法律、行政法规禁止发布或者传输的信息的，依照有关法律、行政法规的规定处罚。

**第七十一条** 有本法规定的违法行为的，依照有关法律、行政法规的规定记入信用档案，并予以公示。

**第七十二条** 国家机关政务网络的运营者不履行本法规定的网络安全保护义务的，由其上级机关或者有关机关责令改正；对直接负责的主管人员和其他直接责任人员依法给予处分。

**第七十三条** 网信部门和有关部门违反本法第三十条规定，将在履行网络安全保护职责中获取的信息用于其他用途的，对直接负责的主管人员和其他直接责任人员依法给予处分。

网信部门和有关部门的工作人员玩忽职守、滥用职权、徇私舞弊，尚不构成犯罪的，依法给予处分。

**第七十四条** 违反本法规定，给他人造成损害的，依法承担民事责任。

违反本法规定，构成违反治安管理行为的，依法给予治安管理处罚；构成犯罪的，依法追究刑事责任。

**第七十五条** 境外的机构、组织、个人从事攻击、侵入、干扰、破坏等危害中华人民共和国的关键信息基础设施的活动，造成严重后果的，依法追究法律责任；国务院公安部门和有关部门并可以决定对该机构、组织、个人采取冻结财产或者其他必要的制裁措施。

# 第七章 附　则

**第七十六条** 本法下列用语的含义：

（一）网络，是指由计算机或者其他信息终端及相关设备组成的按照一定的规则和程序对信息进行收集、存储、传输、交换、处理的系统。

（二）网络安全，是指通过采取必要措施，防范对网络的攻击、侵入、干扰、破坏和非法使用以及意外事故，使网络处于稳定可靠运行的状态，以及保障网络数据的完整性、保密性、可用性的能力。

（三）网络运营者，是指网络的所有者、管理者和网络服务提供者。

（四）网络数据，是指通过网络收集、存储、传输、处理和产生的各种电子数据。

（五）个人信息，是指以电子或者其他方式记录的能够单独或者与其他信息结合识别自然人个人身份的各种信息，包括但不限于自然人的姓名、出生日期、身份证件号码、个人生物识别信息、住址、电话号码等。

**第七十七条** 存储、处理涉及国家秘密信息的网络的运行安全保护，除应当遵守本法外，还应当遵守保密法律、行政法规的规定。

**第七十八条** 军事网络的安全保护，由中央军事委员会另行规定。

**第七十九条** 本法自 2017 年 6 月 1 日起施行。

# 全国人民代表大会常务委员会
# 关于维护互联网安全的决定

（2000 年 12 月 28 日第九届全国人民代表大会常务委员会第十九次会议通过 根据 2009 年 8 月 27 日第十一届全国人民代表大会常务委员会第十次会议《关于修改部分法律的决定》修正）

我国的互联网，在国家大力倡导和积极推动下，在经济建设和各项事业中得到日益广泛的应用，使人们的生产、工作、学习和生活方式已经开始并将继续发生深刻的变化，对于加快我国国民经济、科学技术的发展和社会服务信息化进程具有重要作用。同时，如何保障互联网的运行安全和信息安全问题已经引起全社会的普遍关注。为了兴利除弊，促进我国互联网的健康发展，维护国家安全和社会公共利益，保护个人、法人和其他组织的合法权益，特作如下决定：

一、为了保障互联网的运行安全，对有下列行为之一，构成犯罪的，依照刑法有关规定追究刑事责任：

（一）侵入国家事务、国防建设、尖端科学技术领域的计算机信息系统；

（二）故意制作、传播计算机病毒等破坏性程序，攻击计算机系统及通信网络，致使计算机系统及通信网络遭受损害；

（三）违反国家规定，擅自中断计算机网络或者通信服务，造成计算机网络或者通信系统不能正常运行。

二、为了维护国家安全和社会稳定，对有下列行为之一，构成犯罪的，依照刑法有关规定追究刑事责任：

（一）利用互联网造谣、诽谤或者发表、传播其他有害信息，煽动颠覆国家政权、推翻社会主义制度，或者煽动分裂国家、破坏国家统一；

（二）通过互联网窃取、泄露国家秘密、情报或者军事秘密；

（三）利用互联网煽动民族仇恨、民族歧视，破坏民族团结；

（四）利用互联网组织邪教组织、联络邪教组织成员，破坏国家法律、行政法规实施。

三、为了维护社会主义市场经济秩序和社会管理秩序，对有下列行为之一，构成犯罪的，依照刑法有关规定追究刑事责任：

（一）利用互联网销售为劣产品或者对商品、服务作虚假宣传；

（二）利用互联网损害也人商业信誉和商品声誉；

（三）利用互联网侵犯也人知识产权；

（四）利用互联网编造并传播影响证券、期货交易或者其他扰乱金融秩序的虚假信息；

（五）在互联网上建立淫秽网站、网页，提供淫秽站点链接服务，或者传播淫秽书刊、影片、音像、图片。

四、为了保护个人、法人和其他组织的人身、财产等合法权利，对有下列行为之一，构成犯罪的，依照刑法有关规定追究刑事责任：

（一）利用互联网侮辱他人或者捏造事实诽谤他人；

（二）非法截获、篡改、删除他人电子邮件或者其他数据资料，侵犯公民通信自由和通信秘密；

（三）利用互联网进行盗窃、诈骗、敲诈勒索。

五、利用互联网实施本决定第一条、第二条、第三条、第四条所列行为以外的其他行为，构成犯罪的，依照刑法有关规定追究刑事责任。

六、利用互联网实施违法行为，违反社会治安管理，尚不构成犯罪的，由公安机关依照《治安管理处罚法》予以处罚；违反其他法律、行政法规，尚不构成犯罪的，由有关行政管理部门依法给予行政处罚；对直接负责的主管人员和其他直接责任人员，依法给予行政处分或者纪律处分。

利用互联网侵犯他人合法权益，构成民事侵权的，依法承担民事责任。

七、各级人民政府及有关部门要采取积极措施，在促进互联网的应用和网络技术的普及过程中，重视和支持对网络安全技术的研究和开发，增强网络的安全防护能力。有关主管部门要加强对互联网的运行安全和信息安全的宣传教育，依法实施有效的监督管理，防范和制止利用互联网进行的各种违法活动，为互联网的健康发展创造良好的社会环境。从事互联网业务的单位要依法开展活动，发现互联网上出现违法犯罪行为和有害信息时，要采取措施，停止传输有害信息，并及时向有关机关报告。任何单位和个人在利用互联网时，都要遵纪守法，抵制各种违法犯罪行为和有害信息。人民法院、人民检察院、公安机关、国家安全机关要各司其职，密切配合，依法严厉打击利用互联网实施的各种犯罪活动。要动员全社会的力量，依靠全社会的共同努力，保障互联网的运行安全与信息安全，促进社会主义精神文明和物质文明建设。

# 计算机信息系统保密管理暂行规定

（1998 年 2 月 26 日　国保发〔1998〕1 号）

## 第一章　总　　则

**第一条**　为保护计算机信息系统处理的国家秘密安全，根据《中华人民共和国保守国家秘密法》，制定本规定。

**第二条**　本规定适用于采集、存储、处理、传递、输出国家秘密信息的计算机信息系统。

**第三条**　国家保密局主管全国计算机信息系统的保密工作。

各级保密部门和中央、国家机关保密工作机构主管本地区、本部门的计算机信息系统的保密工作。

## 第二章　涉　密　系　统

**第四条**　规划和建设计算机信息系统，应当同步规划落实相应的保密设施。

**第五条**　计算机信息系统的研制、安装和使用，必须符合保密要求。

**第六条**　计算机信息系统应当采取有效的保密措施，配置合格的保密专用设备，防泄密、防窃密。所采取的保密措施应与所处理信息的密级要求相一致。

**第七条**　计算机信息系统联网应当采取系统访问控制、数据保护和系统安全保密监控管理等技术措施。

**第八条**　计算机信息系统的访问应当按照权限控制，不得进行越权操作。未采取技术安全保密措施的数据库不得联网。

## 第三章 涉 密 信 息

**第九条** 涉密信息和数据必须按照保密规定进行采集、存储、处理、传递、使用和销毁。

**第十条** 计算机信息系统存储、处理、传递、输出的涉密信息要有相应的密级标识，密级标识不能与正文分离。

**第十一条** 国家秘密信息不得在与国际网络联网的计算机信息系统中存储、处理、传递。

## 第四章 涉 密 媒 体

**第十二条** 存储国家秘密信息的计算机媒体，应按所存储存信息的最高密级标明密级，并按相应密级的文件进行管理。

存储在计算机信息系统内的国家秘密信息应当采取保护措施。

**第十三条** 存储过国家秘密信息的计算机媒体不能降低密级使用。不再使用的媒体应及时销毁。

**第十四条** 存储过国家秘密信息的计算机媒体的维修应保证所存储的国家秘密信息不被泄露。

**第十五条** 计算机信息系统打印输出的涉密文件，应当按相应密级的文件进行管理。

## 第五章 涉 密 场 所

**第十六条** 涉密信息处理场所应当按照国家的有关规定，与境外机构驻地、人员住所保持相应的安全距离。

**第十七条** 涉密信息处理场所应当根据涉密程度和有关规定设立控制区，未经管理机关批准无关人员不得进入。

**第十八条** 涉密信息处理场所应当定期或者根据需要进行保密技术检查。

**第十九条** 计算机信息系统应采取相应的防电磁信息泄漏的保密措施。

**第二十条** 计算机信息系统的其它物理安全要求应符合国家有关保密标准。

## 第六章　系　统　管　理

**第二十一条**　计算机信息系统的保密管理应实行领导负责制，由使用计算机信息系统的单位的主管领导负责本单位的计算机信息系统的保密工作，并指定有关机构和人员具体承办。

各单位的保密工作机构协助本单位的领导对计算机信息系统的保密工作进行指导、协调、监督和检查。

**第二十二条**　计算机信息系统的使用单位应根据系统所处理的信息涉密等级和重要性制订相应的管理制度。

**第二十三条**　各级保密部门应依照有关法规和标准对本地区的计算机信息系统进行保密技术检查。

**第二十四条**　计算机信息系统的系统安全保密管理人员应经过严格审查，定期进行考核，并保持相对稳定。

**第二十五条**　各单位保密工作机构应对计算机信息系统的工作人员进行上岗前的保密培训，并定期进行保密教育和检查。

**第二十六条**　任何单位和个人发现计算机信息系统泄密后，应及时采取补救措施，并按有关规定及时向上级报告。

## 第七章　奖　　惩

**第二十七条**　对在计算机信息系统保密工作中做出显著成绩的单位和人员应给予奖励。

**第二十八条**　违反本规定，由保密部门和保密机构责令其停止使用，限期整改，经保密部门、机构审查、验收合格后，方可使用。

**第二十九条**　违反本规定泄露国家秘密，依据《中华人民共和国保守国家秘密法》及其实施办法进行处理，并追究单位领导的责任。

## 第八章　附　　则

**第三十条**　军队的计算机信息系统保密工作按军队的有关规定执行。

**第三十一条**　本规定自发布之日起施行。

# 计算机信息系统国际联网保密管理规定

(1999 年 12 月 27 日　国保发〔1999〕10 号)

## 第一章　总　则

**第一条**　为了联网的保密管理,确保国家秘密的安全,根据《中华人民共和国保守国家秘密法》和国家有关法规的规定,制定本规定。

**第二条**　计算机信息系统国际联网,是指中华人民共和国境内的计算机信息系统为实现信息的国际交流,同外国的计算机信息网络相联接。

**第三条**　凡进行国际联网的个人、法人和其他组织(以下统称用户),互联单位和接入单位,都应当遵守本规定。

**第四条**　计算机信息系统国际联网的保密管理,实行控制源头、归口管理、分级负责、突出重点、有利发展的原则。

**第五条**　国家保密工作部门主管全国计算机信息系统国际联网的保密工作。县级以上地方各级保密工作部门,主管本行政区域内计算机信息系统国际联网的保密工作。中央国家机关在其职权范围内,主管或指导本系统计算机信息系统国际联网的保密工作。

## 第二章　保密制度

**第六条**　涉及国家秘密的计算机信息系统,不得直接或间接地与国际互联网或其它公共信息网络相联接,必须实行物理隔离。

**第七条**　涉及国家秘密的信息,包括在对外交往与合作中经审查、批准与境外特定对象合法交换的国家秘密信息,不得在国际联网的计算机信息系统中存储、处理、传递。

**第八条**　上网信息的保密管理坚持"谁上网谁负责"的原则。凡向国际联网的站点提供或发布信息,必须经过保密审查批准。保密审批实行部门管理,有关单位应当根据国家保密法规,建立健全上网信息保密审批领导责任制。提供信息的单位应当按照一定的工作程序,健全信息保密审批制度。

**第九条**　凡以提供网上信息服务为目的而采集的信息,除在其它新闻媒体上已公开发表的，组织者在上网发布前，应当征得提供信息单位的同意；凡对网上信息进行扩充或更新，应当认真执行信息保密审核制度。

第十条　凡在网上开设电子公告系统、聊天室、网络新闻组的单位和用户，应由相应的保密工作机构审批，明确保密要求和责任。任何单位和个人不得在电子公告系统、聊天室、网络新闻组上发布、谈论和传播国家秘密信息。面向社会开放的电子公告系统、聊天室、网络新闻组，开办人或其上级主管部门应认真履行保密义务，建立完善的管理制度，加强监督检查。发现有涉密信息，应及时采取措施，并报告当地保密工作部门。

第十一条　用户使用电子函件进行网上信息交流，应当遵守国家有关保密规定，不得利用电子函件传递、转发或抄送国家秘密信息。互联单位、接入单位对其管理的邮件服务器的用户，应当明确保密要求，完善管理制度。

第十二条　互联单位和接入单位，应当把保密教育作为国际联网技术培训的重要内容。互联单位与接入单位、接入单位与用户所签定的协议和用户守则中，应当明确规定遵守国家保密法律，不得泄露国家秘密信息的条款。

# 第三章　保　密　监　督

第十三条　各级保密工作部门应当有相应机构或人员负责计算机信息系统国际联网的保密管理工作，应当督促互联单位、接入单位及用户建立健全信息保密管理制度，监督、检查国际联网保密管理制度规定的执行情况。对于没有建立信息保密管理制度或责任不明、措施不力、管理混乱，存在明显威胁国家秘密信息安全隐患的部门或单位，保密工作部门应责令其进行整改，整改后仍不符合保密要求的，应当督促其停止国际联网。

第十四条　各级保密工作部门，应当加强计算机信息系统国际联网的保密检查，依法查处各种泄密行为。

第十五条　互联单位、接入单位和用户，应当接受并配合保密工作部门实施的保密监督检查，协助保密工作部门查处利用国际联网泄露国家秘密的违法行为，并根据保密工作部门的要求，删除网上涉及国家秘密的信息。

第十六条　互联单位、接入单位和用户，发现国家秘密泄露或可能泄露情况时，应当立即向保密工作部门或机构报告。

**第十七条** 各级保密工作部门和机构接到举报或检查发现网上有泄密情况时，应当立即组织查处，并督促有关部门及时采取补救措施，监督有关单位限期删除网上涉及国家秘密的信息。

## 第四章 附 则

**第十八条** 与香港、澳门特别行政区和台湾地区联网的计算机信息系统的保密管理，参照本规定执行。

**第十九条** 军队的计算机信息系统国际联网保密管理工作，可根据本规定制定具体规定执行。

**第二十条** 本规定自 2000 年 1 月 1 日起施行。

# 信息安全等级保护管理办法

（2007 年 6 月 22 日 公通字〔2007〕43 号）

## 第一章 总 则

**第一条** 为规范信息安全等级保护管理，提高信息安全保障能力和水平，维护国家安全、社会稳定和公共利益，保障和促进信息化建设，根据《中华人民共和国计算机信息系统安全保护条例》等有关法律法规，制定本办法。

**第二条** 国家通过制定统一的信息安全等级保护管理规范和技术标准，组织公民、法人和其他组织对信息系统分等级实行安全保护，对等级保护工作的实施进行监督、管理。

**第三条** 公安机关负责信息安全等级保护工作的监督、检查、指导。国家保密工作部门负责等级保护工作中有关保密工作的监督、检查、指导。国家密码管理部门负责等级保护工作中有关密码工作的监督、检查、指导。涉及其他职能部门管辖范围的事项，由有关职能部门依照国家法律法规的规定进行管理。国务院信息化工作办公室及地方信息化领导小组办事机构负责等级保护工作的部门间协调。

**第四条** 信息系统主管部门应当依照本办法及相关标准规范，督促、检查、指导本行业、本部门或者本地区信息系统运营、使用单位的信息安全等级保护工作。

**第五条** 信息系统的运营、使用单位应当依照本办法及其相关标准规范，履行信息安全等级保护的义务和责任。

## 第二章 等级划分与保护

**第六条** 国家信息安全等级保护坚持自主定级、自主保护的原则。信息系统的安全保护等级应当根据信息系统在国家安全、经济建设、社会生活中的重要程度，信息系统遭到破坏后对国家安全、社会秩序、公共利益以及公民、法人和其他组织的合法权益的危害程度等因素确定。

**第七条** 信息系统的安全保护等级分为以下五级：

第一级，信息系统受到破坏后，会对公民、法人和其他组织的合法权益造成损害，但不损害国家安全、社会秩序和公共利益。

第二级，信息系统受到破坏后，会对公民、法人和其他组织的合法权益产生严重损害，或者对社会秩序和公共利益造成损害，但不损害国家安全。

第三级，信息系统受到破坏后，会对社会秩序和公共利益造成严重损害，或者对国家安全造成损害。

第四级，信息系统受到破坏后，会对社会秩序和公共利益造成特别严重损害，或者对国家安全造成严重损害。

第五级，信息系统受到破坏后，会对国家安全造成特别严重损害。

**第八条** 信息系统运营、使用单位依据本办法和相关技术标准对信息系统进行保护，国家有关信息安全监管部门对其信息安全等级保护工作进行监督管理。

第一级信息系统运营、使用单位应当依据国家有关管理规范和技术标准进行保护。

第二级信息系统运营、使用单位应当依据国家有关管理规范和技术标准进行保护。国家信息安全监管部门对该级信息系统信息安全等级保护工作进行指导。

第三级信息系统运营、使用单位应当依据国家有关管理规范和技术标准进行保护。国家信息安全监管部门对该级信息系统信息安全等级保护工作进行监督、检查。

第四级信息系统运营、使用单位应当依据国家有关管理规范、技术标准和业务专门需求进行保护。国家信息安全监管部门对该级信息系统信息安全等级保护工作进行强制监督、检查。

第五级信息系统运营、使用单位应当依据国家管理规范、技术标准和业务特殊安全需求进行保护。国家指定专门部门对该级信息系统信息安全等级保护工作进行专门监督、检查。

## 第三章　等级保护的实施与管理

**第九条**　信息系统运营、使用单位应当按照《信息系统安全等级保护实施指南》具体实施等级保护工作。

**第十条**　信息系统运营、使用单位应当依据本办法和《信息系统安全等级保护定级指南》确定信息系统的安全保护等级。有主管部门的，应当经主管部门审核批准。

跨省或者全国统一联网运行的信息系统可以由主管部门统一确定安全保护等级。

对拟确定为第四级以上信息系统的，运营、使用单位或者主管部门应当请国家信息安全保护等级专家评审委员会评审。

**第十一条**　信息系统的安全保护等级确定后，运营、使用单位应当按照国家信息安全等级保护管理规范和技术标准，使用符合国家有关规定，满足信息系统安全保护等级需求的信息技术产品，开展信息系统安全建设或者改建工作。

**第十二条**　在信息系统建设过程中，运营、使用单位应当按照《计算机信息系统安全保护等级划分准则》（GB17859-1999）、《信息系统安全等级保护基本要求》等技术标准，参照《信息安全技术 信息系统通用安全技术要求》（GB/T20271-2006）、《信息安全技术 网络基础安全技术要求》（GB/T20270-2006）、《信息安全技术 操作系统安全技术要求》（GB/T20272-2006）、《信息安全技术 数据库管理系统安全技术要求》（GB/T20273-2006）、《信息安全技术 服务器技术要求》、《信息安全技术 终端计算机系统安全等级技术要求》（GA/T671-2006）等技术标准同步建设符合该等级要求的信息安全设施。

**第十三条** 运营、使用单位应当参照《信息安全技术 信息系统安全管理要求》（GB/T20269-2006）、《信息安全技术 信息系统安全工程管理要求》（GB/T20282-2006）、《信息系统安全等级保护基本要求》等管理规范，制定并落实符合本系统安全保护等级要求的安全管理制度。

**第十四条** 信息系统建设完成后，运营、使用单位或者其主管部门应当选择符合本办法规定条件的测评机构，依据《信息系统安全等级保护测评要求》等技术标准，定期对信息系统安全等级状况开展等级测评。第三级信息系统应当每年至少进行一次等级测评，第四级信息系统应当每半年至少进行一次等级测评，第五级信息系统应当依据特殊安全需求进行等级测评。

信息系统运营、使用单位及其主管部门应当定期对信息系统安全状况、安全保护制度及措施的落实情况进行自查。第三级信息系统应当每年至少进行一次自查，第四级信息系统应当每半年至少进行一次自查，第五级信息系统应当依据特殊安全需求进行自查。

经测评或者自查，信息系统安全状况未达到安全保护等级要求的，运营、使用单位应当制定方案进行整改。

**第十五条** 已运营（运行）的第二级以上信息系统，应当在安全保护等级确定后 30 日内，由其运营、使用单位到所在地设区的市级以上公安机关办理备案手续。

新建第二级以上信息系统，应当在投入运行后 30 日内，由其运营、使用单位到所在地设区的市级以上公安机关办理备案手续。

隶属于中央的在京单位，其跨省或者全国统一联网运行并由主管部门统一定级的信息系统，由主管部门向公安部办理备案手续。跨省或者全国统一联网运行的信息系统在各地运行、应用的分支系统，应当向当地设区的市级以上公安机关备案。

**第十六条** 办理信息系统安全保护等级备案手续时，应当填写《信息系统安全等级保护备案表》，第三级以上信息系统应当同时提供以下材料：

（一）系统拓扑结构及说明；

（二）系统安全组织机构和管理制度；

（三）系统安全保护设施设计实施方案或者改建实施方案；

（四）系统使用的信息安全产品清单及其认证、销售许可证明；

（五）测评后符合系统安全保护等级的技术检测评估报告；

（六）信息系统安全保护等级专家评审意见；

（七）主管部门审核批准信息系统安全保护等级的意见。

**第十七条** 信息系统备案后，公安机关应当对信息系统的备案情况进行审核，对符合等级保护要求的，应当在收到备案材料之日起的 10 个工作日内颁发信息系统安全等级保护备案证明；发现不符合本办法及有关标准的，应当在收到备案材料之日起的 10 个工作日内通知备案单位予以纠正；发现定级不准的，应当在收到备案材料之日起的 10 个工作日内通知备案单位重新审核确定。

运营、使用单位或者主管部门重新确定信息系统等级后，应当按照本办法向公安机关重新备案。

**第十八条** 受理备案的公安机关应当对第三级、第四级信息系统的运营、使用单位的信息安全等级保护工作情况进行检查。对第三级信息系统每年至少检查一次，对第四级信息系统每半年至少检查一次。对跨省或者全国统一联网运行的信息系统的检查，应当会同其主管部门进行。

对第五级信息系统，应当由国家指定的专门部门进行检查。

公安机关、国家指定的专门部门应当对下列事项进行检查：

（一）信息系统安全需求是否发生变化，原定保护等级是否准确；

（二）运营、使用单位安全管理制度、措施的落实情况；

（三）运营、使用单位及其主管部门对信息系统安全状况的检查情况；

（四）系统安全等级测评是否符合要求；

（五）信息安全产品使用是否符合要求；

（六）信息系统安全整改情况；

（七）备案材料与运营、使用单位、信息系统的符合情况；

（八）其他应当进行监督检查的事项。

**第十九条** 信息系统运营、使用单位应当接受公安机关、国家指定的专门部门的安全监督、检查、指导，如实向公安机关、国家指定的专门部门提供下列有关信息安全保护的信息资料及数据文件：

（一）信息系统备案事项变更情况；

（二）安全组织、人员的变动情况；

（三）信息安全管理制度、措施变更情况；

（四）信息系统运行状况记录；

（五）运营、使用单位及主管部门定期对信息系统安全状况的检查记录；

（六）对信息系统开展等级测评的技术测评报告；

（七）信息安全产品使用的变更情况；

（八）信息安全事件应急预案，信息安全事件应急处置结果报告；

（九）信息系统安全建设、整改结果报告。

**第二十条** 公安机关检查发现信息系统安全保护状况不符合信息安全等级保护有关管理规范和技术标准的，应当向运营、使用单位发出整改通知。运营、使用单位应当根据整改通知要求，按照管理规范和技术标准进行整改。整改完成后，应当将整改报告向公安机关备案。必要时，公安机关可以对整改情况组织检查。

**第二十一条** 第三级以上信息系统应当选择使用符合以下条件的信息安全产品：

（一）产品研制、生产单位是由中国公民、法人投资或者国家投资或者控股的，在中华人民共和国境内具有独立的法人资格；

（二）产品的核心技术、关键部件具有我国自主知识产权；

（三）产品研制、生产单位及其主要业务、技术人员无犯罪记录；

（四）产品研制、生产单位声明没有故意留有或者设置漏洞、后门、木马等程序和功能；

（五）对国家安全、社会秩序、公共利益不构成危害；

（六）对已列入信息安全产品认证目录的，应当取得国家信息安全产品认证机构颁发的认证证书。

**第二十二条** 第三级以上信息系统应当选择符合下列条件的等级保护测评机构进行测评：

（一）在中华人民共和国境内注册成立（港澳台地区除外）；

（二）由中国公民投资、中国法人投资或者国家投资的企事业单位（港澳台地区除外）；

（三）从事相关检测评估工作两年以上，无违法记录；

（四）工作人员仅限于中国公民；

（五）法人及主要业务、技术人员无犯罪记录；

（六）使用的技术装备、设施应当符合本办法对信息安全产品的要求；

（七）具有完备的保密管理、项目管理、质量管理、人员管理和培训教育等安全管理制度；

（八）对国家安全、社会秩序、公共利益不构成威胁。

**第二十三条** 从事信息系统安全等级测评的机构，应当履行下列义务：

（一）遵守国家有关法律法规和技术标准，提供安全、客观、公正的检测评估服务，保证测评的质量和效果；

（二）保守在测评活动中知悉的国家秘密、商业秘密和个人隐私，防范测评风险；

（三）对测评人员进行安全保密教育，与其签订安全保密责任书，规定应当履行的安全保密义务和承担的法律责任，并负责检查落实。

## 第四章 涉及国家秘密信息系统的分级保护管理

**第二十四条** 涉密信息系统应当依据国家信息安全等级保护的基本要求，按照国家保密工作部门有关涉密信息系统分级保护的管理规定和技术标准，结合系统实际情况进行保护。非涉密信息系统不得处理国家秘密信息。

**第二十五条** 涉密信息系统按照所处理信息的最高密级，由低到高分为秘密、机密、绝密三个等级。

涉密信息系统建设使用单位应当在信息规范定密的基础上，依据涉密信息系统分级保护管理办法和国家保密标准 BMB17-2006《涉及国家秘密的计算机信息系统分级保护技术要求》确定系统等级。对于包含多个安全域的涉密信息系统，各安全域可以分别确定保护等级。

保密工作部门和机构应当监督指导涉密信息系统建设使用单位准确、合理地进行系统定级。

**第二十六条** 涉密信息系统建设使用单位应当将涉密信息系统定级和建设使用情况，及时上报业务主管部门的保密工作机构和负责系统审批的保密工作部门备案，并接受保密部门的监督、检查、指导。

**第二十七条** 涉密信息系统建设使用单位应当选择具有涉密集成资质的单位承担或者参与涉密信息系统的设计与实施。

涉密信息系统建设使用单位应当依据涉密信息系统分级保护管理规范和技术标准，按照秘密、机密、绝密三级的不同要求，结合系统实际进行方案设计，实施分级保护，其保护水平总体上不低于国家信息安全等级保护第三级、第四级、第五级的水平。

第二十八条　涉密信息系统使用的信息安全保密产品原则上应当选用国产品，并应当通过国家保密局授权的检测机构依据有关国家保密标准进行的检测，通过检测的产品由国家保密局审核发布目录。

第二十九条　涉密信息系统建设使用单位在系统工程实施结束后，应当向保密工作部门提出申请，由国家保密局授权的系统测评机构依据国家保密标准 BMB22-2007《涉及国家秘密的计算机信息系统分级保护测评指南》，对涉密信息系统进行安全保密测评。

涉密信息系统建设使用单位在系统投入使用前，应当按照《涉及国家秘密的信息系统审批管理规定》，向设区的市级以上保密工作部门申请进行系统审批，涉密信息系统通过审批后方可投入使用。已投入使用的涉密信息系统，其建设使用单位在按照分级保护要求完成系统整改后，应当向保密工作部门备案。

第三十条　涉密信息系统建设使用单位在申请系统审批或者备案时，应当提交以下材料：

（一）系统设计、实施方案及审查论证意见；

（二）系统承建单位资质证明材料；

（三）系统建设和工程监理情况报告；

（四）系统安全保密检测评估报告；

（五）系统安全保密组织机构和管理制度情况；

（六）其他有关材料。

第三十一条　涉密信息系统发生涉密等级、连接范围、环境设施、主要应用、安全保密管理责任单位变更时，其建设使用单位应当及时向负责审批的保密工作部门报告。保密工作部门应当根据实际情况，决定是否对其重新进行测评和审批。

第三十二条　涉密信息系统建设使用单位应当依据国家保密标准 BMB20-2007《涉及国家秘密的信息系统分级保护管理规范》，加强涉密信息系统运行中的保密管理，定期进行风险评估，消除泄密隐患和漏洞。

第三十三条　国家和地方各级保密工作部门依法对各地区、各部门涉密信息系统分级保护工作实施监督管理，并做好以下工作：

（一）指导、监督和检查分级保护工作的开展；

（二）指导涉密信息系统建设使用单位规范信息定密，合理确定系统保护等级；

（三）参与涉密信息系统分级保护方案论证，指导建设使用单位做好保密设施的同步规划设计；

（四）依法对涉密信息系统集成资质单位进行监督管理；

（五）严格进行系统测评和审批工作，监督检查涉密信息系统建设使用单位分级保护管理制度和技术措施的落实情况；

（六）加强涉密信息系统运行中的保密监督检查。对秘密级、机密级信息系统每两年至少进行一次保密检查或者系统测评，对绝密级信息系统每年至少进行一次保密检查或者系统测评；

（七）了解掌握各级各类涉密信息系统的管理使用情况，及时发现和查处各种违规违法行为和泄密事件。

## 第五章　信息安全等级保护的密码管理

第三十四条　国家密码管理部门对信息安全等级保护的密码实行分类分级管理。根据被保护对象在国家安全、社会稳定、经济建设中的作用和重要程度，被保护对象的安全防护要求和涉密程度，被保护对象被破坏后的危害程度以及密码使用部门的性质等，确定密码的等级保护准则。

信息系统运营、使用单位采用密码进行等级保护的，应当遵照《信息安全等级保护密码管理办法》、《信息安全等级保护商用密码技术要求》等密码管理规定和相关标准。

第三十五条　信息系统安全等级保护中密码的配备、使用和管理等，应当严格执行国家密码管理的有关规定。

第三十六条　信息系统运营、使用单位应当充分运用密码技术对信息系统进行保护。采用密码对涉及国家秘密的信息和信息系统进行保护的，应报经国家密码管理局审批，密码的设计、实施、使用、运行维护和日常管理等，应当按照国家密码管理有关规定和相关标准执行；采用密码对不涉及国家秘密的信息和信息系统进行保护的，须遵守《商用密码管理条例》和密码分类分级保护有关规定与相关标准，其密码的配备使用情况应当向国家密码管理机构备案。

**第三十七条** 运用密码技术对信息系统进行系统等级保护建设和整改的，必须采用经国家密码管理部门批准使用或者准于销售的密码产品进行安全保护，不得采用国外引进或者擅自研制的密码产品；未经批准不得采用含有加密功能的进口信息技术产品。

**第三十八条** 信息系统中的密码及密码设备的测评工作由国家密码管理局认可的测评机构承担，其他任何部门、单位和个人不得对密码进行评测和监控。

**第三十九条** 各级密码管理部门可以定期或者不定期对信息系统等级保护工作中密码配备、使用和管理的情况进行检查和测评，对重要涉密信息系统的密码配备、使用和管理情况每两年至少进行一次检查和测评。在监督检查过程中，发现存在安全隐患或者违反密码管理相关规定或者未达到密码相关标准要求的，应当按照国家密码管理的相关规定进行处置。

# 第六章　法　律　责　任

**第四十条** 第三级以上信息系统运营、使用单位违反本办法规定，有下列行为之一的，由公安机关、国家保密工作部门和国家密码工作管理部门按照职责分工责令其限期改正；逾期不改正的，给予警告，并向其上级主管部门通报情况，建议对其直接负责的主管人员和其他直接责任人员予以处理，并及时反馈处理结果：

（一）未按本办法规定备案、审批的；

（二）未按本办法规定落实安全管理制度、措施的；

（三）未按本办法规定开展系统安全状况检查的；

（四）未按本办法规定开展系统安全技术测评的；

（五）接到整改通知后，拒不整改的；

（六）未按本办法规定选择使用信息安全产品和测评机构的；

（七）未按本办法规定如实提供有关文件和证明材料的；

（八）违反保密管理规定的；

（九）违反密码管理规定的；

（十）违反本办法其他规定的。

违反前款规定，造成严重损害的，由相关部门依照有关法律、法规予以处理。

**第四十一条** 信息安全监管部门及其工作人员在履行监督管理职责中，玩忽职守、滥用职权、徇私舞弊的，依法给予行政处分；构成犯罪的，依法追究刑事责任。

## 第七章 附 则

**第四十二条** 已运行信息系统的运营、使用单位自本办法施行之日起180日内确定信息系统的安全保护等级；新建信息系统在设计、规划阶段确定安全保护等级。

**第四十三条** 本办法所称"以上"包含本数（级）。

**第四十四条** 本办法自发布之日起施行，《信息安全等级保护管理办法（试行）》（公通字〔2006〕7号）同时废止。

# 电力行业网络安全等级保护管理办法

（2022 年 11 月 16 日　国能发安全规〔2022〕101 号）

## 第一章 总 则

**第一条** 为规范电力行业网络安全等级保护管理，提高电力行业网络安全保障能力和水平，维护国家安全、社会稳定和公共利益，根据《中华人民共和国网络安全法》《中华人民共和国密码法》《中华人民共和国计算机信息系统安全保护条例》《关键信息基础设施安全保护条例》《信息安全等级保护管理办法》等法律法规和规范性文件，制定本办法。

**第二条** 电力企业在中华人民共和国境内建设、运营、维护、使用网络（除核安全外），开展网络安全等级保护工作，适用本办法。

本办法所称网络是指由计算机或者其他信息终端及相关设备组成的按照一定的规则和程序对信息进行收集、存储、传输、交换、处理的系统，包括电力监控系统、管理信息系统及通信网络设施。

本办法不适用于涉及国家秘密的网络。涉及国家秘密的网络应当按照国家保密工作部门有关涉密信息系统分级保护的管理规定和技术标准，结合网络实际情况进行管理。

**第三条** 国家能源局根据国家网络安全等级保护政策法规和技术标准要求，结合行业实际，组织制定适用于电力行业的网络安全等级保护管理规范和技术标准，对电力行业网络安全等级保护工作的实施进行指导和监督管理。国家能源局各派出机构根据国家能源局授权，对本辖区电力企业网络安全等级保护工作的实施进行监督管理。

电力企业依照国家和电力行业相关法律法规和规范性文件，履行网络安全等级保护的义务和责任。

## 第二章　等级划分与保护

**第四条** 根据电力行业网络在国家安全、经济建设、社会生活中的重要程度，以及一旦遭到破坏、丧失功能或者数据被篡改、泄露、丢失、损毁后，对国家安全、社会秩序、公共利益以及公民、法人和其他组织的合法权益的危害程度等因素，电力行业网络划分为五个安全保护等级：

第一级，受到破坏后，会对相关公民、法人和其他组织的合法权益造成一般损害，但不危害国家安全、社会秩序和公共利益。

第二级，受到破坏后，会对相关公民、法人和其他组织的合法权益造成严重损害或特别严重损害，或者对社会秩序和公共利益造成危害，但不危害国家安全。

第三级，受到破坏后，会对社会秩序和公共利益造成严重危害，或者对国家安全造成危害。

第四级，受到破坏后，会对社会秩序和公共利益造成特别严重危害，或者对国家安全造成严重危害。

第五级，受到破坏后，会对国家安全造成特别严重危害。

**第五条** 电力行业网络安全等级保护坚持分等级保护、突出重点、积极防御、综合防范的原则。

## 第三章　等级保护的实施与管理

**第六条** 国家能源局根据《信息安全技术 网络安全等级保护定级指南》（GB/T 22240）等国家标准规范，结合电力行业网络特点，制定电力行业网络安全等级保护定级指南，指导电力行业网络安全等级保护定级工作。

**第七条** 电力企业应当在网络规划设计阶段，依据《信息安全技术 网络安全等级保护定级指南》（GB/T 22240）等国家标准规范和电力行业 网络安全等级保护定级指南，确定定级对象（网络）及其安全保护等级， 并在网络功能、服务范围、服务对象和处理的数据等发生重大变化时，及 时申请变更其安全保护等级。

对拟定为第二级及以上的网络，电力企业应当组织网络安全专家进行 定级评审。其中，拟定为第四级及以上的网络，还应当由国家能源局统一 组织国家网络安全等级保护专家进行定级评审。

**第八条** 全国电力安全生产委员会企业成员单位汇总集团总部拟定为 第二级及以上网络的定级结果和专家评审意见，报国家能源局审核。各区 域（省）内的电力企业汇总本单位拟定为第二级及以上网络的定级结果， 报国家能源局派出机构审核。

**第九条** 电力企业办理网络安全等级保护定级审核手续时，应当提交 《电力行业网络安全等级保护定级审核表》（详见附件），含各定级对象的 定级报告及专家评审意见。

国家能源局或其派出机构应当在收到审核材料之日起 30 日内反馈审 核意见。

**第十条** 电力企业应当在收到国家能源局或其派出机构审核意见后， 按照有关规定向公安机关备案并按照第八条规定的定级审核权限向国家能 源局或其派出机构报告定级备案结果。

**第十一条** 电力企业应当采购、使用符合国家法律法规和有关标准规 范要求且满足网络安全等级保护需求的网络产品和服务。

对于电力监控系统，应当按照电力监控系统安全防护有关要求，采购 和使用电力专用横向单向安全隔离装置、电力专用纵向加密认证装置或者 加密认证网关等设备设施；在设备选型及配置时，禁止选用经国家能源局 通报存在漏洞和风险的系统及设备，对已经投入运行的系统及设备应及时 整改并加强运行管理和安全防护。

采购网络产品和服务，影响或可能影响国家安全的，应当按照国家网 络安全规定通过安全审查。

**第十二条** 电力企业在网络规划、建设、运营过程中，应当遵循同步规划、同步建设、同步使用的原则，并按照该网络的安全保护等级要求，建设网络安全设备设施，制定并落实安全管理制度，健全网络安全防护体系。

**第十三条** 网络建设完成后，电力企业应当依据国家和行业有关标准或规范要求，定期对网络安全等级保护状况开展网络安全等级保护测评。第二级网络应当每两年进行一次等级保护测评，第三级及以上网络应当每年进行一次等级保护测评。新建的第三级及以上网络应当在通过等级保护测评后投入运行。

电力监控系统网络安全等级保护测评工作应当与电力监控系统安全防护评估、关键信息基础设施网络安全检测评估、商用密码应用安全性评估工作相衔接，避免重复测评。

电力企业应当定期对网络安全状况、安全保护制度及措施的落实情况进行自查。第二级电力监控系统应当每两年至少进行一次自查，第三级及以上网络应当每年至少进行一次自查。

电力企业应当对自查和等级保护测评中发现的安全风险隐患，制定整改方案，并开展安全建设整改。

电力企业应当要求网络安全等级保护测评机构（以下简称测评机构）组织专家对第三级及以上网络的等级保护测评报告进行评审，并随测评报告提交专家评审意见。

**第十四条** 电力企业应当按照第八条规定的定级审核权限，每年向国家能源局或其派出机构报告网络安全等级保护工作情况，包括网络安全等级保护定级备案、等级保护测评、安全建设整改、安全自查等情况。

**第十五条** 国家能源局及其派出机构结合关键信息基础设施网络安全检查，定期组织对运营有第三级及以上网络的电力企业开展抽查。开展网络安全检查时应当加强协同配合和信息沟通，避免不必要的检查和交叉重复检查。

检查事项主要包括：

（一）网络安全等级保护定级工作开展情况，包括定级评审、审核、备案及根据网络安全需求变化调整定级等情况；

（二）电力企业网络安全管理制度、措施的落实情况；

（三）电力企业对网络安全状况的自查情况；

（四）网络安全等级保护测评工作开展情况；

（五）网络安全产品使用情况；

（六）网络安全建设整改情况；

（七）备案材料与电力企业及其网络的符合情况；

（八）其他应当进行监督检查的事项。

**第十六条** 电力企业应当接受国家能源局及其派出机构的安全监督、检查、指导，根据需要如实提供下列有关网络安全等级保护的信息资料及数据文件：

（一）网络安全等级保护定级备案事项变更情况；

（二）网络安全组织、人员、岗位职责的变动情况；

（三）网络安全管理制度、措施变更情况；

（四）网络运行状况记录；

（五）电力企业对网络安全状况的自查记录；

（六）测评机构出具的网络安全等级保护测评报告；

（七）网络安全产品使用的变更情况；

（八）网络安全事件应急预案，网络安全事件应急处置结果报告；

（九）网络数据容灾备份情况；

（十）网络安全建设、整改结果报告；

（十一）其他需要提供的材料。

**第十七条** 针对网络安全检查发现的问题，电力企业应当按照网络安全等级保护管理规范和技术标准组织整改。必要时，国家能源局及其派出机构可对整改情况进行抽查。

**第十八条** 电力企业选择测评机构进行网络安全等级保护测评时，应当遵循以下要求：

（一）测评机构应当获得由国家认证认可委员会批准的认证机构发放的《网络安全等级测评与检测评估机构服务认证证书》（以下简称测评机构服务认证证书）；

（二）从事电力监控系统网络安全等级保护测评的机构应当熟悉电力监控系统网络安全管理和技术防护要求，具备相应的服务能力和经验。从事电力监控系统第二级网络等级保护测评的机构应当具备近 2 年内 30 套以上工业控制系统等级保护测评或风险评估服务经验；从事电力监控系统第三级网络等级保护测评的机构应当具备近 3 年内 50 套以上电力监控系统等级保护测评或安全防护评估服务经验；从事电力监控系统第四级及以上网络等级保护测评的机构应当具备近 5 年内 90 套以上电力监控系统等级保护测评或安全防护评估服务经验；

（三）对属于电力行业关键信息基础设施的网络，选择测评机构时应当保证其安全可信，必要时可要求测评机构及其主要负责人、技术骨干提供无犯罪记录证明等材料；

（四）不得委托近 3 年内被国家能源局通报有本办法规定不良行为，或被认证机构通报取消或暂停使用测评机构服务认证证书，或被国家网络安全等级保护工作主管部门、行业协会通报暂停开展等级保护测评业务并处于整改期内的测评机构；

（五）电力企业应当采取签署保密协议、开展安全保密培训和现场监督等措施，加强对测评机构、测评人员和测评过程的安全保密管理，避免发生失泄密事件。

第十九条　国家能源局及其派出机构在开展电力企业网络安全检查工作时，可同步对测评机构开展的测评工作情况进行监督检查。

第二十条　国家能源局鼓励电力企业按照国家有关要求开展测评机构建设、申请测评机构服务认证，支持电力企业参与制定电力行业网络安全等级保护技术标准。

## 第四章　网络安全等级保护的密码管理

第二十一条　电力企业采用密码进行等级保护的，应当遵照《中华人民共和国密码法》等有关法律法规和国家密码管理部门制定的网络安全等级保护密码技术标准执行。

第二十二条　电力企业网络安全等级保护中密码的配备、使用和管理等，应当严格执行国家密码管理的有关规定。运用密码技术进行网络安全等级保护建设与整改时，应当采用商用密码检测、认证机构检测认证合格的商用密码产品和服务。涉及商用密码进口的，还应当符合国家商用密码进口许可有关要求。

第二十三条　电力企业应当按照有关法律法规要求，开展商用密码应用安全性评估工作。

第二十四条　各级密码管理部门对网络安全等级保护工作中密码配

备、使用和管理的情况进行检查和安全性评估时，相关电力企业应当积极配合。对于检查和安全性评估发现的问题，应当按照要求及时整改。

## 第五章　法　律　责　任

**第二十五条**　电力企业违反国家相关规定及本办法规定，由国家能源局及其派出机构按照职责分工责令其限期改正；逾期不改正的，给予警告，并向其上级部门通报情况，建议对其直接负责的主管人员和其他直接责任人员予以处理，造成严重损害的，由公安机关、密码管理部门依照有关法律、法规予以处理。

**第二十六条**　有关部门及其工作人员在履行监督管理职责中，玩忽职守、滥用职权、徇私舞弊的，依法给予行政处分；构成犯罪的，依法追究刑事责任。

**第二十七条**　测评机构违反有关法律法规和规范性文件要求，发生以下不良行为时，国家能源局可向国家有关部门、认证机构、行业协会等提出限期整改、取消/暂停使用测评机构服务认证证书等建议，并向电力企业通报相关风险信息：

（一）提供不客观、不公正的等级保护测评服务，出具虚假或不符合实际情况的测评报告，影响等级保护测评的质量和效果；

（二）泄露、出售或者非法向他人提供在服务中知悉的国家秘密、工作秘密、商业秘密、重要数据、个人信息和隐私，非法使用或擅自发布、披露在服务中收集掌握的数据信息和系统漏洞、恶意代码、网络入侵攻击等网络安全信息；

（三）由于测评机构从业人员的因素，导致发生网络安全事件；

（四）未向公安机关报备，测评机构从业人员擅自参加境外组织的网络安全竞赛等活动；

（五）其他危害或可能危害电力生产安全或网络安全的行为。

## 第六章　附　　　则

**第二十八条**　本办法自发布之日起施行，有效期 5 年。《电力行业信息安全等级保护管理办法》（国能安全〔2014〕318 号）同时废止。

**附件**：电力行业网络安全等级保护定级审核表（略）

# （五）科技保密

## 科学技术保密规定

（2015 年 11 月 16 日科学技术部、国家保密局令第 16 号公布
自公布之日起施行）

### 第一章 总 则

**第一条** 为保障国家科学技术秘密安全，促进科学技术事业发展，根据《中华人民共和国保守国家秘密法》《中华人民共和国科学技术进步法》和《中华人民共和国保守国家秘密法实施条例》，制定本规定。

**第二条** 本规定所称国家科学技术秘密，是指科学技术规划、计划、项目及成果中，关系国家安全和利益，依照法定程序确定，在一定时间内只限一定范围的人员知悉的事项。

**第三条** 涉及国家科学技术秘密的国家机关、单位（以下简称机关、单位）以及个人开展保守国家科学技术秘密的工作（以下简称科学技术保密工作），适用本规定。

**第四条** 科学技术保密工作坚持积极防范、突出重点、依法管理的方针，既保障国家科学技术秘密安全，又促进科学技术发展。

**第五条** 科学技术保密工作应当与科学技术管理工作相结合，同步规划、部署、落实、检查、总结和考核，实行全程管理。

**第六条** 国家科学技术行政管理部门管理全国的科学技术保密工作。省、自治区、直辖市科学技术行政管理部门管理本行政区域的科学技术保密工作。

中央国家机关在其职责范围内，管理或者指导本行业、本系统的科学技术保密工作。

**第七条** 国家保密行政管理部门依法对全国的科学技术保密工作进行指导、监督和检查。县级以上地方各级保密行政管理部门依法对本行政区域的科学技术保密工作进行指导、监督和检查。

第八条　机关、单位应当实行科学技术保密工作责任制，健全科学技术保密管理制度，完善科学技术保密防护措施，开展科学技术保密宣传教育，加强科学技术保密检查。

## 第二章　国家科学技术秘密的范围和密级

第九条　关系国家安全和利益，泄露后可能造成下列后果之一的科学技术事项，应当确定为国家科学技术秘密：

（一）削弱国家防御和治安能力；

（二）降低国家科学技术国际竞争力；

（三）制约国民经济和社会长远发展；

（四）损害国家声誉、权益和对外关系。

国家科学技术秘密及其密级的具体范围（以下简称国家科学技术保密事项范围），由国家保密行政管理部门会同国家科学技术行政管理部门另行制定。

第十条　国家科学技术秘密的密级分为绝密、机密和秘密三级。国家科学技术秘密密级应当根据泄露后可能对国家安全和利益造成的损害程度确定。

除泄露后会给国家安全和利益带来特别严重损害的外，科学技术原则上不确定为绝密级国家科学技术秘密。

第十一条　有下列情形之一的科学技术事项，不得确定为国家科学技术秘密：

（一）国内外已经公开；

（二）难以采取有效措施控制知悉范围；

（三）无国际竞争力且不涉及国家防御和治安能力；

（四）已经流传或者受自然条件制约的传统工艺。

## 第三章　国家科学技术秘密的确定、变更和解除

第十二条　中央国家机关、省级机关及其授权的机关、单位可以确定绝密级、机密级和秘密级国家科学技术秘密；设区的市、自治州一级的机关及其授权的机关、单位可以确定机密级、秘密级国家科学技术秘密。

第十三条　国家科学技术秘密定密授权应当符合国家秘密定密管理的

有关规定。中央国家机关作出的国家科学技术秘密定密授权，应当向国家科学技术行政管理部门和国家保密行政管理部门备案。省级机关，设区的市、自治州一级的机关作出的国家科学技术秘密定密授权，应当向省、自治区、直辖市科学技术行政管理部门和保密行政管理部门备案。

**第十四条** 机关、单位负责人及其指定的人员为国家科学技术秘密的定密责任人，负责本机关、本单位的国家科学技术秘密确定、变更和解除工作。

**第十五条** 机关、单位和个人产生需要确定为国家科学技术秘密的科学技术事项时，应当先行采取保密措施，并依照下列途径进行定密：

（一）属于本规定第十二条规定的机关、单位，根据定密权限自行定密；

（二）不属于本规定第十二条规定的机关、单位，向有相应定密权限的上级机关、单位提请定密；没有上级机关、单位的，向有相应定密权限的业务主管部门提请定密；没有业务主管部门的，向所在省、自治区、直辖市科学技术行政管理部门提请定密；

（三）个人完成的符合本规定第九条规定的科学技术成果，应当经过评价、检测并确定成熟、可靠后，向所在省、自治区、直辖市科学技术行政管理部门提请定密。

**第十六条** 实行市场准入管理的技术或者实行市场准入管理的产品涉及的科学技术事项需要确定为国家科学技术秘密的，向批准准入的国务院有关主管部门提请定密。

**第十七条** 机关、单位在科学技术管理的以下环节，应当及时做好定密工作：

（一）编制科学技术规划；

（二）制定科学技术计划；

（三）科学技术项目立项；

（四）科学技术成果评价与鉴定；

（五）科学技术项目验收。

**第十八条** 确定国家科学技术秘密，应当同时确定其名称、密级、保密期限、保密要点和知悉范围。

**第十九条** 国家科学技术秘密保密要点是指必须确保安全的核心事项或者信息，主要涉及以下内容：

（一）不宜公开的国家科学技术发展战略、方针、政策、专项计划；

（二）涉密项目研制目标、路线和过程；

（三）敏感领域资源、物种、物品、数据和信息；

（四）关键技术诀窍、参数和工艺；

（五）科学技术成果涉密应用方向；

（六）其他泄露后会损害国家安全和利益的核心信息。

**第二十条** 国家科学技术秘密有下列情形之一的，应当及时变更密级、保密期限或者知悉范围：

（一）定密时所依据的法律法规或者国家科学技术保密事项范围已经发生变化的；

（二）泄露后对国家安全和利益的损害程度会发生明显变化的。

国家科学技术秘密的变更，由原定密机关、单位决定，也可由其上级机关、单位决定。

**第二十一条** 国家科学技术秘密的具体保密期限届满、解密时间已到或者符合解密条件的，自行解密。出现下列情形之一时，应当提前解密：

（一）已经扩散且无法采取补救措施的；

（二）法律法规或者国家科学技术保密事项范围调整后，不再属于国家科学技术秘密的；

（三）公开后不会损害国家安全和利益的。

提前解密由原定密机关、单位决定，也可由其上级机关、单位决定。

**第二十二条** 国家科学技术秘密需要延长保密期限的，应当在原保密期限届满前作出决定并书面通知原知悉范围内的机关、单位或者人员。延长保密期限由原定密机关、单位决定，也可由其上级机关、单位决定。

**第二十三条** 国家科学技术秘密确定、变更和解除应当进行备案：

（一）省、自治区、直辖市科学技术行政管理部门和中央国家机关有关部门每年 12 月 31 日前将本行政区域或者本部门当年确定、变更和解除的国家科学技术秘密情况报国家科学技术行政管理部门备案；

（二）其他机关、单位确定、变更和解除的国家科学技术秘密，应当在确定、变更、解除后 20 个工作日内报同级政府科学技术行政管理部门备案。

**第二十四条** 科学技术行政管理部门发现机关、单位国家科学技术秘密确定、变更和解除不当的，应当及时通知其纠正。

第二十五条  机关、单位对已定密事项是否属于国家科学技术秘密或者属于何种密级有不同意见的，按照国家有关保密规定解决。

## 第四章  国家科学技术秘密保密管理

第二十六条  国家科学技术行政管理部门管理全国的科学技术保密工作。主要职责如下：

（一）制定或者会同有关部门制定科学技术保密规章制度；

（二）指导和管理国家科学技术秘密定密工作；

（三）按规定审查涉外国家科学技术秘密事项；

（四）检查全国科学技术保密工作，协助国家保密行政管理部门查处泄露国家科学技术秘密案件；

（五）组织开展科学技术保密宣传教育和培训；

（六）表彰全国科学技术保密工作先进集体和个人。

国家科学技术行政管理部门设立国家科技保密办公室，负责国家科学技术保密管理的日常工作。

第二十七条  省、自治区、直辖市科学技术行政管理部门和中央国家机关有关部门，应当设立或者指定专门机构管理科学技术保密工作。主要职责如下：

（一）贯彻执行国家科学技术保密工作方针、政策，制定本行政区域、本部门或者本系统的科学技术保密规章制度；

（二）指导和管理本行政区域、本部门或者本系统的国家科学技术秘密定密工作；

（三）按规定审查涉外国家科学技术秘密事项；

（四）监督检查本行政区域、本部门或者本系统的科学技术保密工作，协助保密行政管理部门查处泄露国家科学技术秘密案件；

（五）组织开展本行政区域、本部门或者本系统科学技术保密宣传教育和培训；

（六）表彰本行政区域、本部门或者本系统的科学技术保密工作先进集体和个人。

第二十八条  机关、单位管理本机关、本单位的科学技术保密工作。主要职责如下：

（一）建立健全科学技术保密管理制度；

（二）设立或者指定专门机构管理科学技术保密工作；

（三）依法开展国家科学技术秘密定密工作，管理涉密科学技术活动、项目及成果；

（四）确定涉及国家科学技术秘密的人员（以下简称涉密人员），并加强对涉密人员的保密宣传、教育培训和监督管理；

（五）加强计算机及信息系统、涉密载体和涉密会议活动保密管理，严格对外科学技术交流合作和信息公开保密审查；

（六）发生资产重组、单位变更等影响国家科学技术秘密管理的事项时，及时向上级机关或者业务主管部门报告。

**第二十九条** 涉密人员应当遵守以下保密要求：

（一）严格执行国家科学技术保密法律法规和规章以及本机关、本单位科学技术保密制度；

（二）接受科学技术保密教育培训和监督检查；

（三）产生涉密科学技术事项时，先行采取保密措施，按规定提请定密，并及时向本机关、本单位科学技术保密管理机构报告；

（四）参加对外科学技术交流合作与涉外商务活动前向本机关、本单位科学技术保密管理机构报告；

（五）发表论文、申请专利、参加学术交流等公开行为前按规定履行保密审查手续；

（六）发现国家科学技术秘密正在泄露或者可能泄露时，立即采取补救措施，并向本机关、本单位科学技术保密管理机构报告；

（七）离岗离职时，与机关、单位签订保密协议，接受脱密期保密管理，严格保守国家科学技术秘密。

**第三十条** 机关、单位和个人在下列科学技术合作与交流活动中，不得涉及国家科学技术秘密：

（一）进行公开的科学技术讲学、进修、考察、合作研究等活动；

（二）利用互联网及其他公共信息网络、广播、电影、电视以及公开发行的报刊、书籍、图文资料和声像制品进行宣传、报道或者发表论文；

（三）进行公开的科学技术展览和展示等活动。

**第三十一条** 机关、单位和个人应当加强国家科学技术秘密信息保密管理，存储、处理国家科学技术秘密信息应当符合国家保密规定。任何机关、单位和个人不得有下列行为：

（一）非法获取、持有、复制、记录、存储国家科学技术秘密信息；

（二）使用非涉密计算机、非涉密存储设备存储、处理国家科学技术秘密；

（三）在互联网及其他公共信息网络或者未采取保密措施的有线和无线通信中传递国家科学技术秘密信息；

（四）通过普通邮政、快递等无保密措施的渠道传递国家科学技术秘密信息；

（五）在私人交往和通信中涉及国家科学技术秘密信息；

（六）其他违反国家保密规定的行为。

**第三十二条** 对外科学技术交流与合作中需要提供国家科学技术秘密的，应当经过批准，并与对方签订保密协议。绝密级国家科学技术秘密原则上不得对外提供，确需提供的，应当经中央国家机关有关主管部门同意后，报国家科学技术行政管理部门批准；机密级国家科学技术秘密对外提供应当报中央国家机关有关主管部门批准；秘密级国家科学技术秘密对外提供应当报中央国家机关有关主管部门或者省、自治区、直辖市人民政府有关主管部门批准。

有关主管部门批准对外提供国家科学技术秘密的，应当在 10 个工作日内向同级政府科学技术行政管理部门备案。

**第三十三条** 机关、单位开展涉密科学技术活动的，应当指定专人负责保密工作、明确保密纪律和要求，并加强以下方面保密管理：

（一）研究、制定涉密科学技术规划应当制定保密工作方案，签订保密责任书；

（二）组织实施涉密科学技术计划应当制定保密制度；

（三）举办涉密科学技术会议或者组织开展涉密科学技术展览、展示应当采取必要的保密管理措施，在符合保密要求的场所进行；

（四）涉密科学技术活动进行公开宣传报道前应当进行保密审查。

**第三十四条** 涉密科学技术项目应当按照以下要求加强保密管理：

（一）涉密科学技术项目在指南发布、项目申报、专家评审、立项批复、项目实施、结题验收、成果评价、转化应用及科学技术奖励各个环节应当建立保密制度；

（二）涉密科学技术项目下达单位与承担单位、承担单位与项目负责人、项目负责人与参研人员之间应当签订保密责任书；

（三）涉密科学技术项目的文件、资料及其他载体应当指定专人负责管理并建立台账；

（四）涉密科学技术项目进行对外科学技术交流与合作、宣传展示、发表论文、申请专利等，承担单位应当提前进行保密审查；

（五）涉密科学技术项目原则上不得聘用境外人员，确需聘用境外人员的，承担单位应当按规定报批。

第三十五条　涉密科学技术成果应当按以下要求加强保密管理：

（一）涉密科学技术成果在境内转让或者推广应用，应当报原定密机关、单位批准，并与受让方签订保密协议；

（二）涉密科学技术成果向境外出口，利用涉密科学技术成果在境外开办企业，在境内与外资、外企合作，应当按照本规定第三十二条规定报有关主管部门批准。

第三十六条　机关、单位应当按照国家规定，做好国家科学技术秘密档案归档和保密管理工作。

第三十七条　机关、单位应当为科学技术保密工作提供经费、人员和其他必要的保障条件。国家科学技术行政管理部门，省、自治区、直辖市科学技术行政管理部门应当将科学技术保密工作经费纳入部门预算。

第三十八条　机关、单位应当保障涉密人员正当合法权益。对参与国家科学技术秘密研制的科技人员，有关机关、单位不得因其成果不宜公开发表、交流、推广而影响其评奖、表彰和职称评定。

对确因保密原因不能在公开刊物上发表的论文，有关机关、单位应当对论文的实际水平给予客观、公正评价。

第三十九条　国家科学技术秘密申请知识产权保护应当遵守以下规定：

（一）绝密级国家科学技术秘密不得申请普通专利或者保密专利；

（二）机密级、秘密级国家科学技术秘密经原定密机关、单位批准可申请保密专利；

（三）机密级、秘密级国家科学技术秘密申请普通专利或者由保密专利转为普通专利的，应当先行办理解密手续。

**第四十条**　机关、单位对在科学技术保密工作方面作出贡献、成绩突出的集体和个人，应当给予表彰；对于违反科学技术保密规定的，给予批评教育；对于情节严重，给国家安全和利益造成损害的，应当依照有关法律、法规给予有关责任人员处分，构成犯罪的，依法追究刑事责任。

## 第五章　附　　则

**第四十一条**　涉及国防科学技术的保密管理，按有关部门规定执行。

**第四十二条**　本规定由科学技术部和国家保密局负责解释。

**第四十三条**　本规定自公布之日起施行，1995 年颁布的《科学技术保密规定》(国家科学技术委员会、国家保密局令第 20 号) 同时废止。

# 涉密研究生与涉密学位论文管理办法

(2016 年 11 月 25 日　学位〔2016〕27 号)

## 第一章　总　　则

**第一条**　为加强涉密研究生与涉密学位论文的管理，根据《中华人民共和国保守国家秘密法》和国家有关保密法律法规，制定本办法。

**第二条**　本办法所称涉密研究生是指直接参与涉及国家秘密的教学、科研项目、任务等工作或者在教学、科研过程中接触、知悉、产生和处理较多国家秘密事项的在读研究生。

在职攻读学位的研究生，已被确定为涉密人员，确因教学、科研需要，接触、知悉、产生和处理国家秘密的，依据涉密人员相关规定进行管理。

**第三条**　本办法所称涉密学位论文是指以文字、数据、符号、图形、图像、声音等方式记载国家秘密信息的学位论文。涉密学位论文的导师原则上应当是涉密人员。

**第四条**　涉密研究生的培养单位须具备符合国家保密要求的保密条件及保密工作机构，建立由导师牵头、研究生教育相关部门、保密工作机构配合的工作机制，对涉密研究生及有关人员履行职责情况开展经常性的保密监督检查和教育。

**第五条** 涉密研究生的培养单位应严格控制涉密研究生的数量和国家秘密知悉范围，涉密研究生一般只能接触、知悉、产生和处理秘密级国家秘密事项；确需接触、知悉机密级国家秘密事项的，应由导师提出申请，报培养单位批准。

**第六条** 不具有中华人民共和国国籍或者获得国（境）外永久居留权、长期居留许可的研究生或因其他原因不宜接触国家秘密事项的研究生，不得确定为涉密研究生。

## 第二章　涉密研究生管理

**第七条** 培养单位确定涉密研究生，应在研究生开展涉密内容研究或涉密学位论文开题前，由研究生本人提出申请、导师确认，经培养单位按程序审查批准，签订保密协议。

**第八条** 涉密研究生的导师是研究生在学期间保密管理的第一责任人。

**第九条** 培养单位应定期对涉密研究生进行保密教育培训，确保每位涉密研究生每年接受不少于 4 个学时的保密专题教育培训。

**第十条** 涉密研究生的出入境证件应由培养单位统一保管。培养单位对拟出国（境）的涉密研究生应按有关保密要求履行保密审批手续。涉密研究生经批准出国（境）的，应进行行前保密提醒谈话，签订出国（境）保密承诺书。

涉密研究生应当在返回后一周内，将其出入境证件交由培养单位统一保管，并书面报告出国（境）期间保密规定执行情况。

**第十一条** 涉密研究生在境内参加有境外机构、组织和人员参与的学术交流等活动，应经导师批准，并进行保密提醒谈话。

**第十二条** 涉密研究生公开发表学术论文或公布本人相关科研工作信息，必须经导师同意后报培养单位审查批准方可公开发表或公布。

**第十三条** 涉密研究生因毕业、涉密工作结束等原因不再接触国家秘密事项的，培养单位应对涉密研究生进行保密教育谈话，告知其承担保守国家秘密的法律义务，严格核查、督促清退所有涉密载体，掌握其就业、去向等相关情况，并与其签订保密协议。

上述手续办理完结，涉密研究生方可办理离校手续。

**第十四条** 涉密研究生在学期间，如发现有违反保密法律、法规和单位各项保密规章制度的行为，导师和有关部门应及时纠正与处理；对不适合继续进行涉密工作的研究生应及时终止其参与涉密工作，并按有关规定办理相关手续。

## 第三章　涉密学位论文的定密与管理

**第十五条**　涉密学位论文定密和标志：

（一）学位论文主题、研究方向、主要内容或成果涉及国家秘密的，开题前，导师和研究生必须根据所执行科研项目的密级定密；学位论文主题、研究方向和内容等属于自发研究，没有涉密科研、生产项目或任务支撑，相关内容泄露后会损害国家安全和利益、确需定密的，开题前应当按照要求，向培养单位研究生教育管理部门提出学位论文定密申请（内容包括密级、保密期限和知悉范围等）。

（二）培养单位研究生教育管理部门按照国家秘密定密管理有关规定，对学位论文的定密申请进行审核，按程序报培养单位定密责任人或有相应定密权的上级机关、单位综合考虑本单位在该涉密研究领域的保密条件保障和人才培养能力决定是否批准。

（三）涉密学位论文的密级、保密期限和知悉范围应根据情况变化，依照国家有关规定及时变更。

（四）涉密学位论文必须在封面或首页做出国家秘密标志。非书面形式的涉密载体，要以能够明显识别的方式予以标注；电子文档中含有国家秘密内容的，应做出国家秘密标志，且标志与文档正文不可分离。

**第十六条**　涉密学位论文应作为国家秘密载体进行严格管理。对主要场所、过程和环节按照下列要求加强管理：

（一）涉密学位论文的起草、研究、实验、存储等应当在符合保密要求的办公场所进行，按照国家保密有关规定和标准配备、使用必要的防护设施设备，确需在办公场所外使用的，应当遵守有关保密规定。

（二）涉密学位论文的研究过程以及开题、中期检查、论文评阅、答辩和学位审核等环节的有关工作，需按照国家对涉密活动的有关要求进行。

（三）学位论文涉密内容的撰写及修改必须在涉密计算机上进行，使用的存储介质（光盘、优盘、移动硬盘等），必须是由培养单位统一购置、分类、编号、登记的涉密存储介质，按相关涉密设备、涉密存储介质的保密规定要求，按同密级文件进行管理。严禁使用非涉密存储介质及私人所有的存储介质处理涉密内容。

（四）涉密学位论文的打印、复印和装订等制作过程符合保密要求。涉密学位论文的送审应当履行清点、编号、登记、签收等手续，必须采用密封包装，在信封上标明密级、编号和收发件单位名称，并通过机要交通、机要通信或者派专人递送的方式递送。评审后要及时按上述方式收回。

（五）培养单位学位评定委员会做出授予学位的决定后，涉密学位论文应按照保密管理要求和流程及时完成归档工作，研究生本人不得私自留存涉密学位论文。

（六）涉密学位论文未解密公开前，不得对外公开。保密期满后，如需对外公开，应对该涉密学位论文重新进行保密审查，满足解密条件并履行解密手续后，方可对外公开。

（七）保密法律法规等规定的其他管理要求。

**第十七条** 涉密学位论文在保密期限内，有关人员经审批后可以按规定程序查阅。

涉密学位论文按照国家秘密定密管理有关规定解密后，可以公开的应按要求向国家图书馆报送，并向培养单位图书馆和院（系）资料室等单位移交。

## 第四章 涉密研究生的权益保障

**第十八条** 培养单位应事先告知涉密研究生所承担的保密责任和义务，通过多种措施依法维护涉密研究生的合法权益。

**第十九条** 对涉密研究生因保密原因不能公开发表学术论文等科研成果，培养单位应制定专门的成果考核办法，并在评奖评优方面给予政策保障。

**第二十条** 培养单位要为涉密研究生提供履行保密义务所需的涉密场所、设施设备等基本条件保障。

## 第五章 奖励与处罚

**第二十一条** 培养单位对在涉密研究生和涉密学位论文管理工作中作出突出贡献的单位或者个人，应给予表彰与奖励。

**第二十二条** 对在涉密研究生和涉密学位论文管理工作中未能依法履

行保密管理职责的相关责任人，培养单位和相关部门应当追究责任并给予相应处分，情节严重的，依法追究法律责任。

**第二十三条** 涉密研究生在学期间未能严格遵守保密管理制度造成不良后果的，视情节轻重给予相应处分；违反保密法律法规造成严重后果的，应依法追究法律责任。

## 第六章 附 则

**第二十四条** 各培养单位可以根据本办法制定实施细则。军队院校涉密研究生和涉密学位论文管理依据军队有关规定执行。

**第二十五条** 本办法自印发之日起实行。

# 科学数据管理办法

（2018 年 3 月 17 日　国办发〔2018〕17 号）

## 第一章 总 则

**第一条** 为进一步加强和规范科学数据管理，保障科学数据安全，提高开放共享水平，更好支撑国家科技创新、经济社会发展和国家安全，根据《中华人民共和国科学技术进步法》、《中华人民共和国促进科技成果转化法》和《政务信息资源共享管理暂行办法》等规定，制定本办法。

**第二条** 本办法所称科学数据主要包括在自然科学、工程技术科学等领域，通过基础研究、应用研究、试验开发等产生的数据，以及通过观测监测、考察调查、检验检测等方式取得并用于科学研究活动的原始数据及其衍生数据。

**第三条** 政府预算资金支持开展的科学数据采集生产、加工整理、开放共享和管理使用等活动适用本办法。

任何单位和个人在中华人民共和国境内从事科学数据相关活动，符合本办法规定情形的，按照本办法执行。

**第四条** 科学数据管理遵循分级管理、安全可控、充分利用的原则，明确责任主体，加强能力建设，促进开放共享。

第五条　任何单位和个人从事科学数据采集生产、使用、管理活动应当遵守国家有关法律法规及部门规章，不得利用科学数据从事危害国家安全、社会公共利益和他人合法权益的活动。

# 第二章　职　责

第六条　科学数据管理工作实行国家统筹、各部门与各地区分工负责的体制。

第七条　国务院科学技术行政部门牵头负责全国科学数据的宏观管理与综合协调，主要职责是：

（一）组织研究制定国家科学数据管理政策和标准规范；

（二）协调推动科学数据规范管理、开放共享及评价考核工作；

（三）统筹推进国家科学数据中心建设和发展；

（四）负责国家科学数据网络管理平台建设和数据维护。

第八条　国务院相关部门、省级人民政府相关部门（以下统称主管部门）在科学数据管理方面的主要职责是：

（一）负责建立健全本部门（本地区）科学数据管理政策和规章制度，宣传贯彻落实国家科学数据管理政策；

（二）指导所属法人单位加强和规范科学数据管理；

（三）按照国家有关规定做好或者授权有关单位做好科学数据定密工作；

（四）统筹规划和建设本部门（本地区）科学数据中心，推动科学数据开放共享；

（五）建立完善有效的激励机制，组织开展本部门（本地区）所属法人单位科学数据工作的评价考核。

第九条　有关科研院所、高等院校和企业等法人单位（以下统称法人单位）是科学数据管理的责任主体，主要职责是：

（一）贯彻落实国家和部门（地方）科学数据管理政策，建立健全本单位科学数据相关管理制度；

（二）按照有关标准规范进行科学数据采集生产、加工整理和长期保存，确保数据质量；

（三）按照有关规定做好科学数据保密和安全管理工作；

（四）建立科学数据管理系统，公布科学数据开放目录并及时更新，积极开展科学数据共享服务；

（五）负责科学数据管理运行所需软硬件设施等条件、资金和人员保障。

**第十条** 科学数据中心是促进科学数据开放共享的重要载体，由主管部门委托有条件的法人单位建立，主要职责是：

（一）承担相关领域科学数据的整合汇交工作；

（二）负责科学数据的分级分类、加工整理和分析挖掘；

（三）保障科学数据安全，依法依规推动科学数据开放共享；

（四）加强国内外科学数据方面交流与合作。

## 第三章 采集、汇交与保存

**第十一条** 法人单位及科学数据生产者要按照相关标准规范组织开展科学数据采集生产和加工整理，形成便于使用的数据库或数据集。

法人单位应建立科学数据质量控制体系，保证数据的准确性和可用性。

**第十二条** 主管部门应建立科学数据汇交制度，在国家统一政务网络和数据共享交换平台的基础上开展本部门（本地区）的科学数据汇交工作。

**第十三条** 政府预算资金资助的各级科技计划（专项、基金等）项目所形成的科学数据，应由项目牵头单位汇交到相关科学数据中心。接收数据的科学数据中心应出具汇交凭证。

各级科技计划（专项、基金等）管理部门应建立先汇交科学数据、再验收科技计划（专项、基金等）项目的机制；项目/课题验收后产生的科学数据也应进行汇交。

**第十四条** 主管部门和法人单位应建立健全国内外学术论文数据汇交的管理制度。

利用政府预算资金资助形成的科学数据撰写并在国外学术期刊发表论文时需对外提交相应科学数据的，论文作者应在论文发表前将科学数据上交至所在单位统一管理。

**第十五条** 社会资金资助形成的涉及国家秘密、国家安全和社会公共利益的科学数据必须按照有关规定予以汇交。

鼓励社会资金资助形成的其他科学数据向相关科学数据中心汇交。

**第十六条** 法人单位应建立科学数据保存制度，配备数据存储、管理、服务和安全等必要设施，保障科学数据完整性和安全性。

**第十七条** 法人单位应加强科学数据人才队伍建设，在岗位设置、绩效收入、职称评定等方面建立激励机制。

**第十八条** 国务院科学技术行政部门应加强统筹布局，在条件好、资源优势明显的科学数据中心基础上，优化整合形成国家科学数据中心。

## 第四章 共享与利用

**第十九条** 政府预算资金资助形成的科学数据应当按照开放为常态、不开放为例外的原则，由三管部门组织编制科学数据资源目录，有关目录和数据应及时接入国家数据共享交换平台，面向社会和相关部门开放共享，畅通科学数据军民共享渠道。国家法律法规有特殊规定的除外。

**第二十条** 法人单位要对科学数据进行分级分类，明确科学数据的密级和保密期限、开放条件、开放对象和审核程序等，按要求公布科学数据开放目录，通过在线下载、离线共享或定制服务等方式向社会开放共享。

**第二十一条** 法人单位应根据需求，对科学数据进行分析挖掘，形成有价值的科学数据产品，开展增值服务。鼓励社会组织和企业开展市场化增值服务。

**第二十二条** 主管部门和法人单位应积极推动科学数据出版和传播工作，支持科研人员整理发表产权清晰、准确完整、共享价值高的科学数据。

**第二十三条** 科学数据使用者应遵守知识产权相关规定，在论文发表、专利申请、专著出版等工作中注明所使用和参考引用的科学数据。

**第二十四条** 对于政府决策、公共安全、国防建设、环境保护、防灾减灾、公益性科学研究等需要使用科学数据的，法人单位应当无偿提供；确需收费的，应按照规定程序和非营利原则制定合理的收费标准，向社会公布并接受监督。

对于因经营性活动需要使用科学数据的，当事人双方应当签订有偿服务合同，明确双方的权利和义务。

国家法律法规有特殊规定的，遵从其规定。

## 第五章　保密与安全

**第二十五条**　涉及国家秘密、国家安全、社会公共利益、商业秘密和个人隐私的科学数据，不得对外开放共享；确需对外开放的，要对利用目的、用户资质、保密条件等进行审查，并严格控制知悉范围。

**第二十六条**　涉及国家秘密的科学数据的采集生产、加工整理、管理和使用，按照国家有关保密规定执行。主管部门和法人单位应建立健全涉及国家秘密的科学数据管理与使用制度，对制作、审核、登记、拷贝、传输、销毁等环节进行严格管理。

对外交往与合作中需要提供涉及国家秘密的科学数据的，法人单位应明确提出利用数据的类别、范围及用途，按照保密管理规定程序报主管部门批准。经主管部门批准后，法人单位按规定办理相关手续并与用户签订保密协议。

**第二十七条**　主管部门和法人单位应加强科学数据全生命周期安全管理，制定科学数据安全保护措施；加强数据下载的认证、授权等防护管理，防止数据被恶意使用。

对于需对外公布的科学数据开放目录或需对外提供的科学数据，主管部门和法人单位应建立相应的安全保密审查制度。

**第二十八条**　法人单位和科学数据中心应按照国家网络安全管理规定，建立网络安全保障体系，采用安全可靠的产品和服务，完善数据管控、属性管理、身份识别、行为追溯、黑名单等管理措施，健全防篡改、防泄露、防攻击、防病毒等安全防护体系。

**第二十九条**　科学数据中心应建立应急管理和容灾备份机制，按照要求建立应急管理系统，对重要的科学数据进行异地备份。

## 第六章　附　　则

**第三十条**　主管部门和法人单位应建立完善科学数据管理和开放共享工作评价考核制度。

**第三十一条**　对于伪造数据、侵犯知识产权、不按规定汇交数据等行为，主管部门可视情节轻重对相关单位和责任人给予责令整改、通报批评、处分等处理或依法给予行政处罚。

对违反国家有关法律法规的单位和个人，依法追究相应责任。

**第三十二条** 主管部门可参照本办法，制定具体实施细则。涉及国防领域的科学数据管理制度，由有关部门另行规定。

**第三十三条** 本办法自印发之日起施行。

# （六） 出版保密

## 新闻出版保密规定

（1992 年 6 月 13 日国家保密局、中央对外宣传小组、新闻出版署、广播电影电视部印发　国保〔1992〕34 号）

### 第一章　总　　则

**第一条** 为在新闻出版工作中保守国家秘密，根据《中华人民共和国保守国家秘密法》第二十条，制定本规定。

**第二条** 本规定适用于报刊、新闻电讯、书籍、地图、图文资料、声像制品的出版和发行以及广播节目、电视节目、电影的制作和播放。

**第三条** 新闻出版的保密工作，坚持贯彻既保守国家秘密又有利于新闻出版工作正常进行的方针。

**第四条** 新闻出版单位及其采编人员和提供信息单位及其有关人员应当加强联系，协调配合，执行保密法规，遵守保密制度，共同做好新闻出版的保密工作。

### 第二章　保密制度

**第五条** 新闻出版单位和提供信息的单位，应当根据国家保密法规，建立健全新闻出版保密审查制度。

**第六条** 新闻出版保密审查实行自审与送审相结合的制度。

**第七条** 新闻出版单位和提供信息的单位，对拟公开出版、报道的信息，应当按照有关的保密规定进行自审；对是否涉及国家秘密界限不清的信息，应当送交有关主管部门或其上级机关、单位审定。

**第八条** 新闻出版单位及其采编人员需向有关部门反映或通报的涉及国家秘密的信息，应当通过内部途径进行，并对反映或通报的信息按照有关规定作出国家秘密的标志。

**第九条** 被采访单位、被采访人向新闻出版单位的采编人员提供有关信息时，对其中确因工作需要而又涉及国家秘密的事项，应当事先按照有关规定的程序批准，并采编人员申明；新闻出版单位及其采编人员对被采访单位、被采访人申明属于国家秘密的事项，不得公开报道、出版。

对涉及国家秘密但确需公开报道、出版的信息，新闻出版单位应当向有关主管部门建议解密或者采取删节、改编、隐去等保密措施，并经有关主管部门审定。

**第十条** 新闻出版单位采访涉及国家秘密的会议或其他活动，应当经主办单位批准。主办单位应当验明采访人员的工作身份，指明哪些内容不得公开报道、出版，并对拟公开报道、出版的内容进行审定。

**第十一条** 为了防止泄露国家秘密又利于新闻出版工作的正常进行，中央国家机关各部门和其他有关单位，应当根据各自业务工作的性质，加强与新闻出版单位的联系，建立提供信息的正常渠道，健全新闻发布制度，适时通报宣传口径。

**第十二条** 有关机关、单位应当指定有权代表本机关、单位的审稿机构和审稿人，负责对新闻出版单位送审的稿件是否涉及国家秘密进行审定。对是否涉及国家秘密界限不清的内容，应当报请上级机关、单位审定；涉及其他单位工作中国家秘密的，应当负责征求有关单位的意见。

**第十三条** 有关机关、单位审定送审的稿件时，应当满足新闻出版单位提出的审定时限的要求，遇有特殊情况不能在所要求的时限内完成审定的，应当及时向送审稿件的新闻出版单位说明，并共同商量解决办法。

**第十四条** 个人拟向新闻出版单位提供公开报道、出版的信息，凡涉及本系统、本单位业务工作的或对是否涉及国家秘密界限不清的，应当事先经本单位或其上级机关、单位审定。

**第十五条** 个人拟向境外新闻出版机构提供报道、出版涉及国家政治、经济、外交、科技、军事方面内容的，应当事先经过本单位或其上级机关、单位审定。向境外投寄稿件，应当按照国家有关规定办理。

## 第三章 泄密的查处

**第十六条** 国家工作人员或其他公民发现国家秘密被非法报道、出版时，应当及时报告有关机关、单位或保密工作部门。

泄密事件所涉及的新闻出版单位和有关单位，应当主动联系，共同采取补救措施。

**第十七条** 新闻出版活动中发生的泄密事件，由有关责任单位负责及时调查；责任暂时不清的，由有关保密工作部门决定自行调查或者指定有关单位调查。

**第十八条** 对泄露国家秘密的责任单位、责任人，应当按照有关法律和规定严肃处理。

**第十九条** 新闻出版工作中因泄密问题需要对出版物停发、停办或者收缴以及由此造成的经济损失，应当按照有关主管部门的规定处理。

新闻出版单位及其采编人员和提供信息的单位及其有关人员因泄露国家秘密所获得的非法收入，应当依法没收并上缴国家财政。

## 第四章 附 则

**第二十条** 新闻出版工作中，各有关单位因有关信息是否属于国家秘密问题发生争执的，由保密工作部门会同有关主管部门依据保密法规确定。

**第二十一条** 本规定所称的"信息"可以语言、文字、符号、图表、图像等形式表现。

**第二十二条** 本规定由国家保密局负责解释。

**第二十三条** 本规定自 1992 年 10 月 1 日起施行。

# 国家秘密载体印制资质管理办法

（2020 年 12 月 22 日国家保密局、国家市场监督管理总局令 2020 年第 2 号公布　自 2021 年 3 月 1 日起施行）

## 第一章　总　　则

**第一条**　为了加强国家秘密载体印制资质管理，确保国家秘密安全，根据《中华人民共和国保守国家秘密法》、《中华人民共和国行政许可法》、《中华人民共和国行政处罚法》、《中华人民共和国保守国家秘密法实施条例》等有关法律法规，制定本办法。

**第二条**　本办法所称国家秘密载体印制（以下简称涉密印制），是指以印刷、复制等方式制作国家秘密载体的行为。

涉密印制资质是指保密行政管理部门许可企业事业单位从事国家秘密载体印制业务的法定资格。

**第三条**　涉密印制资质的申请、受理、审查、决定、使用和监督管理，适用本办法。

**第四条**　从事涉密印制业务的企业事业单位应当依照本办法，取得涉密印制资质。

国家机关和涉及国家秘密的单位（以下简称机关、单位）应当选择具有涉密印制资质的单位（以下简称资质单位）承接涉密印制业务。

**第五条**　涉密印制资质管理应当遵循依法管理、安全保密、科学发展、公平公正的原则。

**第六条**　国家保密行政管理部门主管全国涉密印制资质管理工作，省级保密行政管理部门主管本行政区域内涉密印制资质管理工作。

省级以上保密行政管理部门根据工作需要，可以委托下一级保密行政管理部门开展审查工作，或者组织机构协助开展工作。

**第七条**　省级以上保密行政管理部门应当指定专门机构承担保密资质管理日常工作。

**第八条**　省级以上保密行政管理部门建立保密资质审查专家库，组织开展入库审查、培训考核等工作。

**第九条** 实施涉密印制资质许可不收取任何费用,所需经费纳入同级财政预算。

## 第二章 等级与条件

**第十条** 涉密印制资质分为甲级和乙级两个等级。

甲级资质单位可以从事绝密级、机密级、秘密级涉密印制业务;乙级资质单位可以从事机密级、秘密级涉密印制业务。

**第十一条** 涉密印制资质包括涉密文件资料、国家统一考试试卷、涉密防伪票据证书、涉密光电磁介质、涉密档案数字化加工,以及国家保密行政管理部门许可的其他涉密印制业务。

资质单位应当在保密行政管理部门许可的业务种类范围内承接涉密印制业务。

**第十二条** 申请单位应当具备以下基本条件:

(一)在中华人民共和国境内注册的法人,从事印制业务三年以上,甲级资质申请单位还应当具备相应乙级资质三年以上;

(二)无犯罪记录且近三年内未被吊销保密资质(资格),法定代表人、主要负责人、实际控制人未被列入失信人员名单;

(三)法定代表人、主要负责人、实际控制人、董(监)事会人员、高级管理人员以及从事涉密印制业务人员具有中华人民共和国国籍,无境外永久居留权或者长期居留许可,与境外人员无婚姻关系,国家另有规定的除外;

(四)具有从事涉密印制业务的专业能力;

(五)法律、行政法规和国家保密行政管理部门规定的其他条件。

**第十三条** 申请单位应当具备以下保密条件:

(一)有专门机构或者人员负责保密工作;

(二)保密制度完善;

(三)从事涉密印制业务的人员经过保密教育培训,具备必要的保密知识和技能;

(四)用于涉密印制业务的场所、设施、设备符合国家保密规定和标准;

（五）有专门的保密工作经费；

（六）法律、行政法规和国家保密行政管理部门规定的其他保密条件。

**第十四条** 申请涉密文件资料、涉密光电磁介质、涉密档案数字化加工资质的单位不得有外国投资者投资。在新三板挂牌的企业申请资质以及资质有效期内的，还应当符合以下条件：

（一）参与挂牌交易的股份比例不高于总股本的30%；

（二）实际控制人在申请期间及资质有效期内保持控制地位不变。

**第十五条** 申请国家统一考试试卷、涉密防伪票据证书资质的单位不得由外国投资者控股。

**第十六条** 申请单位应当建立完善的内部管理和信息披露制度，未经国务院有关主管部门或者省级人民政府有关主管部门批准，外国投资者不得接触、知悉国家秘密信息。

**第十七条** 申请单位申请不同等级和业务种类的涉密印制资质，应当符合涉密印制资质具体条件的要求。

## 第三章 申请、受理、审查与决定

**第十八条** 申请甲级资质的，应当向国家保密行政管理部门提出申请；申请乙级资质的，应当向注册地的省级保密行政管理部门提出申请。申请单位应当提交以下材料：

（一）《国家秘密载体印制资质申请书》（以下简称申请书）；

（二）企业营业执照或者事业单位法人证书；

（三）在登记机关备案的章程；

（四）从事印刷、复制等经营活动的许可证明；

（五）法定代表人、主要负责人、实际控制人、董（监）事会人员、高级管理人员以及从事涉密印制业务的其他人员情况；

（六）资本结构和股权情况；

（七）上一年度企业年度报告；

（八）生产经营和办公场所的产权证书或者租赁合同；

（九）近三年印制业务合同清单；

（十）涉密印制业务设备、场所和保密设施、设备情况；

（十一）基本管理制度、保密制度以及保密体系运行情况。

申请书及相关材料不得涉及国家秘密，申请单位应当对申请材料的真实性和完整性负责。

**第十九条** 保密行政管理部门收到申请材料后，应当在五日内完成审查。申请材料齐全且符合法定形式的，应当受理并发出受理通知书；申请材料不齐全或者不符合法定形式的，应当一次告知申请单位十五日内补正材料；逾期未告知申请单位补正的，自收到申请材料之日起即为受理。申请单位十五日内不予补正的，视为放弃本次行政许可申请。

**第二十条** 资质审查分为书面审查、现场审查。确有需要的，可以组织专家开展评审。

**第二十一条** 对作出受理决定的，保密行政管理部门应当对提交的申请材料进行书面审查。

**第二十二条** 对书面审查合格的单位，保密行政管理部门应当指派两名以上工作人员，并可以结合工作实际指派一名以上审查专家，依据涉密印制资质审查细则和评分标准，对保密制度、保密工作机构、保密监督管理、涉密人员管理、保密技术防护以及从事涉密印制业务的专业能力等情况进行现场审查。

涉密印制资质审查细则和评分标准由国家保密行政管理部门另行规定。

**第二十三条** 现场审查应当按照以下程序进行：

（一）提前五日以传真、电子邮件等形式书面通知申请单位现场审查时间；

（二）听取申请单位情况汇报和对有关事项的说明；

（三）审查有关材料；

（四）与主要负责人、保密工作负责人及有关人员谈话了解情况；

（五）组织涉密人员进行保密知识测试；

（六）对涉密场所、涉密设备等进行实地查看；

（七）汇总现场审查情况，形成现场审查报告；

（八）通报审查情况，申请单位法定代表人或者主要负责人在现场审查报告上签字确认。

**第二十四条** 申请单位具有下列情形之一的，保密行政管理部门应当终止审查：

（一）隐瞒有关情况或者提供虚假材料的；

（二）采取贿赂、请托等不正当手段，影响审查工作公平公正进行的；

（三）无正当理由拒绝按通知时间接受现场审查的；

（四）现场审查中发现不符合评分标准基本项的；

（五）其他违反保密法律法规的行为。

**第二十五条** 申请单位书面审查、现场审查合格的，保密行政管理部门应当准予行政许可。

申请单位具有下列情形之一的，保密行政管理部门应当作出不予行政许可的书面决定，说明理由并告知申请单位相关权利。

（一）书面审查不合格的；

（二）现场审查不合格的；

（三）终止审查的；

（四）法律、行政法规规定的不予行政许可的其他情形。

**第二十六条** 保密行政管理部门应当自受理申请之日起二十日内，对申请单位作出准予行政许可或者不予行政许可的决定。二十日内不能作出决定的，经本行政机关负责人批准，可以延长十日，并应当将延长期限的理由告知申请单位。

保密行政管理部门组织开展专家评审、鉴定所需时间不计入行政许可期限。

**第二十七条** 保密行政管理部门作出准予行政许可的决定的，自作出决定之日起十日内向申请单位颁发《国家秘密载体印制资质证书》（以下简称《资质证书》）。

**第二十八条** 《资质证书》有效期为五年，分为正本和副本，正本和副本具有同等法律效力。样式由国家保密行政管理部门统一制作，主要包括以下内容：

（一）单位名称；

（二）法定代表人；

（三）注册地址；

（四）证书编号；

（五）资质等级；

182

（六）业务种类；

（七）发证机关；

（八）有效期和发证日期。

**第二十九条**　《资质证书》有效期满，需要继续从事涉密印制业务的，应当在有效期届满三个月前向保密行政管理部门提出延续申请，保密行政管理部门应当按照本办法有关规定开展审查，申请单位未按规定期限提出延续申请的，视为重新申请。

有效期届满且未准予延续前，不得签订新的涉密印制业务合同。对于已经签订合同但未完成的涉密业务，在确保安全保密的条件下可以继续完成。

**第三十条**　省级保密行政管理部门应当将许可的乙级资质单位报国家保密行政管理部门备案。

准予行政许可和注销、吊销、撤销以及暂停资质的决定，由作出决定的保密行政管理部门在一定范围内予以发布。

## 第四章　监督与管理

**第三十一条**　省级以上保密行政管理部门应当加强对下一级保密行政管理部门以及协助开展审查工作的专门机构的监督检查，及时纠正资质管理中的违法违规行为。

**第三十二条**　保密行政管理部门应当开展"双随机"抽查、飞行检查等形式的保密检查，对资质单位从事涉密印制业务和保密管理情况进行监督。

**第三十三条**　机关、单位委托资质单位印制国家秘密载体，应当查验其《资质证书》，出具委托证明，签订保密协议，提出保密要求，督促落实保密措施。

资质单位应当查验、收取委托方的委托证明，并进行登记。没有委托证明的，资质单位不得承接。

**第三十四条**　资质单位与其他单位合作开展涉密印制业务的，合作单位应当具有相应的涉密印制资质且取得委托方书面同意。

资质单位不得将涉密印制业务分包或者转包给无相应涉密资质的单位。

**第三十五条**　乙级资质单位拟在注册地的省级行政区域外承接涉密印

制业务的，应当向业务所在地的省级保密行政管理部门备案，接受保密监督管理。

**第三十六条** 资质单位实行年度自检制度，应当于每年 3 月 31 日前向作出准予行政许可决定的保密行政管理部门报送上一年度自检报告。

**第三十七条** 资质单位下列事项发生变更的，应当在变更前向保密行政管理部门书面报告：

（一）注册资本或者股权结构；

（二）控股股东或者实际控制人；

（三）单位性质或者隶属关系；

（四）用于涉密印制业务的场所。

保密行政管理部门应当对资质单位变更事项进行书面审查。通过审查的，资质单位应当按照审定事项实施变更，并在变更完成后十日内提交情况报告。

对影响或者可能影响国家安全的外商投资，应当按照外商投资安全审查制度进行安全审查。

资质单位发生控股股东或者实际控制人、单位性质或者隶属关系、用于涉密印制业务的场所等事项变更的，保密行政管理部门应当组织现场审查。

**第三十八条** 资质单位下列事项发生变更的，应当在变更后十日内向保密行政管理部门书面报告：

（一）单位名称；

（二）注册地址或者经营地址；

（三）经营范围；

（四）法定代表人、董（监）事会人员或者高级管理人员。

资质单位变更完成需换发《资质证书》的，由保密行政管理部门审核后重新颁发。

**第三十九条** 保密行政管理部门在现场审查、保密检查过程中，发现申请单位或者资质单位存在涉嫌泄露国家秘密的案件线索，应当根据工作需要，按照泄密案件管辖权限，经保密行政管理部门负责人批准，由具备执法资格的人员对有关设施、设备、载体等采取登记保存措施，依法开展调查工作。

保密行政管理部门调查结束后，认定申请单位或者资质单位存在违反保密法律法规事实的，违法行为发生地的保密行政管理部门应当按照本办法作出处理，并将违法事实、处理结果抄告受理申请或者准予行政许可的保密行政管理部门。

**第四十条** 有下列情形之一的，作出准予行政许可决定的保密行政管理部门或者其上级保密行政管理部门，依据职权可以撤销行政许可：

（一）保密行政管理部门滥用职权、玩忽职守作出准予行政许可决定的；

（二）超越法定职权作出准予行政许可决定的；

（三）违反法定程序作出准予行政许可决定的；

（四）对不具备申请资格或者不符合法定条件的申请单位准予行政许可的；

（五）依法可以撤销行政许可的其他情形。

资质单位采取欺骗、贿赂等不正当手段取得资质的，保密行政管理部门应当撤销其资质，停止其涉密业务。自撤销之日起，三年内不得再次申请。

**第四十一条** 资质单位具有下列情形之一的，作出准予行政许可决定的保密行政管理部门应当注销其资质：

（一）《资质证书》有效期届满未延续的；

（二）法人资格依法终止的；

（三）主动申请注销资质的；

（四）行政许可依法被撤销、撤回，或者行政许可证件依法被吊销的；

（五）因不可抗力导致行政许可事项无法实施的；

（六）法律、行政法规规定的应当注销资质的其他情形。

**第四十二条** 申请单位或者资质单位对保密行政管理部门作出的决定不服的，可以依法申请行政复议或者提起行政诉讼。

## 第五章 法 律 责 任

**第四十三条** 资质单位违反本办法的，依照本办法有关规定处理；构成犯罪的，依法追究刑事责任。

**第四十四条** 资质单位具有下列情形之一的，保密行政管理部门应当责令其在二十日内完成整改，逾期不改或者整改后仍不符合要求的，给予六个月以上十二个月以下暂停资质的处罚：

（一）未经委托方书面同意，擅自与其他涉密印制资质单位合作开展涉密印制业务的；

（二）超出行政许可的业务种类范围承接涉密印制业务的；

（三）发生需要报告的事项，未及时报告的；

（四）未按本办法提交年度自检报告的；

（五）不符合其他保密管理规定，存在泄密隐患的。

**第四十五条** 资质单位不再符合申请条件，或者具有下列情形之一的，保密行政管理部门应当吊销其资质，停止其涉密业务：

（一）涂改、出卖、出租、出借《资质证书》，或者以其他方式伪造、非法转让《资质证书》的；

（二）将涉密印制业务分包或者转包给无相应涉密资质单位的；

（三）发现国家秘密已经泄露或者可能泄露，未按法定时限报告的；

（四）拒绝接受保密检查的；

（五）资质暂停期间，承接新的涉密印制业务的；

（六）资质暂停期满，仍不符合保密管理规定的；

（七）发生泄密案件的；

（八）其他违反保密法律法规的行为。

**第四十六条** 申请单位隐瞒有关情况或者提供虚假材料的，保密行政管理部门应当作出不予受理或者不予行政许可的决定。自不予受理或者不予许可之日起，一年内不得再次申请。

**第四十七条** 未经保密行政管理部门许可的单位从事涉密印制业务的，由保密行政管理部门责令停止违法行为，非法获取、持有的国家秘密载体，应当予以收缴；有违法所得的，由市场监督管理部门没收违法所得；构成犯罪的，依法追究刑事责任。

**第四十八条** 机关、单位委托未经保密行政管理部门许可的单位从事涉密印制业务的，应当由有关机关、单位对直接负责的主管人员和其他直接责任人员依法给予处分；构成犯罪的，依法追究刑事责任。

**第四十九条** 保密行政管理部门及其工作人员未依法履行职责，或者滥用职权、玩忽职守、徇私舞弊的，对直接负责的主管人员和其他直接责任人员依法给予政务处分；构成犯罪的，依法追究刑事责任。

# 第六章 附 则

**第五十条** 机关、单位内部非经营性印刷厂、文印中心（室），承担本机关、单位涉密印制业务的，可不申请涉密印制资质，由本机关、单位按照保密要害部门部位进行管理，接受同级保密行政管理部门监督指导。

**第五十一条** 申请单位资本结构包含香港特别行政区、澳门特别行政区、台湾地区投资者以及定居在国外中国公民投资者的，参照本办法管理。国家另有规定的，从其规定。

**第五十二条** 本办法规定的实施行政许可的期限以工作日计算，不含法定节假日。

**第五十三条** 本办法由国家保密局负责解释。

**第五十四条** 本办法自 2021 年 3 月 1 日起施行。国家保密局、国家工商行政管理总局、国家新闻出版总署发布的《国家秘密载体印制资质管理办法》（国保发〔2012〕7 号，国保发〔2019〕13 号修订）同时废止。

**附件**

## 国家秘密载体印制资质具体条件

**一、涉密文件资料**

（一）甲级资质

1. 取得《印刷经营许可证》。

2. 上一个会计年度净资产不少于 5000 万元人民币。

3. 在本单位依法缴纳社保一年以上的人员不少于 50 名。

4. 具有自有产权或者租赁期 3 年（含）以上的固定生产经营场所，建筑面积不少于 1000 平方米。

5. 具备独立的保密室和涉密印制业务所必需的印制车间、成品库、废品库等功能场所，实行封闭式管理，周边环境安全可控。

（二）乙级资质

1. 取得《印刷经营许可证》。

2. 上一个会计年度净资产不少于 500 万元人民币。

3. 在本单位依法缴纳社保一年以上的人员不少于 20 名。

4. 具有自有产权或者租赁期 3 年（含）以上的固定生产经营场所，建筑面积不少于 200 平方米。

5. 具备独立的保密室和涉密印制业务所必需的印制车间、成品库、废品库等功能场所，实行封闭式管理，周边环境安全可控。

**二、国家统一考试试卷**

（一）甲级资质

1. 取得《印刷经营许可证》。

2. 上一个会计年度净资产不少于 5000 万元人民币。

3. 在本单位依法缴纳社保一年以上的人员不少于 40 名。

4. 具有自有产权或者租赁期 3 年（含）以上的固定生产经营场所，建筑面积不少于 5000 平方米。

5. 具备独立的保密室和具有符合入闸管理条件的试卷印制车间、成品库、废品库等功能场所，实行封闭管理，周边环境安全可控。

（二）乙级资质

1. 取得《印刷经营许可证》。

2. 上一个会计年度净资产不少于 1000 万元人民币。

3. 在本单位依法缴纳社保一年以上的人员不少于 20 名。

4. 具有自有产权或者租赁期 3 年（含）以上的固定生产经营场所，建筑面积不少于 1000 平方米。

5. 具备独立的保密室和具有符合入闸管理条件的试卷印制车间、成品库、废品库等功能场所，实行封闭管理，周边环境安全可控。

**三、涉密防伪票据证书**

（一）甲级资质

1. 取得《印刷经营许可证》。

2. 上一个会计年度净资产不少于 1 亿元人民币。

3. 在本单位依法缴纳社保一年以上的人员不少于 60 名。

4. 具有自有产权或者租赁期 3 年（含）以上的固定生产经营场所，建筑面积不少于 3000 平方米。

5. 具备独立的保密室和具有涉密防伪票据证书印制业务所必需的制版车间、涉密防伪材料库等功能场所，实行封闭管理，周边环境安全可控。

（二）乙级资质

1. 取得《印刷经营许可证》。

2. 上一个会计年度净资产不少于 1000 万元人民币。

3. 在本单位依法缴纳社保一年以上的人员不少于 30 名。

4. 具有自有产权或者租赁期 3 年（含）以上的固定生产经营场所，建筑面积不少于 1000 平方米。

5. 具备独立的保密室和具有涉密防伪票据证书印制业务所必需的制版车间、涉密防伪材料库等功能场所，实行封闭管理，周边环境安全可控。

### 四、涉密光电磁介质

（一）甲级资质

1. 取得《复制经营许可证》。

2. 上一个会计年度净资产不少于 1000 万元人民币。

3. 在本单位依法缴纳社保一年以上的人员不少于 30 名。

4. 具有自有产权或者租赁期 3 年（含）以上的固定生产经营场所，建筑面积不少于 1000 平方米。

5. 具备独立的保密室和具有涉密光电磁介质复制业务所必需的印制车间、成品库、废品库等功能场所，实行封闭式管理，周边环境安全可控。

6. 具有功能完备的光电磁介质生产设备。

（二）乙级资质

1. 取得《复制经营许可证》。

2. 上一个会计年度净资产不少于 200 万元人民币。

3. 在本单位依法缴纳社保一年以上的人员不少于 15 名。

4. 具有自有产权或者租赁期 3 年（含）以上的固定生产经营场所，建筑面积不少于 200 平方米。

5. 具备独立的保密室和具有涉密光电磁介质复制业务所必需的印制车间、成品库、废品库等功能场所，实行封闭式管理，周边环境安全可控。

6. 具有功能完备的光电磁介质生产设备。

### 五、涉密档案数字化加工

（一）甲级资质

1. 上一个会计年度净资产不少于 1000 万元人民币。

2. 在本单位依法缴纳社保一年以上的人员不少于 50 名。

3. 具有自有产权或者租赁期 3 年（含）以上的固定生产经营场所，建筑面积不少于 300 平方米。

4. 具备独立的保密室和具有用于涉密档案数字化加工业务场所，实行封闭式管理，周边环境安全可控。

5. 具有功能完备的档案数字化加工设备。

（二）乙级资质

1. 上一个会计年度净资产不少于 200 万元人民币。

2. 在本单位依法缴纳社保一年以上的人员不少于 20 名。

3. 具有自有产权或者租赁期 3 年（含）以上的固定生产经营场所，建筑面积不少于 200 平方米。

4. 具备独立的保密室和具有用于涉密档案数字化加工业务场所，实行封闭式管理，周边环境安全可控。

5. 具有功能完备的档案数字化加工设备。

# 新闻出版署关于防止在出版物中泄露国家秘密的通知

（1994 年 3 月 12 日　新出图（1994）156 号）

中央、国务院有关部委，直属机构；总政宣传部，各省、自治区、直辖市新闻出版局、音像归口管理部门，全国各出版单位：

近年来，有少数出版单位在出版涉及中外关系、革命史料、国防建设等方面的出版物中，把关不严，未经认真的审核和报批，致使有的出版物严重违反国家保密法、中国人民解放军保密条例和新闻出版保密规定，泄露了党和国家的重要秘密和军事秘密，以及其他应当严格保密的资料，造成了恶劣的政治影响和严重的后果。

新闻出版是大众传媒的重要渠道，在新闻出版工作中严守国家秘密、防止和杜绝出现泄密事件是出版部门应尽的责任和义务。为切实加强这方面的工作，根据有关规定，通知如下：

一、各出版单位必须严格执行《中华人民共和国保守国家秘密法》、《中国人民解放军保密条例》、《新闻出版保密规定》等各项有关保密的规定及要求，并根据本单位的实际情况制定有力防范措施，杜绝在出版工作中出现泄密事件。

二、在出版物中（包括内部发行的出版物）严禁载有下列内容：国家事务重大决策中的秘密事项；国防建设和武装力量活动中的秘密事项；外交和外事活动中的秘密事项以及对外承担保密义务的事项；国民经济和社会发展中的秘密事项；科学技术中的秘密事项；维护国家安全活动和追查刑事犯罪中的秘密事项；其他经国家保密工作部门确定应当保守的国家秘密事项。

三、出版物中凡涉及下列内容的，要严格执行送审报批制度：国家事务的重大决策，党的文献和档案，国防建设和武装力量情况，国家外交政策和对外宣传工作，国民经济和社会发展中的统计资料和数据，尖端科技、科技成果及资料，测绘和地图，国家安全活动和追查刑事犯罪活动，其他各部门各行业中不宜公开的重大事项；以及出版单位把握不准是否属于秘密的问题。

四、送审报批的原则和要求。凡需送审报批的出版物，出版单位应遵照有关的文件和规定事先做好自审工作，提出需审核确定是否秘密的事项和问题，报经出版单位主管部门审核批准。出版单位主管部门如把握不准，应及时报有关主管部门审定。凡涉及已有文件规定的事项和内容，应严格按照文件规定的程序送审。凡涉及国防建设和武装力量活动中的各项重要事宜的出版物，原则上应由军队出版单位安排出版；其他有关出版单位如需安排出版，选题应报新闻出版署批准；书稿内容在出版单位严格自审及出版单位主管部门审核同意后，须报中国人民解放军军以上机关有关部门审定，否则不得出版。

五、出版物泄密的认定和查处。出版物是否构成泄密的认定部门是：国家保密部门，军队保密部门以及所涉及问题的中央有关主管部门。一旦出现出版物泄密问题，出版单位、出版单位主管部门、发行部门、印刷、制作部门以及新闻出版管理部门须立即采取果断措施，停售、封存全部出版物，对已发出去的出版物要根据发货渠道尽力收回，一并就地销毁，防止国家秘密进一步扩散。因泄密而停售、封存、销毁所造成的经济损失，由出版单位承担。对违反各项保密规定，造成泄密的单位，根据情节轻重，由省级以上新闻出版管理部门给予没收利润、罚款、通报批评、停业整顿的处分。对有关责任者，由出版单位和出版单位主管部门严肃处理，情节严重的，应移交司法部门追究刑事责任。

# （七）考试保密

## 国家司法考试保密工作规定

（2008 年 9 月 10 日　司发通〔2008〕142 号）

### 第一章　总　　则

**第一条**　为加强国家司法考试保密工作，根据《中华人民共和国保守国家秘密法》及其实施办法和最高人民法院、最高人民检察院、司法部制定的《国家司法考试实施办法》的有关规定，制定本规定。

**第二条**　国家司法考试保密工作，应当坚持积极防范、突出重点、既做好保密工作又方便考试工作开展的原则。

**第三条**　国家司法考试保密工作，由各级司法行政机关国家司法考试工作机构负责，接受国家保密工作部门和行政监察机关的指导、监督和检查。

**第四条**　国家司法考试启用前的试题试卷（包括备用试题试卷）、标准答案（答题卡）及评分标准，为机密级国家秘密。

国家司法考试命题工作及参与人员的有关情况、试题试卷命制工作方案、尚未公布的考试合格标准及其有关方案，为秘密级国家秘密。

国家司法考试结束后未公布的试题试卷、标准答案、应试人员的考试成绩及其他有关情况、数据，属于工作秘密，未经司法部批准不得公开。

## 第二章　保密工作机构与职责

**第五条**　司法部和国家保密局联合成立国家司法考试保密工作领导小组，负责制定国家司法考试保密制度及有关工作方案；指导各地国家司法考试保密工作小组的工作；检查、监督各地国家司法考试保密管理工作情况。

**第六条**　司法部保密委员会及其办公室负责对国家司法考试保密管理工作进行监督，对参与国家司法考试工作的涉密人员进行保密教育，对发生的失密、泄密事件及时向国家保密局报告。

**第七条**　司法部国家司法考试工作机构履行下列保密工作职责：

（一）拟定国家司法考试保密工作制度和措施；

（二）负责国家司法考试命题、印卷、送卷、试卷保管、评卷和分数核查等环节的保密管理工作；

（三）确定保密工作人员；

（四）监督、指导省、自治区、直辖市及各考区所在地设区的市级或者直辖市的区（县）司法行政机关（以下简称各考区所在地司法行政机关）组织、承办国家司法考试的保密工作；

（五）对参与命题、印卷、送卷、试卷保管和评卷等涉密岗位的人员进行保密资格审查；

（六）就国家司法考试保密工作中的有关问题提出处理意见和建议；

（七）完成国家司法考试保密工作领导小组交办的其他事项。

**第八条**　省、自治区、直辖市及各考区所在地司法行政机关应当会同同级保密工作部门成立国家司法考试保密工作小组，负责制定国家司法考试保密制度实施方案；监督、检查保密制度的执行情况；对参与考务工作的涉密人员进行管理；对加强保密管理工作提出意见和建议。

**第九条**　省、自治区、直辖市及各考区所在地司法行政机关国家司法考试工作机构履行下列保密工作职责：

（一）执行国家司法考试保密制度和措施；

（二）负责考务工作各个环节的保密管理；

（三）确定本地保密工作人员；

（四）对参与考务工作各个环节、岗位工作的人员进行保密教育与管理；

（五）审查和确定试卷的保管场所及保管人员，监督、检查试卷的交接、运送及启用工作；

（六）及时向上一级司法行政机关报告考试保密工作中的重要情况。

## 第三章　考试保密管理

**第十条**　各级司法行政机关国家司法考试工作机构的人员及其他参与考试工作的人员，有配偶或者直系亲属参加当年国家司法考试的，不得参加当年考试命题、试卷监印、试卷保管、监考、评卷及考试保密管理工作。

应当回避而没有主动申请回避的，一经发现，应当立即停止其承担的考试工作。

**第十一条**　各级司法行政机关国家司法考试工作机构挑选考试涉密岗位工作人员时，除审查其应当具备的业务素质和工作能力外，应当重点考察其政治素质、道德品行及诚信记录。

挑选保密工作人员，应当同时对其进行保密资格审查。

**第十二条**　国家司法考试命题工作的保密管理，由司法部国家司法考试工作机构负责。命题工作场所应当实行集中封闭管理，命题工作间及其设施、命题用操作和存储设备、命制中试题试卷的保管场所及运送设备应当符合保密要求，对命题工作应当实行全过程保密监督和管理。具体命题保密管理办法，由司法部规定。

命题工作结束后至当年国家司法考试结束前，试题试卷（包括答案）及存储试题试卷信息的计算机、移动存储介质，一律封存保管，严禁泄露。

**第十三条**　参与命题工作的人员应当遵守下列保密纪律：

（一）不得向任何人透露、暗示有关试题试卷、标准答案的内容及其他命题工作信息；

（二）未经批准或者非经统一安排，不得相互了解、交换、接触各自负责命制的试题试卷、标准答案的内容及其他命题工作信息；

（三）不得对外擅自披露本人参与当年命题的信息及其他命题人员名单及其身份；

（四）不得参与当年任何单位举办的司法考试培训活动；

（五）有配偶或者直系亲属参加当年考试的，应当主动申请回避。

司法部国家司法考试办公室应当与命题人员签订《国家司法考试保密

责任书》。

**第十四条** 国家司法考试试卷应当在试卷定点复制单位印制。

国家司法考试工作机构应当与试卷印刷厂严格履行试卷交印手续。

印刷厂印制、装订、封装试卷应当封闭进行。对参与试卷印制的人员实行集中封闭管理，考试结束后方可解除封闭管理。

司法部国家司法考试办公室应当与试卷印刷厂签订《试卷印制保密协议》，并可派员实施监印。

**第十五条** 向各地各考区运送试卷，应当选择安全可靠的交通工具及运送路线，派遣符合保密条件的人员专门押运。有条件的可以配备警力和警务专用车运送试卷。

司法部和地方国家司法考试工作机构应当事先审查试卷运送单位制定的试卷运送计划、运送人员名单、安全保密措施、应急处置预案，明确试卷运送保密责任。

司法部国家司法考试办公室应当与试卷运送单位签订《试卷运送保密协议》。

**第十六条** 试卷运抵目的地后，运送单位和接收单位应当在符合保密规定的场所，由双方派员对试卷数量、密封情况清点查验无误后，履行交接登记手续。

保密工作人员应当对试卷交接过程实行现场监督。

**第十七条** 省、自治区、直辖市及各考区所在地司法行政机关，应当在接收试卷后至每场考试开考前，一律将试卷统一存放在事先确定的保密场所保管。试卷存放场所在使用前，须经当地保密机关依照设置标准检验合格。

试卷保管应当实行二十四小时双人轮换守卫值班制度。保管人员在值班期间，应当认真做好值班记录，不得会客、睡觉及从事其他与保管职责无关的活动；值班交接时，应当履行交接登记手续。

**第十八条** 各考区在开考前向各考场分发试卷时，由当地司法行政机关国家司法考试工作机构指派两名以上工作人员负责试卷的点验、分发，并与领取试卷人员履行分发登记手续。

保密工作人员应当对试卷分发过程实行现场监督，并负责对试卷袋密封情况进行查验。

**第十九条** 试卷在正式拆封启用并向考生分发前，应当由各考场监考人员向考生展示试卷袋密封情况，并当众拆封；发现试卷袋破损或者已被拆封的，应当立即报告。

在每场考试进行期间，监考人员及其他能接触到试卷的工作人员不得以任何方式、向任何人泄露试卷的内容。

**第二十条** 国家司法考试考场的设置及其周边环境，应当符合考试保密工作的要求。考场应当配备必要的安全检查设施和防止利用无线电设备泄露试题试卷的监控设施。

各考区所在地司法行政机关应当与提供考场的单位签订《考场保密工作协议》，并监督其实施情况。

**第二十一条** 每场考试结束后，由各考区所在地司法行政机关安排专门人员，在指定的场所，按照规定程序对考生的试卷、答卷（答题卡）统一进行清点、封装，移交事先确定的保密场所集中保管。答卷的清点、封装和移交由保密工作人员实行现场监督。

**第二十二条** 当年考试结束后，各考区所在地司法行政机关应当按照规定的时间、方式及保密要求，将本考区的答卷（答题卡）移送省、自治区、直辖市司法行政机关指定的答卷存放保密场所集中保管。

省、自治区、直辖市司法行政机关国家司法考试工作机构应当对全部答卷进行清点，并指派两名以上工作人员会同保密工作人员，按照规定的时间、方式及保密要求，将答卷（答题卡）运送至司法部国家司法考试工作机构指定的集中保管场所。

**第二十三条** 国家司法考试的评卷工作及其评卷场所应当实行封闭管理。参与评卷的人员在评卷过程中，不得擅自交换或者传看各自评判的答卷及评卷结果，不得以任何方式、向任何人泄露评卷结果及有关信息。保密工作人员应当对评卷现场及答卷保管实行监督。

司法部国家司法考试办公室应当与承担评卷工作的单位签订《评卷工作保密协议》，并监督其实施情况。

**第二十四条** 在国家司法考试的试题、答案、评分标准未正式公布前，国家司法考试工作机构的人员以及参与命题、评卷工作的人员不得对外泄露。

在国家司法考试评卷结果未正式公布前，任何了解相关信息的人员不得对外泄露任何考生的考试成绩及其他有关评卷信息。

第二十五条　在司法部国家司法考试办公室正式公布当年国家司法考试合格标准及相关措施之前，任何参与研究、制定或者了解相关信息的人员不得对外泄露。

第二十六条　在国家司法考试组织、实施的过程中如发生失密、泄密等事件的，相关考试工作机构或者考区所在地司法行政机关应当立即采取措施，有效控制失密范围，及时报告同级保密工作部门，在其指导下对失密、泄密事件及其责任人员进行查处，并将情况逐级上报至司法部国家司法考试工作机构。

## 第四章　保 密 责 任

第二十七条　司法行政机关参与国家司法考试的工作人员和保密工作人员，有违反国家保密法律、法规及本规定行为的，应当立即停止其承担的相关工作，根据其性质、情节依法给予相应的处分；涉嫌犯罪的，移送司法机关处理。

第二十八条　参与国家司法考试命题、印卷、送卷、监考、评卷等环节工作的非司法行政机关的人员，有违反国家保密法律、法规及本规定行为的，相关国家司法考试工作机构应当立即停止其承担的相关工作，并视其性质、情节向其所在单位提出处理建议；涉嫌犯罪的，移交司法机关处理。

## 第五章　附　　　则

第二十九条　本规定由司法部会同国家保密局解释。

第三十条　本规定自发布之日起施行。

# 司法部、国家保密局关于切实做好国家司法考试保密工作有关问题的通知

（2002 年 3 月 20 日　司发通〔2002〕27 号）

各省、自治区、直辖市司法厅（局）、保密局，解放军保密委员会办公室、总政司法局：

根据司法部、国家保密局关于《司法行政工作中国家秘密及其密级具体范围的补充规定》和国家保密局有关加强全国统一考试工作保密管理的意见，现就国家司法考试工作中保密管理有关问题通知如下：

一、司法部，各省、自治区、直辖市司法厅（局）及各考区所在地司法局应分别与同级保密局共同组成一个3至5人的国家司法考试保密工作小组。保密工作小组由司法行政部门主管该项工作的领导任组长，分工负责国家司法考试中的保密管理工作。各级保密工作部门要积极协助考试主管部门做好国家司法考试工作中试卷的命题、印刷、运输、保管、交接等环节的保密管理和泄密事件的查处工作。

二、司法部和国家保密局组成国家司法考试保密工作小组，监督、指导全国各地国家司法考试保密工作小组的工作，对全国司法考试保密管理工作情况进行检查。

司法部保密委员会办公室对司法部组织参与国家司法考试工作的涉密人员进行保密教育和管理。

三、各省（区、市）及各考区所在地国家司法考试保密工作小组的主要职责是：

（一）依据有关保密管理规定，结合本考区实际情况，制定国家司法考试保密工作制度，监督、检查制度的执行情况；

（二）审定试卷的存放保管场所及其保管人员，监督、检查试卷的交接、运送工作；

（三）对涉密人员进行保密教育；

（四）在考试工作中发生泄密事件，当地司法行政机关应于24小时内报告所在地保密工作部门并及时组织查处，将情况逐级上报至司法部保密委员会办公室、国家保密局；

（五）对加强和改进国家司法考试工作中的保密管理事项提出意见和建议。

各省（自治区、直辖市）司法厅（局）、保密局，解放军保密委员会办公室、总政司法局，应根据本通知精神相互协调配合，认真履行职责，制定具体工作办法和措施，扎扎实实完成工作任务，确保国家司法考试保密工作做到万无一失。

# 执业兽医资格考试保密管理规定

（2017 年 6 月 12 日　农医发〔2017〕19 号）

## 第一章　总　　则

**第一条**　为加强执业兽医资格考试保密工作，根据《中华人民共和国保守国家秘密法》《执业兽医管理办法》和《农业工作国家秘密范围的规定》，制定本规定。

**第二条**　执业兽医资格考试保密工作实行分级管理、逐级负责制度。

**第三条**　执业兽医资格考试保密工作，坚持积极防范、突出重点、既做好保密工作又方便考试开展的原则。

**第四条**　执业兽医资格考试启用前的试题试卷（含副题）、试题双向细目表、标准答案和评分标准，属于秘密级国家秘密。

执业兽医资格考试命题工作及参与人员的有关情况、试题试卷命制工作方案、题型题量分布表和尚未公布的考试合格标准，属于工作秘密，未经农业部批准不得公开。

## 第二章　保密工作机构与职责

**第五条**　农业部成立全国执业兽医资格考试保密领导小组，负责指导、监督和检查全国执业兽医资格考试保密工作。

全国执业兽医资格考试保密领导小组下设办公室，承担全国执业兽医资格考试保密领导小组日常事务。办公室设在中国动物疫病预防控制中心。

**第六条**　中国动物疫病预防控制中心承担命题，试卷的印制、保管、交接和运送，答题卡的回收和保管，以及阅卷评分、考试结果公布过程中的保密工作。

**第七条**　考区、考点兽医主管部门应当建立本辖区的执业兽医资格考试保密管理制度，监督检查保密规定执行情况，组织对相关人员进行保密培训。

考区、考点兽医主管部门负责本行政区域内试卷、答题卡的运送、交接和保管,试卷的启用,以及答题卡的回收和保管等环节的保密工作。

**第八条** 本人或者法律上规定的近亲属参加当年执业兽医资格考试的,不得参加当年考试命题,试卷监印、运送、保管、接收,监考,评卷以及考试保密管理工作。

## 第三章 命题及试卷印制

**第九条** 命题应当采取入闱方式,实行全过程保密监督和管理。

**第十条** 命题用计算机、移动存储等设备,以及命题过程中形成的试题试卷、标准答案、评分标准等所有纸质材料和电子文档的存放和运送应当符合保密要求。

**第十一条** 命题人员应当签订《执业兽医资格考试保密责任书》,并严格遵守下列规定:

(一)不得向任何人透露、暗示有关试题试卷、标准答案的内容及其他命题工作信息;

(二)未经批准,不得相互了解、交换、接触各自负责命制的试题试卷、标准答案及其他命题工作信息;

(三)不得对外擅自泄露本人参与命题的信息及其他命题人员名单及身份;

(四)在考试前不得参与或者授意他人进行与本专业考试命题有关的培训工作;

(五)不得参与编写、出版相关辅导用书和资料。

**第十二条** 执业兽医资格考试试卷应当在国家保密局批准的国家统一考试试卷定点印制单位印制。中国动物疫病预防控制中心应当与试卷定点印制单位签订试卷印制保密协议。

**第十三条** 中国动物疫病预防控制中心应当与试卷定点印制单位履行试卷交印手续。

**第十四条** 试卷清样、试卷的包装封面应当标明秘密级标识。包装应当使用专用密封签密封。

**第十五条** 涉及考试的光电磁介质的制作、交接应当在符合保密要求的场所进行。

## 第四章　试卷运送和保管

**第十六条**　试卷应当通过机要或者直接押运方式逐级运送。

**第十七条**　试卷采用直接押运方式运送的，应当符合以下要求：

（一）指定专人负责运送全程监控；单车运送时三人以上押运，两辆车以上运送时每车不得少于两人押运；

（二）专车运送，严禁搭乘与试卷运送无关的人员，严禁搭载与运送工作无关的物品；

（三）押运过程中做到人不离卷、卷不离人，随时报告运送途中情况；发生异常情况时，及时向同级兽医主管部门、公安、保密部门报告，并立即上报中国动物疫病预防控制中心。

**第十八条**　以火车、航空等其他方式运送的，应当报中国动物疫病预防控制中心，经批准后方可实施。

**第十九条**　试卷接收单位应当对试卷数量、密封情况进行清点查验，并与运送单位办理交接手续。

**第二十条**　在接收试卷后至每场考试开考前，应当将试卷存放在符合国家保密规定的场所保管，该场所可以同时用于保管答题卡。

**第二十一条**　试卷保管应当实行 24 小时双人守卫值班制度。保管人员应当遵守相关保密规定。

## 第五章　试卷的领取、分发和销毁

**第二十二条**　考点兽医主管部门应当指派保密工作人员，负责对试卷的领取、分发和销毁过程实施保密监督。

**第二十三条**　考点兽医主管部门应当指派两名以上工作人员负责试卷的领取、点验和分发，并与监考员办理分发登记手续。

保密工作人员应当对试卷的领取、点验和分发过程进行现场监督，并对试卷袋密封情况进行查验。

**第二十四条**　考点兽医主管部门应当在考试结束后安排专人对试卷、备用试卷、答题卡进行清点、封装、移交和保管。备用试卷和答题卡应当专门存放和保管。

保密工作人员应当对试卷、答题卡的清点、封装、移交和保管场所进行现场监督。

**第二十五条** 考点兽医主管部门应当在考试结束后二日内，将备用试卷和答题卡通过机要或者直接押运方式送交考区兽医主管部门，考区兽医主管部门应当在收到备用试卷和答题卡后二日内，通过机要或者直接押运方式送交中国动物疫病预防控制中心。

**第二十六条** 试卷应当在考试结束后一个月内按照国家保密规定全部销毁，填写销毁记录。

## 第六章　阅　卷　评　分

**第二十七条** 试卷标准答案、评分标准正式拆封启用前，任何单位和个人不得以任何理由启封。

**第二十八条** 阅卷应当在相对封闭的场所进行，并全程监控。阅卷数据应当及时备份。

**第二十九条** 成绩数据库由中国动物疫病预防控制中心管理。

## 第七章　保　密　责　任

**第三十条** 考试工作人员有违反国家保密法律、法规及本规定行为的，应当立即停止其承担的相关工作，并根据其性质、情节依法给予相应处分；涉嫌犯罪的，移送司法机关处理。

**第三十一条** 参与考试命题、印制、运送、监考、评卷等环节工作的其他人员，有违反国家保密法律、法规及本规定行为的，应当立即停止其承担的相关工作，并视其性质、情节向其所在单位提出处理建议。涉嫌犯罪的，移送司法机关处理。

**第三十二条** 将考务工作委托专业考试机构承担的，应当签订保密协议，明确保密责任。

## 第八章　附　　　则

**第三十三条** 本规定由农业部负责解释。

**第三十四条** 本规定自 2017 年 7 月 1 日起施行。农业部 2011 年 5 月 16 日印发的《执业兽医资格考试保密管理规定》（农医发〔2011〕12 号）同时废止。

# 二、程序性规定

## （一） 综　合

### 国家秘密解密暂行办法

（国家保密局 2020 年 6 月 28 日印发）

#### 第一章　总　则

**第一条**　为了做好国家秘密解密工作（以下简称解密工作），推动解密工作规范化，根据《中华人民共和国保守国家秘密法》（以下简称保密法）及其实施条例、《国家秘密定密管理暂行规定》，制定本办法。

**第二条**　国家机关和涉及国家秘密的单位（以下简称机关、单位）的解密工作适用本办法。

**第三条**　机关、单位应当依法开展解密工作，做到依据充分、程序规范、及时稳妥，既确保国家秘密安全，又便利信息资源合理利用。

**第四条**　机关、单位应当定期审核所确定的国家秘密，建立保密期限届满提醒制度，对所确定的国家秘密，在保密期限届满前，及时做好解密审核工作。

机关、单位应当建立健全与档案管理、信息公开相结合的解密审核工作机制，明确定密责任人职责和工作要求，做到对所确定的国家秘密保密期限届满前必审核、信息公开前必审核、移交各级国家档案馆前必审核。

**第五条**　中央和国家机关在其职权范围内依法对本系统、本行业的解密工作进行指导和监督，对发现的问题及时予以纠正。

**第六条**　保密行政管理部门依法对机关、单位的解密工作进行指导、监督和检查，对发现的问题及时通知纠正。

## 第二章　解密主体

**第七条**　国家秘密解密由确定该事项为国家秘密的机关、单位（以下简称原定密机关、单位）负责。其他机关、单位可以向原定密机关、单位提出解密建议。

原定密机关、单位被撤销或者合并的，由承担其职能或者合并后的机关、单位负责解密。没有相应机关、单位的，由原定密机关、单位的上级机关、单位或者同级保密行政管理部门指定的机关、单位负责解密。

**第八条**　多个机关、单位共同确定的国家秘密，由牵头负责的机关、单位或者文件制发机关、单位负责解密，同时征求其他相关机关、单位的意见。

（决策）议事协调机构、临时性工作机构确定的国家秘密，由承担该机构日常工作的机关、单位，或者牵头成立该机构的机关、单位负责解密。

**第九条**　下级机关、单位产生的国家秘密，以上级机关、单位名义制发的，由上级机关、单位负责解密。下级机关、单位可以就该国家秘密提出解密建议。

上级机关、单位或者业务主管部门发现下级机关、单位确定的国家秘密应当解密的，可以通知下级机关、单位解密或者直接予以解密。

**第十条**　对拟移交各级国家档案馆的属于国家秘密的档案，机关、单位应当按照本办法做好解密审核工作。

对已经依法移交到各级国家档案馆的属于国家秘密档案的解密工作，按照国家有关规定执行。

## 第三章　解密条件

**第十一条**　明确标注保密期限、解密时间或者解密条件的国家秘密，保密期限已满、解密时间已到或者符合解密条件，且未延长保密期限的，自行解密；解密时间为保密期限届满、解密时间到达或者解密条件达成之时。未明确标注保密期限、解密时间或者解密条件，且未就保密期限作出书面通知的，保密期限按照绝密级三十年、机密级二十年、秘密级十年执行。国家另有规定的，从其规定。

**第十二条**　国家秘密的保密期限尚未届满、解密时间尚未到达或者解密条件尚未达成，经审核认为符合下列情形之一的，应当及时解密：

（一）保密法律法规或者保密事项范围调整后，有关事项不再属于国家秘密的；

（二）定密时的形势、条件发生变化，有关事项公开后不会损害国家安全和利益、不需要继续保密的；或者根据现行法律、法规和国家有关规定，有关事项应予公开、需要社会公众广泛知晓或者参与的。

符合上述情形国家秘密的解密时间为该事项公开之日或者解密通知注明之日。

**第十三条** 机关、单位因执行或者办理已定密事项而产生的国家秘密，所执行或者办理的国家秘密解密的，由此产生的国家秘密应当解密。

**第十四条** 机关、单位经审核认为，国家秘密部分内容符合本办法第十二条、第十三条规定情形，确有必要对该部分内容解密且不影响其他内容继续保密的，可以进行部分解密。

**第十五条** 保密事项范围明确规定保密期限为长期的国家秘密，不得擅自解密。机关、单位经审核认为确需解密的，应当报规定该保密事项范围的中央和国家机关批准。

**第十六条** 国家秘密尚未解密的，该国家秘密产生过程中形成的相关涉密事项不得解密。原定密机关、单位认为该相关事项符合解密条件，确有必要解密且解密后不影响国家秘密保密的可以解密。

国家秘密已经解密，但该国家秘密产生过程中形成的相关涉密事项泄露后会损害国家安全和利益的，该相关事项不得解密。

## 第四章 解密程序

**第十七条** 国家秘密保密期限届满前，原定密机关、单位应当依法对其进行审核，并履行下列程序：

（一）拟办。承办人根据本办法第十二条、第十三条规定，对某一具体的国家秘密是否解密、可时解密、全部解密或者部分解密、解密后是否作为工作秘密、能否公开等提出意见，作出书面记录（参见附件1），报定密责任人审核。

（二）审定。定密责任人对承办人意见进行审核，作出决定，签署具体意见。机关、单位可以根据工作需要，在定密责任人审核之前增设其他审核把关、论证评估程序。

（三）通知。定密责任人作出解密决定后，机关、单位应当书面通知知悉范围内的机关、单位或者人员，对是否解密，以及解密后作为工作秘密或者予以公开等情况作出说明。解密通知可以单独发布或者以目录形式集中发布。

审核记录应当归档备查。

**第十八条** 国家秘密解密后正式公布的，机关、单位可以不作书面通知。

**第十九条** 只标注密级没有标注保密期限的国家秘密，经审核决定按原密级继续保密或者决定变更密级后继续保密的，机关、单位应当按照国家秘密变更程序重新确定保密期限、解密时间或者解密条件，并在书面通知中说明该保密期限、解密时间或者解密条件的起算时间。没有说明起算时间的，自通知印发之日起计算。

延长保密期限使累计保密期限超过保密事项范围规定的，应当报制定该保密事项范围的中央和国家机关批准，中央和国家机关应当在接到报告后三十日内作出决定。

**第二十条** 对涉密程度高、涉及面广、内容复杂的国家秘密，机关、单位可以就解密事宜组织论证、评估，提出意见建议，供定密责任人参考。

论证、评估意见应当记入解密审核记录，或者作为解密审核记录附件一并归档保存。

**第二十一条** 国家秘密有关内容涉及其他机关、单位的，应当就解密事宜征求其他机关、单位的意见。

征求意见情况应当记入解密审核记录，或者作为解密审核记录附件一并归档保存。

**第二十二条** 国家秘密产生过程中形成的相关涉密事项应当与国家秘密一并进行解密审核，同时作出书面记录。

## 第五章 解密后管理

**第二十三条** 国家秘密解密后，原定密机关、单位，使用以及保管该事项的机关、单位或者人员，应当在原国家秘密标志附近作出相应标志（参见附件2）。无法作出相应标志的，应当以其他方式对解密情况作出说明。

**第二十四条** 机关、单位可以建立已解密事项统一发布或者查阅平台,在适当范围内集中发布已解密事项目录或者内容。

**第二十五条** 国家秘密事项已解密,但符合工作秘密条件的,应当确定为工作秘密,未经原定密机关、单位同意不得擅自公开。

机关、单位公开已解密事项,应当履行相关审查程序;公开已解密事项,不得保留国家秘密标志。涉密档案资料公开形式按照国家有关规定办理。

**第二十六条** 机关、单位应当将本机关、本单位解密情况纳入国家秘密事项统计范围,每年向同级保密行政管理部门报告。

下一级保密行政管理部门应当将本行政区域年度解密工作情况纳入定密工作情况报告范围,每年向上一级保密行政管理部门报告。

## 第六章 附 则

**第二十七条** 2010 年 10 月 1 日保密法修订施行前产生的国家秘密,原定密机关、单位应当组织进行解密审核,符合本办法规定的解密条件的,予以解密;解密后符合工作秘密条件的,确定为工作秘密进行管理;需要继续保密的,应当重新履行定密程序,并及时做好书面通知等相关工作。

**第二十八条** 本办法由国家保密局负责解释。

**第二十九条** 本办法自印发之日起施行。

**附件 1**:国家秘密审核表(略)

**附件 2**:国家秘密解密章和变更章(略)

# 涉密信息系统集成资质管理办法

(2020 年 12 月 10 日国家保密局令 2020 年第 1 号公布 自 2021 年 3 月 1 日起施行)

## 第一章 总 则

**第一条** 为了加强涉密信息系统集成资质管理,确保国家秘密安全,根据《中华人民共和国保守国家秘密法》、《中华人民共和国行政许可法》、《中华人民共和国行政处罚法》、《中华人民共和国保守国家秘密法实施条例》等有关法律法规，制定本办法。

**第二条** 本办法所称涉密信息系统集成（以下简称涉密集成），是指涉密信息系统的规划、设计、建设、监理和运行维护等活动。

涉密集成资质是指保密行政管理部门许可企业事业单位从事涉密信息系统集成业务的法定资格。

**第三条** 涉密集成资质的申请、受理、审查、决定、使用和监督管理，适用本办法。

**第四条** 从事涉密集成业务的企业事业单位应当依照本办法，取得涉密集成资质。

国家机关和涉及国家秘密的单位（以下简称机关、单位）应当选择具有涉密集成资质的单位（以下简称资质单位）承接涉密集成业务。

**第五条** 涉密集成资质管理应当遵循依法管理、安全保密、科学发展、公平公正的原则。

**第六条** 国家保密行政管理部门主管全国涉密集成资质管理工作，省级保密行政管理部门主管本行政区域内涉密集成资质管理工作。

省级以上保密行政管理部门根据工作需要，可以委托下一级保密行政管理部门开展审查工作，或者组织机构协助开展工作。

**第七条** 省级以上保密行政管理部门应当指定专门机构承担保密资质管理日常工作。

**第八条** 省级以上保密行政管理部门建立保密资质审查专家库，组织开展入库审查、培训考核等工作。

**第九条** 实施涉密集成资质许可不收取任何费用，所需经费纳入同级财政预算。

## 第二章　等级与条件

**第十条** 涉密集成资质分为甲级和乙级两个等级。

甲级资质单位可以从事绝密级、机密级和秘密级涉密集成业务；乙级资质单位可以从事机密级、秘密级涉密集成业务。

**第十一条** 涉密集成资质包括总体集成、系统咨询、软件开发、安防监控、屏蔽室建设、运行维护、数据恢复、工程监理，以及国家保密行政管理部门许可的其他涉密集成业务。取得总体集成业务种类许可的，除从事系统集成业务外，还可从事软件开发、安防监控和所承建系统的运行维护业务。

资质单位应当在保密行政管理部门许可的业务种类范围内承接涉密集成业务。承接涉密系统咨询、工程监理业务的，不得承接所咨询、监理业务的其他涉密集成业务。

**第十二条** 申请单位应当具备以下基本条件：

（一）在中华人民共和国境内依法成立三年以上的法人；

（二）无犯罪记录且近三年内未被吊销保密资质（资格），法定代表人、主要负责人、实际控制人未被列入失信人员名单；

（三）法定代表人、主要负责人、实际控制人、董（监）事会人员、高级管理人员以及从事涉密集成业务人员具有中华人民共和国国籍，无境外永久居留权或者长期居留许可，与境外人员无婚姻关系，国家另有规定的除外；

（四）具有从事涉密集成业务的专业能力；

（五）法律、行政法规和国家保密行政管理部门规定的其他条件。

**第十三条** 申请单位应当具备以下保密条件：

（一）有专门机构或者人员负责保密工作；

（二）保密制度完善；

（三）从事涉密集成业务的人员经过保密教育培训，具备必要的保密知识和技能；

（四）用于涉密集成业务的场所、设施、设备符合国家保密规定和标准；

（五）有专门的保密工作经费；

（六）法律、行政法规和国家保密行政管理部门规定的其他保密条件。

**第十四条** 申请单位应当无外国投资者直接投资，且通过间接方式投资的外国投资者在申请单位中的出资比例最终不得超过20%；申请单位及其股东的实际控制人不得为外国投资者，外国投资者在申请单位母公司中的出资比例最终不得超过20%。

在新三板挂牌的企业申请资质以及资质有效期内的，还应当符合以下条件：

（一）参与挂牌交易的股份比例不高于总股本的 30%；

（二）实际控制人在申请期间及资质有效期内保持控制地位不变。

**第十五条** 申请单位应当建立完善的内部管理和信息披露制度，未经国务院有关主管部门或者省级人民政府有关主管部门批准，外国投资者不得接触、知悉国家秘密信息。

**第十六条** 申请单位申请不同等级和业务种类的涉密集成资质，应当符合涉密集成资质具体条件的要求。

## 第三章 申请、受理、审查与决定

**第十七条** 申请甲级资质的，应当向国家保密行政管理部门提出申请；申请乙级资质的，应当向注册地的省级保密行政管理部门提出申请。申请单位应当提交以下材料：

（一）《涉密信息系统集成资质申请书》（以下简称申请书）；

（二）企业营业执照或者事业单位法人证书；

（三）在登记机关备案的章程；

（四）法定代表人、主要负责人、实际控制人、董（监）事会人员、高级管理人员以及从事涉密集成业务的其他人员情况；

（五）资本结构和股权情况；

（六）生产经营和办公场所产权证书或者租赁合同；

（七）近三年集成业务合同清单；

（八）涉密集成业务场所和保密设施、设备情况；

（九）基本管理制度、保密制度以及保密体系运行情况。

申请书及相关材料不得涉及国家秘密，申请单位应当对申请材料的真实性和完整性负责。

**第十八条** 保密行政管理部门收到申请材料后，应当在五日内完成审查。申请材料齐全且符合法定形式的，应当受理并发出受理通知书；申请材料不齐全或者不符合法定形式的，应当一次告知申请单位十五日内补正材料；逾期未告知申请单位补正的，自收到申请材料之日起即为受理。申请单位十五日内不予补正的，视为放弃本次行政许可申请。

**第十九条** 资质审查分为书面审查、现场审查。确有需要的，可以组织专家开展评审。

**第二十条** 对作出受理决定的，保密行政管理部门应当对提交的申请材料进行书面审查。

**第二十一条** 对书面审查合格的单位，保密行政管理部门应当指派两名以上工作人员，并可以结合工作实际指派一名以上审查专家，依据涉密集成资质审查细则和评分标准，对保密制度、保密工作机构、保密监督管理、涉密人员管理、保密技术防护以及从事涉密集成业务的专业能力等情况进行现场审查。

涉密集成资质审查细则和评分标准由国家保密行政管理部门另行规定。

**第二十二条** 现场审查应当按照以下程序进行：

（一）提前五日以传真、电子邮件等形式书面通知申请单位现场审查时间；

（二）听取申请单位情况汇报和对有关事项的说明；

（三）审查有关材料；

（四）与主要负责人、保密工作负责人及有关人员谈话了解情况；

（五）组织涉密人员进行保密知识测试；

（六）对涉密场所、涉密设备等进行实地查看；

（七）汇总现场审查情况，形成现场审查报告；

（八）通报审查情况，申请单位法定代表人或者主要负责人在现场审查报告上签字确认。

**第二十三条** 申请单位具有下列情形之一的，保密行政管理部门应当终止审查：

（一）隐瞒有关情况或者提供虚假材料的；

（二）采取贿赂、请托等不正当手段，影响审查工作公平公正进行的；

（三）无正当理由拒绝按通知时间接受现场审查的；

（四）现场审查中发现不符合评分标准基本项的；

（五）其他违反保密法律法规的行为。

**第二十四条** 申请单位书面审查、现场审查合格的，保密行政管理部门应当准予行政许可。

申请单位具有下列情形之一的，保密行政管理部门应当作出不予行政许可的书面决定，说明理由并告知申请单位相关权利：

（一）书面审查不合格的；

（二）现场审查不合格的；

（三）终止审查的；

（四）法律、行政法规规定的不予行政许可的其他情形。

**第二十五条** 保密行政管理部门应当自受理申请之日起二十日内，对申请单位作出准予行政许可或者不予行政许可的决定。二十日内不能作出决定的，经本行政机关负责人批准，可以延长十日，并应当将延长期限的理由告知申请单位。

保密行政管理部门组织开展专家评审、鉴定所需时间不计入行政许可期限。

**第二十六条** 保密行政管理部门作出准予行政许可的决定的，自作出决定之日起十日内向申请单位颁发《涉密信息系统集成资质证书》（以下简称《资质证书》）。

**第二十七条** 《资质证书》有效期为五年，分为正本和副本，正本和副本具有同等法律效力。样式由国家保密行政管理部门统一制作，主要包括以下内容：

（一）单位名称；

（二）法定代表人；

（三）注册地址；

（四）证书编号；

（五）资质等级；

（六）业务种类；

（七）发证机关；

（八）有效期和发证日期。

**第二十八条** 《资质证书》有效期满，需要继续从事涉密集成业务的，应当在有效期届满三个月前向保密行政管理部门提出延续申请，保密行政管理部门应当按照本办法有关规定开展审查，申请单位未按规定期限提出延续申请的，视为重新申请。

有效期届满且未准予延续前，不得签订新的涉密集成业务合同。对于已经签订合同但未完成的涉密业务，在确保安全保密的条件下可以继续完成。

**第二十九条** 省级保密行政管理部门应当将许可的乙级资质单位报国家保密行政管理部门备案。

准予行政许可和注销、吊销、撤销以及暂停资质的决定，由作出决定的保密行政管理部门在一定范围内予以发布。

## 第四章　监督与管理

**第三十条** 省级以上保密行政管理部门应当加强对下一级保密行政管理部门以及协助开展审查工作的专门机构的监督检查，及时纠正资质管理中的违法违规行为。

**第三十一条** 保密行政管理部门应当开展"双随机"抽查、飞行检查等形式的保密检查，对资质单位从事涉密集成业务和保密管理情况进行监督。

**第三十二条** 机关、单位委托资质单位从事涉密集成业务，应当查验其《资质证书》，签订保密协议，提出保密要求，采取保密措施，加强涉密业务实施现场的监督检查。

**第三十三条** 资质单位与其他单位合作开展涉密集成业务的，合作单位应当具有相应的涉密集成资质且取得委托方书面同意。

资质单位不得将涉密集成业务分包或者转包给无相应涉密资质的单位。

**第三十四条** 资质单位承接涉密集成业务的，应当在签订合同后三十日内，向业务所在地省级保密行政管理部门备案，接受保密监督管理。

**第三十五条** 乙级资质单位拟在注册地的省级行政区域外承接涉密集成业务的，应当向业务所在地的省级保密行政管理部门备案，接受保密监督管理。

**第三十六条** 资质单位实行年度自检制度，应当于每年3月31日前向作出准予行政许可决定的保密行政管理部门报送上一年度自检报告。

**第三十七条** 资质单位下列事项发生变更的，应当在变更前向保密行政管理部门书面报告：

（一）注册资本或者股权结构；

（二）控股股东或者实际控制人；

（三）单位性质或者隶属关系；

（四）用于涉密集成业务的场所。

保密行政管理部门应当对资质单位变更事项进行书面审查。通过审查的，资质单位应当按照审定事项实施变更，并在变更完成后十日内提交情况报告。

拟公开上市的，应当资质剥离后重新申请；对影响或者可能影响国家安全的外商投资，应当按照外商投资安全审查制度进行安全审查。

资质单位发生控股股东或者实际控制人、单位性质或者隶属关系、用于涉密集成业务的场所等事项变更的，保密行政管理部门应当组织现场审查。

**第三十八条** 资质单位下列事项发生变更的，应当在变更后十日内向保密行政管理部门书面报告：

（一）单位名称；

（二）注册地址或者经营地址；

（三）经营范围；

（四）法定代表人、董（监）事会人员或者高级管理人员。

资质单位变更完成需换发《资质证书》的，由保密行政管理部门审核后重新颁发。

**第三十九条** 保密行政管理部门在现场审查、保密检查过程中，发现申请单位或者资质单位存在涉嫌泄露国家秘密的案件线索，应当根据工作需要，按照泄密案件管辖权限，经保密行政管理部门负责人批准，由具备执法资格的人员对有关设施、设备、载体等采取登记保存措施，依法开展调查工作。

保密行政管理部门调查结束后，认定申请单位或者资质单位存在违反保密法律法规事实的，违法行为发生地的保密行政管理部门应当按照本办法作出处理，并将违法事实、处理结果抄告受理申请或者准予行政许可的保密行政管理部门。

**第四十条** 有下列情形之一的，作出准予行政许可决定的保密行政管理部门或者其上级保密行政管理部门，依据职权可以撤销行政许可：

（一）保密行政管理部门滥用职权、玩忽职守作出准予行政许可决定的；

（二）超越法定职权作出准予行政许可决定的；

（三）违反法定程序作出准予行政许可决定的；

（四）对不具备申请资格或者不符合法定条件的申请单位准予行政许可的；

（五）依法可以撤销行政许可的其他情形。

资质单位采取欺骗、贿赂等不正当手段取得资质的，保密行政管理部门应当撤销其资质，停止其涉密业务。自撤销之日起，三年内不得再次申请。

**第四十一条** 资质单位具有下列情形之一的，作出准予行政许可决定的保密行政管理部门应当注销其资质：

（一）《资质证书》有效期届满未延续的；

（二）法人资格依法终止的；

（三）主动申请注销资质的；

（四）行政许可依法被撤销、撤回，或者行政许可证件依法被吊销的；

（五）因不可抗力导致行政许可事项无法实施的；

（六）法律、行政法规规定的应当注销资质的其他情形。

**第四十二条** 申请单位或者资质单位对保密行政管理部门作出的决定不服的，可以依法申请行政复议或者提起行政诉讼。

## 第五章　法律责任

**第四十三条** 资质单位违反本办法的，依照本办法有关规定处理；构成犯罪的，依法追究刑事责任。

**第四十四条** 资质单位具有下列情形之一的，保密行政管理部门应当责令其在二十日内完成整改，逾期不改或者整改后仍不符合要求的，应当给予六个月以上十二个月以下暂停资质的处罚：

（一）未经委托方书面同意，擅自与其他涉密集成资质单位合作开展涉密集成业务的；

（二）超出行政许可的业务种类范围承接涉密集成业务的；

（三）发生需要报告的事项，未及时报告的；

（四）承接涉密集成业务，未按规定备案的；

（五）未按本办法提交年度自检报告的；

（六）不符合其他保密管理规定，存在泄密隐患的。

**第四十五条** 资质单位不再符合申请条件，或者具有下列情形之一的，保密行政管理部门应当吊销其资质，停止其涉密业务：

（一）涂改、出卖、出租、出借《资质证书》，或者以其他方式伪造、非法转让《资质证书》的；

（二）将涉密集成业务分包或者转包给无相应涉密资质单位的；

（三）发现国家秘密已经泄露或者可能泄露，未按法定时限报告的；

（四）拒绝接受保密检查的；

（五）资质暂停期间，承接新的涉密集成业务的；

（六）资质暂停期满，仍不符合保密管理规定的；

（七）发生泄密案件的；

（八）其他违反保密法律法规的行为。

**第四十六条** 申请单位隐瞒有关情况或者提供虚假材料的，保密行政管理部门应当作出不予受理或者不予行政许可的决定。自不予受理或者不予行政许可之日起，一年内不得再次申请。

**第四十七条** 未经保密行政管理部门许可的单位从事涉密集成业务的，由保密行政管理部门责令停止违法行为，非法获取、持有的国家秘密载体，应当予以收缴；有违法所得的，由市场监督管理部门没收违法所得；构成犯罪的，依法追究刑事责任。

**第四十八条** 机关、单位委托未经保密行政管理部门许可的单位从事涉密集成业务的，应当由有关机关、单位对直接负责的主管人员和其他直接责任人员依法给予处分；构成犯罪的，依法追究刑事责任。

**第四十九条** 保密行政管理部门及其工作人员未依法履行职责，或者滥用职权、玩忽职守、徇私舞弊的，对直接负责的主管人员和其他直接责任人员依法给予政务处分；构成犯罪的，依法追究刑事责任。

## 第六章 附 则

**第五十条** 机关、单位自行开展涉密信息系统集成业务，可以由本机关、单位内部信息化工作机构承担，接受同级保密行政管理部门监督指导。

**第五十一条** 申请单位资本结构包含香港特别行政区、澳门特别行政区、台湾地区投资者以及定居在国外中国公民投资者的，参照本办法管理。国家另有规定的，从其规定。

**第五十二条** 本办法规定的实施行政许可的期限以工作日计算，不含法定节假日。

**第五十三条** 本办法由国家保密局负责解释。

**第五十四条** 本办法自 2021 年 3 月 1 日起施行。国家保密局发布的《涉密信息系统集成资质管理办法》（国保发〔2013〕7 号，国保发〔2019〕13 号修订）同时废止。

**附件**

# 涉密信息系统集成资质具体条件

## 一、总体集成

（一）甲级资质

1. 注册资本以货币资金实缴额不少于 3000 万元人民币。

2. 近 3 年的信息系统集成收入总金额不少于 4 亿元人民币，其中至少含有 3 个不少于 1000 万元人民币的信息系统集成项目。

3. 从事信息系统集成业务的相关人员不少于 200 名，且在本单位依法缴纳社保一年以上的人员不少于 160 名。

4. 省级以上人力资源和社会保障部门或者其授权机构认可的计算机技术与软件（含信息安全）专业相关高级职称或者执业资格的人员不少于 6 名，其中在本单位依法缴纳社保一年以上的不少于 4 名。

5. 具有自有产权或者租赁期 3 年（含）以上的涉密业务场所，使用面积不少于 100 平方米，实行封闭式管理，周边环境安全可控，且按照国家保密规定和标准配备、使用必要的技术防护设施、设备。

（二）乙级资质

1. 注册资本以货币资金实缴额不少于 1000 万元人民币。

2. 近 3 年的信息系统集成收入总金额不少于 5000 万元人民币，其中至少含有 1 个不少于 500 万元人民币的信息系统集成项目。

3. 从事信息系统集成业务的相关人员不少于 80 名，且在本单位依法缴纳社保一年以上的人员不少于 64 名。

4. 省级以上人力资源和社会保障部门或者其授权机构认可的计算机技术与软件（含信息安全）专业相关高级职称或者执业资格的人员不少于 2 名，其中在本单位依法缴纳社保一年以上的不少于 1 名。

5. 具有自有产权或者租赁期 3 年（含）以上的涉密业务场所，使用面积不少于 50 平方米，实行封闭式管理，周边环境安全可控，且按照国家保密规定和标准配备、使用必要的技术防护设施、设备。

**二、系统咨询**

（一）甲级资质

1. 注册资本以货币资金实缴额不少于 1000 万元人民币。

2. 近 3 年的信息系统咨询收入总金额不少于 3000 万元人民币，其中至少含有 3 个投资总值不少于 1000 万元人民币的系统咨询项目。

3. 从事信息系统咨询业务的相关人员不少于 100 名，且在本单位依法缴纳社保一年以上的人员不少于 80 名。

4. 省级以上人力资源和社会保障部门或者其授权机构认可的计算机技术与软件（含信息安全）专业相关高级职称或者执业资格的人员不少于 4 名，其中在本单位依法缴纳社保一年以上的不少于 3 名。

5. 具有自有产权或者租赁期 3 年（含）以上的涉密业务场所，使用面积不少于 100 平方米，实行封闭式管理，周边环境安全可控，且按照国家保密规定和标准配备、使用必要的技术防护设施、设备。

（二）乙级资质

1. 注册资本以货币资金实缴额不少于 300 万元人民币。

2. 近 3 年的信息系统咨询收入总金额不少于 400 万元人民币，其中至少含有 1 个投资总值不少于 500 万元人民币的系统咨询项目。

3. 从事信息系统咨询业务的相关人员不少于 20 名，且在本单位依法缴纳社保一年以上的人员不少于 16 名。

4. 省级以上人力资源和社会保障部门或者其授权机构认可的计算机技术与软件（含信息安全）专业相关高级职称或者执业资格的人员不少于 2 名，其中在本单位依法缴纳社保一年以上的不少于 1 名。

5. 具有自有产权或者租赁期 3 年（含）以上的涉密业务场所，使用面积不少于 50 平方米，实行封闭式管理，周边环境安全可控，且按照国家保密规定和标准配备、使用必要的技术防护设施、设备。

### 三、软件开发

(一) 甲级资质

1. 注册资本以货币资金实缴额不少于 3000 万元人民币。

2. 近 3 年的软件开发收入总金额不少于 8000 万元人民币,其中至少含有 1 个不少于 500 万元人民币的软件开发项目。

3. 从事软件开发业务的相关人员不少于 200 名,且在本单位依法缴纳社保一年以上的人员不少于 160 名。

4. 省级以上人力资源和社会保障部门或者其授权机构认可的计算机技术与软件(含信息安全)专业相关高级职称或者执业资格的人员不少于 6 名,其中在本单位依法缴纳社保一年以上的不少于 4 名。

5. 具有自有产权或者租赁期 3 年(含)以上的涉密业务场所,使用面积不少于 100 平方米,实行封闭式管理,周边环境安全可控,且按照国家保密规定和标准配备、使用必要的技术防护设施、设备。

(二) 乙级资质

1. 注册资本以货币资金实缴额不少于 1000 万元人民币。

2. 近 3 年的软件开发收入总金额不少于 1200 万元人民币,其中至少含有 1 个不少于 100 万元人民币的软件开发项目。

3. 从事软件开发业务的相关人员不少于 20 名,且在本单位依法缴纳社保一年以上的人员不少于 16 名。

4. 省级以上人力资源和社会保障部门或者其授权机构认可的计算机技术与软件(含信息安全)专业相关高级职称或者执业资格的人员不少于 2 名,其中在本单位依法缴纳社保一年以上的不少于 1 名。

5. 具有自有产权或者租赁期 3 年(含)以上的涉密业务场所,使用面积不少于 50 平方米,实行封闭式管理,周边环境安全可控,且按照国家保密规定和标准配备、使用必要的技术防护设施、设备。

### 四、安防监控

(一) 甲级资质

1. 注册资本以货币资金实缴额不少于 1000 万元人民币。

2. 近 3 年的安防监控收入总金额不少于 3000 万元人民币,其中至少含有 1 个不少于 500 万元人民币的安防监控项目。

3. 从事安防监控业务的相关人员不少于 100 名,且在本单位依法缴纳社保一年以上的人员不少于 80 名。

4. 省级以上人力资源和社会保障部门或者其授权机构认可的计算机技术与软件（含信息安全）相关高级职称或者执业资格的人员不少于 3 名，其中在本单位依法缴纳社保一年以上的不少于 2 名。

5. 具有自有产权或者租赁期 3 年（含）以上的涉密业务场所，使用面积不少于 100 平方米，实行封闭式管理，周边环境安全可控，且按照国家保密规定和标准配备、使用必要的技术防护设施、设备。

（二）乙级资质

1. 注册资本以货币资金实缴额不少于 300 万元人民币。

2. 近 3 年的安防监控收入总金额不少于 500 万元人民币，其中至少含有 1 个不少于 100 万元人民币的安防监控项目。

3. 从事安防监控业务的相关人员不少于 20 名，且在本单位依法缴纳社保一年以上的人员不少于 16 名。

4. 省级以上人力资源和社会保障部门或者其授权机构认可的计算机技术与软件（含信息安全）专业相关高级职称或者执业资格的人员不少于 2 名，其中在本单位依法缴纳社保一年以上的不少于 1 名。

5. 具有自有产权或者租赁期 3 年（含）以上的涉密业务场所，使用面积不少于 50 平方米，实行封闭式管理，周边环境安全可控，且按照国家保密规定和标准配备、使用必要的技术防护设施、设备。

**五、屏蔽室建设**

（一）甲级资质

1. 注册资本以货币资金实缴额不少于 1000 万元人民币。

2. 近 3 年的屏蔽室建设和屏蔽产品销售收入总金额不少于 3000 万元人民币。

3. 从事屏蔽室建设业务的相关人员不少于 50 名，且在本单位依法缴纳社保一年以上的人员不少于 40 名。

4. 省级以上人力资源和社会保障部门或者其授权机构认可的电磁场与微波专业相关高级职称或者执业资格的人员不少于 2 名，其中在本单位依法缴纳社保一年以上的不少于 1 名。

5. 具有自有产权或者租赁期 3 年（含）以上的涉密业务场所，使用面积不少于 100 平方米，实行封闭式管理，周边环境安全可控，且按照国家保密规定和标准配备、使用必要的技术防护设施、设备。

6. 具有固定加工生产场地和专用设备，具备屏蔽室设计、制造、安装、检测等条件和能力，有自主研发的屏蔽产品。

（二）乙级资质

1. 注册资本以货币资金实缴额不少于300万元人民币。

2. 近3年的屏蔽室建设和屏蔽产品销售收入总金额不少于500万元人民币。

3. 从事屏蔽室建设业务的相关人员不少于20名，且在本单位依法缴纳社保一年以上的人员不少于16名。

4. 省级以上人力资源和社会保障部门或者其授权机构认可的电磁场与微波专业相关高级职称或者执业资格的人员不少于1名，其中在本单位依法缴纳社保一年以上的不少于1名。

5. 具有自有产权或者租赁期3年（含）以上的涉密业务场所，使用面积不少于50平方米，实行封闭式管理，周边环境安全可控，且按照国家保密规定和标准配备、使用必要的技术防护设施、设备。

6. 具备屏蔽室设计、制造、安装、检测等条件和能力。

**六、运行维护**

（一）甲级资质

1. 注册资本以货币资金实缴额不少于1000万元人民币。

2. 近3年的运行维护收入总金额不少于3000万元人民币，其中至少含有1个不少于100万元人民币的运行维护项目。

3. 从事运行维护业务的相关人员不少于100名，且在本单位依法缴纳社保一年以上的人员不少于80名。

4. 省级以上人力资源和社会保障部门或者其授权机构认可的计算机技术与软件（含信息安全）专业相关高级职称或者执业资格的人员不少于3名，其中在本单位依法缴纳社保一年以上的不少于2名。

5. 具有自有产权或者租赁期3年（含）以上的涉密业务场所，使用面积不少于100平方米，实行封闭式管理，周边环境安全可控，且按照国家保密规定和标准配备、使用必要的技术防护设施、设备。

6. 涉密项目不少于2个且项目收入累计不少于100万元，其中应含有收入不少于50万元的项目1个。

7. 初次申请的，获得涉密信息系统集成资质（总体集成或者软件开发）三年以上，或者获得运行维护乙级资质三年以上。

（二）乙级资质

1. 注册资本以货币资金实缴额不少于 300 万元人民币。

2. 近 3 年的运行维护收入总金额不少于 500 万元人民币，其中至少含有 1 个不少于 50 万元人民币的运行维护项目。

3. 从事运行维护业务的相关人员不少于 20 名，且在本单位依法缴纳社保一年以上的人员不少于 16 名。

4. 省级以上人力资源和社会保障部门或者其授权机构认可的计算机技术与软件（含信息安全）专业相关高级职称或者执业资格的人员不少于 2 名，其中在本单位依法缴纳社保一年以上的不少于 1 名。

5. 具有自有产权或者租赁期 3 年（含）以上的涉密业务场所，使用面积不少于 50 平方米，实行封闭式管理，周边环境安全可控，且按照国家保密规定和标准配备、使用必要的技术防护设施、设备。

6. 完成涉密项目不少于 1 个且收入累计不少于 30 万元人民币。

7. 初次申请的，获得涉密信息系统集成资质（总体集成或者软件开发）三年以上。

**七、数据恢复**

（一）甲级资质

1. 注册资本以货币资金实缴额不少于 500 万元人民币。

2. 近 3 年的数据恢复相关收入总金额不少于 1000 万元人民币。

3. 从事数据恢复业务的相关人员不少于 30 名，且在本单位依法缴纳社保一年以上的人员不少于 24 名。

4. 省级以上人力资源和社会保障部门或者其授权机构认可的计算机技术与软件（含信息安全）专业相关高级职称或者执业资格的人员不少于 3 名，其中在本单位依法缴纳社保一年以上的不少于 2 名。

5. 具有自有产权或者租赁期 3 年（含）以上的涉密业务场所，使用面积不少于 100 平方米，实行封闭式管理，周边环境安全可控，且按照国家保密规定和标准配备、使用必要的技术防护设施、设备。

6. 建有洁净室或者百万级洁净间 3 间（含）以上，建立完备的常见品牌和类型存储设备备件库。

（二）乙级资质

1. 注册资本以货币资金实缴额不少于 300 万元人民币。

2. 近 3 年的数据恢复相关收入总金额不少于 300 万元人民币。

3. 从事数据恢复业务的相关人员不少于 20 名，且在本单位依法缴纳社保一年以上的人员不少于 16 名。

4. 省级以上人力资源和社会保障部门或者其授权机构认可的计算机技术与软件（含信息安全）专业相关高级职称或者执业资格的人员不少于 1 名，其中在本单位依法缴纳社保一年以上的不少于 1 名。

5. 具有自有产权或者租赁期 3 年（含）以上的涉密业务场所，使用面积不少于 50 平方米，实行封闭式管理，周边环境安全可控，且按照国家保密规定和标准配备、使用必要的技术防护设施、设备。

6. 建有百万级洁净间 1 间（含）以上，建立常见品牌和类型存储设备备件库。

**八、工程监理**

（一）甲级资质

1. 注册资本以货币资金实缴额不少于 1000 万元人民币。

2. 近 3 年的信息系统工程监理及相关信息技术服务收入总金额不少于 3000 万元人民币，其中至少含有 3 个投资总值不少于 1000 万元的信息系统工程监理项目。

3. 从事信息系统工程监理业务的相关人员不少于 100 名，且在本单位依法缴纳社保一年以上的人员不少于 80 名。

4. 省级以上人力资源和社会保障部门或者其授权机构认可的计算机技术与软件（含信息安全）专业相关高级职称或者执业资格的人员不少于 4 名，其中在本单位依法缴纳社保一年以上的不少于 3 名。

5. 具有自有产权或者租赁期 3 年（含）以上的涉密业务场所，使用面积不少于 100 平方米，实行封闭式管理，周边环境安全可控，且按照国家保密规定和标准配备、使用必要的技术防护设施、设备。

（二）乙级资质

1. 注册资本以货币资金实缴额不少于 300 万元人民币。

2. 近 3 年的信息系统工程监理及相关信息技术服务收入总金额不少于 500 万元人民币，其中至少含有 1 个投资总值不少于 500 万元人民币的信息系统工程监理项目。

3. 从事信息系统工程监理业务的相关人员不少于 20 名，且在本单位依法缴纳社保一年以上的人员不少于 16 名。

4. 省级以上人力资源和社会保障部门或者其授权机构认可的计算机技术与软件（含信息安全）专业相关高级职称或者执业资格的人员不少于 2 名，其中在本单位依法缴纳社保一年以上的不少于 1 名。

5. 具有自有产权或者租赁期 3 年（含）以上的涉密业务场所，使用面积不少于 50 平方米，实行封闭式管理，周边环境安全可控，且按照国家保密规定和标准配备、使用必要的技术防护设施、设备。

# 国家秘密鉴定工作规定

（2021 年 7 月 30 日国家保密局令 2021 年第 1 号公布　自 2021 年 9 月 1 日起施行）

## 第一章　总　　则

**第一条**　为了规范国家秘密鉴定工作，根据《中华人民共和国保守国家秘密法》及其实施条例，制定本规定。

**第二条**　本规定所称国家秘密鉴定，是指保密行政管理部门对涉嫌泄露国家秘密案件中有关事项是否属于国家秘密以及属于何种密级进行鉴别和认定的活动。

**第三条**　国家秘密鉴定的申请、受理、办理、复核、监督等，适用本规定。

**第四条**　国家秘密鉴定应当遵循依法、客观、公正的原则，做到事实清楚、依据充分、程序规范、结论准确。

**第五条**　办理涉嫌泄露国家秘密案件的纪检监察、侦查、公诉、审判机关（以下统称办案机关）可以申请国家秘密鉴定。

国家保密行政管理部门、省（自治区、直辖市）保密行政管理部门负责国家秘密鉴定。

**第六条**　国家秘密鉴定应当以保密法律法规、保密事项范围和国家秘密确定、变更、解除文件为依据。

**第七条** 下列事项不得鉴定为国家秘密：

（一）需要公众广泛知晓或者参与的；

（二）属于工作秘密、商业秘密、个人隐私的；

（三）已经依法公开或者泄露前已经无法控制知悉范围的；

（四）法律、法规或者国家有关规定要求公开的；

（五）其他泄露后对国家安全和利益不会造成损害的。

## 第二章　申请和受理

**第八条** 中央一级办案机关申请国家秘密鉴定的，应当向国家保密行政管理部门提出。省级及以下办案机关申请国家秘密鉴定的，应当向所在地省（自治区、直辖市）保密行政管理部门提出。

国家保密行政管理部门可以根据工作需要，对省（自治区、直辖市）保密行政管理部门负责鉴定的重大、疑难、复杂事项直接进行鉴定。

**第九条** 办案机关申请国家秘密鉴定，应当提交下列材料：

（一）申请国家秘密鉴定的公文；

（二）需要进行国家秘密鉴定的事项（以下简称鉴定事项）及鉴定事项清单；

（三）进行国家秘密鉴定需要掌握的有关情况说明，包括案件基本情况、鉴定事项来源、泄露对象和时间、回避建议等。

**第十条** 申请国家秘密鉴定的公文应当以办案机关名义作出，说明认为相关事项涉嫌属于国家秘密的理由或者依据。

鉴定事项属于咨询意见、聊天记录、讯（询）问笔录、视听资料、电子数据、物品等的，办案机关应当进行筛查和梳理，明确其中涉嫌属于国家秘密、需要申请鉴定的具体内容。

鉴定事项不属于中文的，办案机关应当同时提供中文译本。保密行政管理部门就办案机关提供的中文译本进行鉴定。

**第十一条** 国家秘密鉴定申请有下列情形之一的，保密行政管理部门不予受理：

（一）申请机关和申请方式不符合本规定第五条、第八条要求的；

（二）办案机关已就同一鉴定事项申请国家秘密鉴定的；

（三）鉴定事项内容明显属于捏造的，或者无法核实真伪、来源的；

（四）未按本规定第九条、第十条提供材料，或者修改、补充后仍不符合要求的；

（五）其他不符合法律、法规、规章规定的情形。

**第十二条** 保密行政管理部门应当自收到申请国家秘密鉴定的公文之日起 5 日内，对相关材料进行审查，作出是否受理的决定，并告知办案机关。

经审查认为办案机关提交的材料存在瑕疵、不完整或者不能满足鉴定需要的，应当通知办案机关予以修改或者补充。审查受理时间自相关材料修改完成或者补齐之日起计算。

经审查决定不予受理的，应当说明理由并退还相关材料。

**第十三条** 办案机关不服不予受理决定的，可以在接到通知之日起 10 日内，向作出不予受理决定的保密行政管理部门提出书面异议，并按照本规定第九条、第十条规定提供相关材料。

保密行政管理部门应当在 10 日内，对相关材料进行审查，对符合受理条件的，作出受理决定；对不应受理的，书面告知提出异议的机关并退还相关材料。

省级及以下办案机关提出异议后，对省（自治区、直辖市）保密行政管理部门再次作出的不予受理决定仍有异议的，可以向国家保密行政管理部门提出书面异议。国家保密行政管理部门经审查认为确实不应受理的，书面告知提出异议的机关并退还相关材料；对符合受理条件的，应当要求作出不予受理决定的保密行政管理部门受理鉴定申请。

## 第三章 鉴 定 程 序

**第十四条** 受理鉴定申请后，保密行政管理部门应当就下列情况向鉴定事项产生单位征求鉴定意见：

（一）鉴定事项是否由其产生，内容是否真实；

（二）鉴定事项是否已经按照法定程序确定、变更、解除国家秘密，及其时间、理由和依据；

（三）鉴定事项是否应当属于国家秘密及何种密级，是否应当变更或者解除国家秘密，及其理由和依据。

第十五条 存在鉴定事项产生单位不明确，涉及多个机关、单位以及行业、领域，或者有关单位鉴定意见不明确、理由和依据不充分等情形的，保密行政管理部门可以向有关业务主管部门或者相关机关、单位征求鉴定意见。

鉴定事项属于执行、办理已经确定的国家秘密事项的，受理鉴定的保密行政管理部门可以根据工作需要，向原定密单位或者有关业务主管部门征求鉴定意见。

第十六条 国家保密行政管理部门受理鉴定后，对属于地方各级机关、单位产生的鉴定事项，可以征求鉴定事项产生地省（自治区、直辖市）保密行政管理部门鉴定意见。

省（自治区、直辖市）保密行政管理部门受理鉴定后，对属于中央和国家机关产生的鉴定事项，应当直接征求该中央和国家机关鉴定意见；对属于其他地方机关、单位产生的鉴定事项，应当征求相关省（自治区、直辖市）保密行政管理部门鉴定意见。

第十七条 保密行政管理部门征求机关、单位鉴定意见的，机关、单位应当予以配合，按照要求及时提出鉴定意见或者提供相关材料。

第十八条 鉴定事项重大、疑难、复杂或者专业性强、涉及专门技术等问题的，保密行政管理部门可以向相关领域专家进行咨询，为作出国家秘密鉴定结论提供参考。

第十九条 对拟鉴定为国家秘密的事项，保密行政管理部门可以根据工作需要，组织有关机关、单位或者专家对其泄露后已经或者可能造成的危害进行评估。

第二十条 国家秘密鉴定结论应当按照保密法律法规和保密事项范围等鉴定依据，在分析研判有关意见基础上，报保密行政管理部门负责人审批后作出。

第二十一条 省（自治区、直辖市）保密行政管理部门对中央和国家机关、其他省（自治区、直辖市）保密行政管理部门答复的鉴定意见有异议的，或者认为本地区产生的绝密级事项鉴定依据不明确、有争议的，报国家保密行政管理部门审核后，作出鉴定结论。

第二十二条 保密行政管理部门作出鉴定结论应当出具国家秘密鉴定书。国家秘密鉴定书应当包括以下内容：

（一）鉴定事项名称或者内容；

（二）鉴定依据和鉴定结论；

（三）其他需要说明的情况；

（四）鉴定机关名称和鉴定日期。

国家秘密鉴定书应当加盖保密行政管理部门印章。

**第二十三条** 保密行政管理部门应当在受理国家秘密鉴定申请后 30 日内作出鉴定结论并出具国家秘密鉴定书。因鉴定事项疑难、复杂等不能按期出具国家秘密鉴定书的，经保密行政管理部门负责人批准，可以适当延长工作时限，延长时限最长不超过 30 日。

保密行政管理部门征求有关机关、单位鉴定意见，进行专家咨询时，应当明确答复期限，一般不超过 15 日；对鉴定事项数量较多、疑难、复杂等情况的，经双方协商，可以延长 15 日。

机关、单位提出鉴定意见，专家咨询等时间不计入保密行政管理部门国家秘密鉴定办理期限。

## 第四章 复　核

**第二十四条** 办案机关有明确理由或者证据证明保密行政管理部门作出的鉴定结论可能错误的，可以向国家保密行政管理部门申请复核。

**第二十五条** 办案机关申请复核的，应当提交申请复核的公文，说明申请复核的内容和理由，按照本规定第九条、第十条要求提供相关材料，并附需要进行复核的国家秘密鉴定书。

**第二十六条** 国家保密行政管理部门受理复核申请后，应当向作出鉴定结论的保密行政管理部门调阅鉴定档案、了解有关情况，对其鉴定程序是否规范、依据是否明确、理由是否充分、结论是否准确等进行审核，并根据需要征求有关机关、单位鉴定意见，进行专家咨询或者组织开展危害评估。

**第二十七条** 国家秘密鉴定复核结论应当按照保密法律法规和保密事项范围等鉴定依据，在分析研判原鉴定情况以及有关意见基础上，报国家保密行政管理部门主要负责人审批后作出。

国家保密行政管理部门的复核结论为最终结论。

**第二十八条** 国家保密行政管理部门作出复核结论应当出具国家秘密

鉴定复核决定书。

国家秘密鉴定复核决定书维持原国家秘密鉴定结论的,应当说明依据或者理由;改变原国家秘密鉴定结论的,应当作出最终的鉴定结论并说明依据或者理由。

国家秘密鉴定复核决定书应当以国家保密行政管理部门名义作出,并加盖印章,抄送作出原国家秘密鉴定结论的省(自治区、直辖市)保密行政管理部门。

第二十九条 国家保密行政管理部门应当在受理国家秘密鉴定复核申请后 60 日内作出复核结论并出具复核决定书。因鉴定事项疑难、复杂等不能按期出具国家秘密鉴定复核决定书的,经国家保密行政管理部门主要负责人批准,可以适当延长工作时限,延长时限最长不超过 30 日。

征求机关、单位鉴定意见,专家咨询时限按照本规定第二十三条第二、三款办理。

# 第五章 监 督 管 理

第三十条 国家秘密鉴定工作人员与案件有利害关系或者其他关系可能影响公正鉴定的,应当自行回避;办案机关发现上述情形的,有权申请其回避。国家秘密鉴定工作人员的回避,由其所属保密行政管理部门决定。

机关、单位配合开展国家秘密鉴定工作的人员以及有关专家与案件有利害关系或者其他关系可能影响公正鉴定的,应当回避。

第三十一条 保密行政管理部门向机关、单位征求鉴定意见以及组织专家咨询时,应当对鉴定事项作以下处理:

(一)对涉及不同机关、单位或者行业、领域的内容进行拆分,不向机关、单位或者专家提供与其无关、不应由其知悉的内容;

(二)对涉嫌违法犯罪的责任单位或者责任人姓名等作遮盖、删除处理,不向机关、单位或者专家透露案情以及案件办理情况。

第三十二条 保密行政管理部门及其工作人员,配合开展国家秘密鉴定工作的机关、单位及其工作人员,以及有关专家,应当对国家秘密鉴定工作以及工作中知悉的国家秘密、工作秘密、商业秘密、个人隐私予以保密。

保密行政管理部门在征求鉴定意见、组织专家咨询等过程中，应当向有关机关、单位或者专家明确保密要求，必要时组织签订书面保密承诺。

**第三十三条** 国家秘密鉴定结论与机关、单位定密情况不一致的，保密行政管理部门应当通知机关、单位予以变更或者纠正；对机关、单位未依法履行定密管理职责、情节严重的，予以通报。

**第三十四条** 省（自治区、直辖市）保密行政管理部门应当将年度国家秘密鉴定工作情况和作出的国家秘密鉴定结论报国家保密行政管理部门。

**第三十五条** 保密行政管理部门依法办理国家秘密鉴定，不受其他机关、单位，社会团体和个人干涉。

保密行政管理部门未依法履行职责，或者滥用职权、玩忽职守、徇私舞弊的，对负有责任的领导人员和直接责任人员依法进行处理；构成犯罪的，依法追究刑事责任。

**第三十六条** 在国家秘密鉴定工作中，负有配合鉴定义务的机关、单位及其工作人员拒不配合，弄虚作假，故意出具错误鉴定意见，造成严重后果的，对直接负责的主管人员和其他直接责任人员依法进行处理；构成犯罪的，依法追究刑事责任。

## 第六章 附 则

**第三十七条** 保密行政管理部门办理涉嫌泄露国家秘密案件时，可以根据工作需要，按照本规定直接进行国家秘密鉴定。

鉴定事项产生单位属于军队或者鉴定事项涉嫌属于军事秘密的，由军队相关军级以上单位保密工作机构进行国家秘密鉴定或者协助提出鉴定意见。

**第三十八条** 执行本规定所需要的文书式样，由国家保密行政管理部门统一制定。工作中需要的其他文书，国家保密行政管理部门没有制定式样的，省（自治区、直辖市）保密行政管理部门可以自行制定式样。

**第三十九条** 本规定由国家保密局负责解释。

**第四十条** 本规定自 2021 年 9 月 1 日起施行。2013 年 7 月 15 日国家保密局发布的《密级鉴定工作规定》（国保发〔2013〕5 号）同时废止。

# （二）秘密范围

## 保密事项范围制定、修订和使用办法

（2017 年 3 月 9 日国家保密局令 2017 年第 1 号公布　自 2017 年 4 月 1 日起施行）

### 第一章　总　　则

**第一条**　为规范国家秘密及其密级的具体范围（以下简称保密事项范围）的制定、修订和使用工作，根据《中华人民共和国保守国家秘密法》（以下简称保密法）及其实施条例，制定本办法。

**第二条**　保密事项范围由国家保密行政管理部门分别会同外交、公安、国家安全和其他中央有关机关制定、修订。

**第三条**　制定、修订保密事项范围应当从维护国家安全和利益出发，适应经济社会发展要求，以保密法确定的国家秘密基本范围为遵循，区分不同行业、领域，科学准确划定。

**第四条**　国家机关和涉及国家秘密的单位（以下简称机关、单位）应当严格依据保密事项范围，规范准确定密，不得比照类推、擅自扩大或者缩小国家秘密事项范围。

**第五条**　国家保密行政管理部门负责对保密事项范围制定、修订和使用工作进行指导监督。中央有关机关负责组织制定、修订本行业、本领域保密事项范围，并对使用工作进行指导监督。地方各级保密行政管理部门负责对本行政区域内机关、单位使用保密事项范围工作进行指导监督。

### 第二章　保密事项范围的形式、内容

**第六条**　保密事项范围名称为"××工作国家秘密范围的规定"，包括正文和目录。

**第七条**　正文应当以条款形式规定保密事项范围的制定依据，本行

业、本领域国家秘密的基本范围，与其他保密事项范围的关系，解释机关和施行日期等内容。

**第八条** 目录作为规定的附件，名称为"××工作国家秘密目录"，应当以表格形式列明国家秘密具体事项及其密级、保密期限（解密时间或者解密条件）、产生层级、知悉范围等内容。

**第九条** 目录规定的国家秘密事项的密级应当为确定的密级。除解密时间和解密条件外，目录规定的保密期限应当为最长保密期限。国家秘密事项的产生层级能够明确的，知悉范围能够限定到机关、单位或者具体岗位的，目录应当作出列举。

对专业性强、弹性较大的条目或者名词，目录应当以备注形式作出说明。

**第十条** 保密事项范围内容属于国家秘密的，应当根据保密法有关规定确定密级和保密期限。

未经保密事项范围制定机关同意，机关、单位不得擅自公开或者对外提供保密事项范围。

## 第三章　保密事项范围的制定、修订程序

**第十一条** 有下列情形的，中央有关机关应当与国家保密行政管理部门会商，组织制定或者修订保密事项范围：

（一）主管行业、领域经常产生国家秘密、尚未制定保密事项范围的；

（二）保密事项范围内容已不适应实际工作需要的；

（三）保密事项范围内容与法律法规规定不相符合的；

（四）因机构改革或者调整，影响保密事项范围适用的；

（五）其他应当制定或者修订的情形。

其他机关、单位认为有上述情形，需要制定、修订保密事项范围的，可以向国家保密行政管理部门或者中央有关机关提出建议。

**第十二条** 保密事项范围由主管相关行业、领域工作的中央有关机关负责起草；涉及多个部门或者行业、领域的，由承担主要职能的中央有关机关牵头负责起草；不得委托社会中介机构及其他社会组织或者个人起草。

国家保密行政管理部门、中央有关机关应当定期对起草工作进行研究

会商。

**第十三条** 中央有关机关起草保密事项范围，应当进行调查研究，总结梳理本行业、本领域国家秘密事项，广泛征求有关机关、单位和相关领域专家意见。

**第十四条** 中央有关机关完成起草工作后，应当将保密事项范围送审稿送国家保密行政管理部门审核，同时提交下列材料：

（一）保密事项范围送审稿的说明；

（二）有关机关、单位或者相关领域专家的意见；

（三）其他有关材料，主要包括所在行业、领域国家秘密事项总结梳理情况等。

**第十五条** 国家保密行政管理部门对保密事项范围送审稿应当从以下方面进行审核：

（一）形式是否符合本办法规定；

（二）所列事项是否符合保密法关于国家秘密的规定；

（三）所列事项是否涵盖所在行业、领域国家秘密；

（四）所列事项是否属于法律法规要求公开或者其他不得确定为国家秘密的事项；

（五）所列事项表述是否准确、规范并具有可操作性；

（六）是否与其他保密事项范围协调、衔接；

（七）其他需要审核的内容。

国家保密行政管理部门可以组织有关专家对保密事项范围送审稿进行评议，听取意见。

**第十六条** 国家保密行政管理部门审核认为保密事项范围送审稿需要作出修改的，应当与中央有关机关会商议定；需要进一步征求意见的，应当征求有关机关、单位意见；无需修改的，应当会同中央有关机关形成保密事项范围草案和草案说明，并启动会签程序。

**第十七条** 保密事项范围应当由国家保密行政管理部门、中央有关机关主要负责人共同签署批准。

**第十八条** 保密事项范围使用中央有关机关的发文字号印发。印发时，应当严格控制发放范围，并注明能否转发以及转发范围。

## 第四章  保密事项范围的使用

**第十九条**  机关、单位定密应当符合保密事项范围目录的规定。

**第二十条**  机关、单位依据保密事项范围目录定密，应当遵循下列要求：

（一）密级应当严格按照目录的规定确定，不得高于或者低于规定的密级；

（二）保密期限应当在目录规定的最长保密期限内合理确定，不得超出最长保密期限；目录明确规定解密条件或解密时间的，从其规定；

（三）知悉范围应当依据目录的规定，根据工作需要限定到具体人员；不能限定到具体人员的，应当限定到具体单位、部门或者岗位。

**第二十一条**  机关、单位可以依据本行业、本领域和相关行业、领域保密事项范围目录，整理制定国家秘密事项一览表（细目），详细列举本机关、本单位产生的国家秘密事项的具体内容、密级、保密期限（解密条件或者解密时间）、产生部门或者岗位、知悉人员以及载体形式等。

国家秘密事项一览表（细目），应当经本机关、本单位审定后实施，并报同级保密行政管理部门备案。

**第二十二条**  机关、单位对符合保密法规定，但保密事项范围正文和目录没有规定的不明确事项，应当按照保密法实施条例第十九条的规定办理。

**第二十三条**  保密行政管理部门进行密级鉴定，需要适用保密事项范围的，应当以保密事项范围的目录作为依据；直接适用正文的，应当征求制定保密事项范围的中央有关机关意见。

**第二十四条**  中央有关机关应当加强对本行业、本领域保密事项范围使用的教育培训，确保所在行业、领域准确理解保密事项范围的内容、使用要求。

机关、单位应当将保密事项范围的学习、使用纳入定密培训内容，确保定密责任人和承办人熟悉并准确掌握相关保密事项范围内容，严格依据保密事项范围定密。

**第二十五条**  保密行政管理部门应当加强对机关、单位使用保密事项范围情况的监督检查，发现保密事项范围使用不当的，应当及时通知机关、单位予以纠正。

## 第五章　保密事项范围的解释、清理

**第二十六条**　有下列情形的，中央有关机关应当会同国家保密行政管理部门对保密事项范围作出书面解释：

（一）目录内容需要明确具体含义的；

（二）有关事项在目录中没有规定但符合正文规定情形，需要明确适用条件、适用范围的；

（三）不同保密事项范围对同类事项规定不一致的；

（四）其他需要作出解释的情形。

保密事项范围的解释和保密事项范围具有同等效力。

**第二十七条**　机关、单位认为保密事项范围存在本办法第二十六条规定情形的，可以建议保密事项范围制定机关作出解释。

**第二十八条**　保密事项范围的解释参照制定、修订程序作出。除涉及特殊国家秘密事项、需控制知悉范围的，应当按照保密事项范围印发范围发放。

**第二十九条**　国家保密行政管理部门、中央有关机关应当每五年对保密事项范围及其解释进行一次清理，也可以根据工作需要适时组织清理，并作出继续有效、进行修订、宣布废止等处理；对属于国家秘密的保密事项范围及其解释，应当同时作出是否解密的决定。

**第三十条**　保密事项范围部分内容宣布废止、失效或者由其他保密事项范围替代的，不影响该保密事项范围其他部分的效力。

## 第六章　附　　则

**第三十一条**　本办法施行前制定实施的保密事项范围，没有目录的应当即行清理，清理之前的继续有效，有关事项的保密期限和知悉范围按照保密法有关规定确定。

**第三十二条**　本办法由国家保密局负责解释。

**第三十三条**　本办法自 2017 年 4 月 1 日起施行。

# 司法行政工作中国家秘密
# 及其密级具体范围的补充规定

(2002 年 3 月 18 日　司发通〔2002〕25 号)

**第一条**　司法行政工作中国家秘密及其密级具体范围补充规定如下：

(一) 机密级事项

国家司法考试在启用前的试题、试卷（包括备用卷）、标准答案（答题卡）及评分标准。

(二) 秘密级事项

1. 国家司法考试命题工作及参与人员的有关情况；

2. 国家司法考试尚未正式公布的录取工作方案；

3. 国家司法考试试题、试卷命题工作方案。

**第二条**　司法行政工作中下列事项不属于国家秘密，而作为工作秘密内部掌握，未经规定机关批准不得擅自扩散。

1. 国家司法考试后未公布的试题；

2. 国家司法考试应试人员的有关情况、数据。

# 银行业金融机构工作中国家秘密范围的规定

(2009 年 10 月 23 日　银监发〔2009〕105 号)

**第一条**　根据《中华人民共和国保守国家秘密法》有关规定，制定本规定。

**第二条**　本规定所称银行业金融机构，是指在中华人民共和国境内设立的政策性银行、商业银行、城市信用合作社、农村信用合作社、金融资产管理公司、信托公司、财务公司、金融租赁公司以及经国务院银行业监督管理机构批准设立的其他金融机构（外资金融机构除外）。

**第三条** 银行业金融机构工作中国家秘密范围包括：

一、绝密级

（一）泄露会造成全国性金融危机或金融秩序混乱的；

（二）泄露会使国家信誉、声誉、外交、国防及国家安全工作遭受特别严重损害的；

（三）泄露会给国家造成特别严重经济损失的；

（四）泄露会使国家重大金融政策、措施无法实施的。

二、机密级

（一）泄露会影响较大区域（一省或数省）正常金融秩序的；

（二）泄露会使国家信誉、声誉、外交、国防及国家安全工作遭受严重损害的；

（三）泄露会给国家造成严重经济损失的；

（四）泄露会对国家重大金融政策、措施的决策、实施造成严重干扰的。

三、秘密级

（一）泄露会给金融市场正常运行带来不利影响的；

（二）泄露会使银行业信誉遭受损害的；

（三）泄露会对外交、国防及国家安全工作造成损害的；

（四）泄露会使银行业的安全防范、技术措施失效的；

（五）泄露会对国家金融政策、措施的决策、实施造成干扰或不利影响的。

**第四条** 银行业金融机构工作中涉及其他部门或行业的国家秘密，应按相关国家秘密范围的规定确定密级。

**第五条** 本规定由国家保密局、中国人民银行、中国银行业监督管理委员会负责解释。

**第六条** 本规定自公布之日起实施。

**附：** 银行业金融机构工作中国家秘密目录（略）

# 卫生工作国家秘密范围的规定

(2011 年 7 月 13 日　卫办发〔2011〕62 号)

**第一条**　根据《中华人民共和国保守国家秘密法》有关规定，制定本规定。

**第二条**　卫生工作国家秘密范围包括：

(一) 机密级。

1. 泄露会对国家医学科学研究和国家公共卫生安全造成严重损害的；

2. 泄露会对国家声誉和公民权益造成严重损害，对省级以上行政区域社会安定造成严重影响的；

3. 泄露会对国际卫生交往工作造成严重损害的；

4. 泄露会对国家卫生信息安全造成严重损害的。

(二) 秘密级。

1. 泄露会对国家医学科学研究和国家公共卫生安全造成损害的；

2. 泄露会对国家声誉和公民权益造成损害，对部分地区社会安定造成影响的；

3. 泄露会对国际卫生交往工作造成损害的；

4. 泄露会对国家卫生信息安全造成损害的。

**第三条**　卫生工作中涉及其他部门或行业的国家秘密，应当按照相关国家秘密范围的规定确定密级。

**第四条**　本规定由卫生部和国家保密局负责解释。

**第五条**　本规定自公布之日起施行。2001 年 10 月 16 日卫生部、国家保密局联合发布的《卫生工作中国家秘密及其密级具体范围的规定》(卫办发〔2001〕287 号) 同时废止。

**附件：**卫生工作国家秘密目录 (略)

# 测绘地理信息管理工作国家秘密范围的规定

（2020 年 6 月 18 日　自然资发〔2020〕95 号）

**第一条**　根据《中华人民共和国保守国家秘密法》和《中华人民共和国测绘法》有关规定，制定本规定。

**第二条**　测绘地理信息管理工作国家秘密包括：

（一）绝密级事项

1. 泄露后会对国家安全、利益和领土主权及海洋权益造成特别严重威胁或者损害的；

2. 泄露后会对国家重要军事设施、国家安全警卫目标造成特别严重威胁或者损害的；

3. 泄露后会对国家整体军事防御能力造成特别严重威胁或者损害的。

（二）机密级事项

1. 泄露后会对国家安全、利益和领土主权及海洋权益造成严重威胁或者损害的；

2. 泄露后会对国家重要军事设施、国家安全警卫目标造成严重威胁或者损害的；

3. 泄露后会对国家整体军事防御能力造成严重威胁或者损害的；

4. 泄露后会对社会稳定和民族团结造成严重损害的。

（三）秘密级事项

1. 泄露后会对国家安全、利益和领土主权及海洋权益造成威胁或者损害的；

2. 泄露后会对国家重要军事设施、国家安全警卫目标造成威胁或者损害的；

3. 泄露后会对国家局部军事防御能力造成损害的；

4. 泄露后会对国家测绘地理信息核心技术水平、知识产权保护造成损害的；

5. 泄露后会对社会稳定和民族团结造成损害的。

**第三条** 测绘地理信息管理工作中涉及其他部门或者行业的国家秘密，应当按照相关国家秘密范围的规定定密。

**第四条** 本规定由自然资源部和国家保密局负责解释。

**第五条** 本规定自 2020 年 7 月 1 日起施行。2003 年 12 月 23 日国家测绘局、国家保密局联合印发的《关于印发〈测绘管理工作国家秘密范围的规定〉的通知》（国测办字〔2003〕17 号）同时废止。

附件：测绘地理信息管理工作国家秘密目录（略）

# （三）定密管理

## 国家秘密定密管理暂行规定

（2014 年 3 月 9 日国家保密局令 2014 年第 1 号公布　自公布之日起施行）

### 第一章　总　　则

**第一条** 为加强国家秘密定密管理，规范定密行为，根据《中华人民共和国保守国家秘密法》（以下简称保密法）及其实施条例，制定本规定。

**第二条** 本规定所称定密，是指国家机关和涉及国家秘密的单位（以下简称机关、单位）依法确定、变更和解除国家秘密的活动。

**第三条** 机关、单位定密以及定密责任人的确定、定密授权和定密监督等工作，适用本规定。

**第四条** 机关、单位定密应当坚持最小化、精准化原则，做到权责明确、依据充分、程序规范、及时准确，既确保国家秘密安全，又便利信息资源合理利用。

**第五条** 机关、单位应当依法开展定密工作，建立健全相关管理制度，定期组织培训和检查，接受保密行政管理部门和上级机关、单位或者业务主管部门的指导和监督。

# 第二章　定密授权

**第六条**　中央国家机关、省级机关以及设区的市、自治州一级的机关（以下简称授权机关）可以根据工作需要或者机关、单位申请作出定密授权。

保密行政管理部门应当将授权机关名单在有关范围内公布。

**第七条**　中央国家机关可以在主管业务工作范围内作出授予绝密级、机密级和秘密级国家秘密定密权的决定。省级机关可以在主管业务工作范围内或者本行政区域内作出授予绝密级、机密级和秘密级国家秘密定密权的决定。设区的市、自治州一级的机关可以在主管业务工作范围内或者本行政区域内作出授予机密级和秘密级国家秘密定密权的决定。

定密授权不得超出授权机关的定密权限。被授权机关、单位不得再行授权。

**第八条**　授权机关根据工作需要，可以对承担本机关定密权限内的涉密科研、生产或者其他涉密任务的机关、单位，就具体事项作出定密授权。

**第九条**　没有定密权但经常产生国家秘密事项的机关、单位，或者虽有定密权但经常产生超出其定密权限的国家秘密事项的机关、单位，可以向授权机关申请定密授权。

机关、单位申请定密授权，应当向其上级业务主管部门提出；没有上级业务主管部门的，应当向其上级机关提出。

机关、单位申请定密授权，应当书面说明拟申请的定密权限、事项范围、授权期限以及申请依据和理由。

**第十条**　授权机关收到定密授权申请后，应当依照保密法律法规和国家秘密及其密级的具体范围（以下简称保密事项范围）进行审查。对符合授权条件的，应当作出定密授权决定；对不符合授权条件的，应当作出不予授权的决定。

定密授权决定应当以书面形式作出，明确被授权机关、单位的名称和具体定密权限、事项范围、授权期限。

**第十一条**　授权机关应当对被授权机关、单位行使所授定密权情况进行监督，对发现的问题及时纠正。

保密行政管理部门发现定密授权不当或者被授权机关、单位对所授定密权行使不当的，应当通知有关机关、单位纠正。

**第十二条** 被授权机关、单位不再经常产生授权范围内的国家秘密事项，或者因保密事项范围调整授权事项不再作为国家秘密的，授权机关应当及时撤销定密授权。

因保密事项范围调整授权事项密级发生变化的，授权机关应当重新作出定密授权。

**第十三条** 中央国家机关、省级机关作出的授权决定和撤销授权决定，报国家保密行政管理部门备案。设区的市、自治州一级的机关作出的授权决定和撤销授权决定，报省、自治区、直辖市保密行政管理部门备案。

机关、单位收到定密授权决定或者撤销定密授权决定后，应当报同级保密行政管理部门备案。

# 第三章　定密责任人

**第十四条** 机关、单位负责人为本机关、本单位的定密责任人，对定密工作负总责。

根据工作需要，机关、单位负责人可以指定本机关、本单位其他负责人、内设机构负责人或者其他工作人员为定密责任人，并明确相应的定密权限。

机关、单位指定的定密责任人应当熟悉涉密业务工作，符合在涉密岗位工作的基本条件。

**第十五条** 机关、单位应当在本机关、本单位内部公布定密责任人名单及其定密权限，并报同级保密行政管理部门备案。

**第十六条** 机关、单位定密责任人和承办人应当接受定密培训，熟悉定密职责和保密事项范围，掌握定密程序和方法。

**第十七条** 机关、单位负责人发现其指定的定密责任人未依法履行定密职责的，应当及时纠正；有下列情形之一的，应当作出调整：

（一）定密不当，情节严重的；

（二）因离岗离职无法继续履行定密职责的；

（三）保密行政管理部门建议调整的；

（四）因其他原因不宜从事定密工作的。

## 第四章　国家秘密确定

**第十八条**　机关、单位确定国家秘密应当依据保密事项范围进行。保密事项范围没有明确规定但属于保密法第九条、第十条规定情形的，应当确定为国家秘密。

**第十九条**　下列事项不得确定为国家秘密：

（一）需要社会公众广泛知晓或者参与的；

（二）属于工作秘密、商业秘密、个人隐私的；

（三）已经依法公开或者无法控制知悉范围的；

（四）法律、法规或者国家有关规定要求公开的。

**第二十条**　机关、单位对所产生的国家秘密事项有定密权的，应当依法确定密级、保密期限和知悉范围。没有定密权的，应当先行采取保密措施，并立即报请有定密权的上级机关、单位确定；没有上级机关、单位的，应当立即提请有相应定密权限的业务主管部门或者保密行政管理部门确定。

机关、单位执行上级机关、单位或者办理其他机关、单位已定密事项所产生的国家秘密事项，根据所执行或者办理的国家秘密事项确定密级、保密期限和知悉范围。

**第二十一条**　机关、单位确定国家秘密，应当依照法定程序进行并作出书面记录，注明承办人、定密责任人和定密依据。

**第二十二条**　国家秘密具体的保密期限一般应当以日、月或者年计；不能确定具体的保密期限的，应当确定解密时间或者解密条件。国家秘密的解密条件应当明确、具体、合法。

除保密事项范围有明确规定外，国家秘密的保密期限不得确定为长期。

**第二十三条**　国家秘密的知悉范围应当在国家秘密载体上标明。不能标明的，应当书面通知知悉范围内的机关、单位或者人员。

**第二十四条**　国家秘密一经确定，应当同时在国家秘密载体上作出国家秘密标志。国家秘密标志形式为"密级★保密期限"、"密级★解密时间"或者"密级★解密条件"。

在纸介质和电子文件国家秘密载体上作出国家秘密标志的，应当符合有关国家标准。没有国家标准的，应当标注在封面左上角或者标题下方的显著位置。光介质、电磁介质等国家秘密载体和属于国家秘密的设备、产品的国家秘密标志，应当标注在壳体及封面、外包装的显著位置。

国家秘密标志应当与载体不可分离，明显并易于识别。

无法作出或者不宜作出国家秘密标志的，确定该国家秘密的机关、单位应当书面通知知悉范围内的机关、单位或者人员。凡未标明保密期限或者解密条件，且未作书面通知的国家秘密事项，其保密期限按照绝密级事项三十年、机密级事项二十年、秘密级事项十年执行。

**第二十五条** 两个以上机关、单位共同产生的国家秘密事项，由主办该事项的机关、单位征求协办机关、单位意见后确定。

临时性工作机构的定密工作，由承担该机构日常工作的机关、单位负责。

## 第五章 国家秘密变更

**第二十六条** 有下列情形之一的，机关、单位应当对所确定国家秘密事项的密级、保密期限或者知悉范围及时作出变更：

（一）定密时所依据的法律法规或者保密事项范围发生变化的；

（二）泄露后对国家安全和利益的损害程度发生明显变化的。

必要时，上级机关、单位或者业务主管部门可以直接变更下级机关、单位确定的国家秘密事项的密级、保密期限或者知悉范围。

**第二十七条** 机关、单位认为需要延长所确定国家秘密事项保密期限的，应当在保密期限届满前作出决定；延长保密期限使累计保密期限超过保密事项范围规定的，应当报规定该保密事项范围的中央有关机关批准，中央有关机关应当在接到报告后三十日内作出决定。

**第二十八条** 国家秘密知悉范围内的机关、单位，其有关工作人员不在知悉范围内，但因工作需要知悉国家秘密的，应当经机关、单位负责人批准。

国家秘密知悉范围以外的机关、单位及其人员，因工作需要知悉国家秘密的，应当经原定密机关、单位同意。

原定密机关、单位对扩大知悉范围有明确规定的，应当遵守其规定。

扩大国家秘密知悉范围应当作出详细记录。

**第二十九条** 国家秘密变更按照国家秘密确定程序进行并作出书面记录。

国家秘密变更后，原定密机关、单位应当及时在原国家秘密标志附近重新作出国家秘密标志。

**第三十条** 机关、单位变更国家秘密的密级、保密期限或者知悉范围的，应当书面通知知悉范围内的机关、单位或者人员。有关机关、单位或者人员接到通知后，应当在国家秘密标志附近标明变更后的密级、保密期限和知悉范围。

延长保密期限的书面通知，应当于原定保密期限届满前送达知悉范围内的机关、单位或者人员。

## 第六章　国家秘密解除

**第三十一条** 机关、单位应当每年对所确定的国家秘密进行审核，有下列情形之一的，及时解密：

（一）保密法律法规或者保密事项范围调整后，不再属于国家秘密的；

（二）公开后不会损害国家安全和利益，不需要继续保密的。

机关、单位经解密审核，对本机关、本单位或者下级机关、单位尚在保密期限内的国家秘密事项决定公开的，正式公布即视为解密。

**第三十二条** 国家秘密的具体保密期限已满、解密时间已到或者符合解密条件的，自行解密。

**第三十三条** 保密事项范围明确规定保密期限为长期的国家秘密事项，机关、单位不得擅自解密；确需解密的，应当报规定该保密事项范围的中央有关机关批准，中央有关机关应当在接到报告后三十日内作出决定。

**第三十四条** 除自行解密的外，国家秘密解除应当按照国家秘密确定程序进行并作出书面记录。

国家秘密解除后，有关机关、单位或者人员应当及时在原国家秘密标志附近作出解密标志。

**第三十五条** 除自行解密和正式公布的外，机关、单位解除国家秘密，应当书面通知知悉范围内的机关、单位或者人员。

第三十六条　机关、单位对所产生的国家秘密事项，解密之后需要公开的，应当依照信息公开程序进行保密审查。

机关、单位对已解密的不属于本机关、本单位产生的国家秘密事项，需要公开的，应当经原定密机关、单位同意。

机关、单位公开已解密的文件资料，不得保留国家秘密标志。对国家秘密标志以及属于敏感信息的内容，应当作删除、遮盖等处理。

第三十七条　机关、单位对拟移交各级国家档案馆的尚在保密期限内的国家秘密档案，应当进行解密审核，对本机关、本单位产生的符合解密条件的档案，应当予以解密。

已依法移交各级国家档案馆的属于国家秘密的档案，其解密办法由国家保密行政管理部门会同国家档案行政管理部门另行制定。

## 第七章　定密监督

第三十八条　机关、单位应当定期对本机关、本单位定密以及定密责任人履行职责、定密授权等定密制度落实情况进行检查，对发现的问题及时纠正。

第三十九条　机关、单位应当向同级保密行政管理部门报告本机关、本单位年度国家秘密事项统计情况。

下一级保密行政管理部门应当向上一级保密行政管理部门报告本行政区域年度定密工作情况。

第四十条　中央国家机关应当依法对本系统、本行业的定密工作进行指导和监督。

上级机关、单位或者业务主管部门发现下级机关、单位定密不当的，应当及时通知其纠正，也可以直接作出确定、变更或者解除的决定。

第四十一条　保密行政管理部门应当依法对机关、单位定密工作进行指导、监督和检查，对发现的问题及时纠正或者责令整改。

## 第八章　法律责任

第四十二条　定密责任人和承办人违反本规定，有下列行为之一的，机关、单位应当及时纠正并进行批评教育；造成严重后果的，依纪依法给予处分：

（一）应当确定国家秘密而未确定的；

（二）不应当确定国家秘密而确定的；

（三）超出定密权限定密的；

（四）未按照法定程序定密的；

（五）未按规定标注国家秘密标志的；

（六）未按规定变更国家秘密的密级、保密期限、知悉范围的；

（七）未按要求开展解密审核的；

（八）不应当解除国家秘密而解除的；

（九）应当解除国家秘密而未解除的；

（十）违反本规定的其他行为。

**第四十三条** 机关、单位未依法履行定密管理职责，导致定密工作不能正常进行的，应当给予通报批评；造成严重后果的，应当依法追究直接负责的主管人员和其他直接责任人员的责任。

# 第九章 附 则

**第四十四条** 本规定下列用语的含义：

（一）"中央国家机关"包括中国共产党中央机关及部门、各民主党派中央机关、全国人大机关、全国政协机关、最高人民法院、最高人民检察院，国务院及其组成部门、直属特设机构、直属机构、办事机构、直属事业单位、部委管理国家局，以及中央机构编制管理部门直接管理机构编制的群众团体机关；

（二）"省级机关"包括省（自治区、直辖市）党委、人大、政府、政协机关，以及人民法院、人民检察院；

（三）"设区的市和自治州一级的机关"包括地（市、州、盟、区）党委、人大、政府、政协机关，以及人民法院、人民检察院，省（自治区、直辖市）直属机关和人民团体，中央国家机关设在省（自治区、直辖市）的直属机构，省（自治区、直辖市）在地区、盟设立的派出机构；

（四）第九条所指"经常"，是指近三年来年均产生六件以上国家秘密事项的情形。

**第四十五条** 各地区各部门可以依据本规定，制定本地区本部门国家秘密定密管理的具体办法。

第四十六条　公安、国家安全机关定密授权和定密责任人确定的具体办法，由国家保密行政管理部门会同国务院公安、国家安全部门另行制定。

第四十七条　本规定自公布之日起施行。1990 年 9 月 19 日国家保密局令第 2 号发布的《国家秘密保密期限的规定》和 1990 年 10 月 6 日国家保密局、国家技术监督局令第 3 号发布的《国家秘密文件、资料和其他物品标志的规定》同时废止。

# 安全生产工作国家秘密定密管理暂行办法

（2014 年 8 月 29 日　安监总厅〔2014〕89 号）

## 第一章　总　　则

第一条　为加强安全生产工作国家秘密定密管理，规范定密行为，根据《国家秘密定密管理暂行规定》（国家保密局令 2014 年第 1 号），制定本办法。

第二条　本办法所称定密，是指国家安全监管总局、国家煤矿安监局和各省级安全监管局、省级煤矿安监局及涉及国家秘密的所属机构（以下统称各单位）依法确定、变更和解除国家秘密的活动。

第三条　各单位定密以及定密责任人的确定、定密授权和定密监督等工作，适用本办法。

第四条　各单位定密应当坚持最小化、精准化原则，做到权责明确、依据充分、程序规范、及时准确，既确保国家秘密安全，又便利信息资源合理利用。

第五条　各单位应当依法开展定密工作，建立健全相关管理制度，定期组织培训和检查，接受保密行政管理部门和上级机关、单位或者业务主管部门的指导和监督。

## 第二章　定密授权

第六条　国家安全监管总局、国家煤矿安监局（以下统称总局）及各省级安全监管局、省级煤矿安监局（以下简称各省局）为安全监管监察系统定密授权机关，可以根据工作需要或者有关机关、单位申请作出定密授权。

第七条　总局可以在安全生产工作范围内作出授予绝密级、机密级和秘密级国家秘密定密权的决定。各省局可以在安全生产工作范围内作出授予机密级和秘密级国家秘密定密权的决定。

定密授权不得超出受权机关的定密权限。被授权机关、单位不得再行授权。

第八条　总局根据工作需要，可以对承担总局定密权限内的涉密科研、生产或者其他涉密任务的单位，就具体事项作出定密授权。

各省局根据工作需要，可以对承担本单位定密权限内的涉密科研、生产或者其他涉密任务的县级以上安全监管监察机构和直属事业单位，就具体事项作出定密授权。

第九条　没有定密权但经常（即近3年来年均产生6件以上，下同）产生国家秘密事项的单位，或者虽有定密权但经常产生超出其定密权限的国家秘密事项的单位，可以向上级业务主管部门申请定密授权，没有上级业务主管部门的，可以向上级机关提出申请。

有关单位申请定密授权，应当书面说明拟申请的定密权限、事项范围、授权期限以及申请依据和理由。

第十条　总局和各省局收到定密授权申请后，应当依照保密法律法规和安全生产工作国家秘密及其密级具体范围（以下简称保密事项范围）进行审查。对符合授权条件的，应当作出定密授权决定；对不符合授权条件的，应当作出不予授权的决定。

定密授权决定应当以书面形式作出，明确被授权单位的名称和具体定密权限、事项范围、授权期限。

第十一条　总局和各省局应当对各自所授定密权单位行使所授定密权情况进行监督，对发现的问题及时纠正。

第十二条　被授权单位不再经常产生授权范围内的国家秘密事项，或者因保密事项范围调整授权事项不再作为国家秘密的，授权机关应当及时撤销定密授权。

因保密事项范围调整授权事项密级发生变化的，总局和各省局应当重新作出定密授权。

第十三条　总局作出的授权决定和撤销授权决定，报国家保密局备案。各省局作出的授权决定和撤销授权决定，报省级保密行政管理部门备案，同时报国家安全监管总局保密委员会办公室备案。

相关单位收到定密授权决定或者撤销定密授权决定后，应当报同级保密行政管理部门备案。

## 第三章　定密责任人

**第十四条**　各单位主要负责人为本单位定密责任人，对定密工作负总责。

根据工作需要，各单位主要负责人可以指定本单位其他负责人、内设机构负责人或者其他工作人员为定密责任人，并明确相应的定密权限。

各单位指定的定密责任人应当熟悉涉密业务工作，符合在涉密岗位工作的基本条件。

**第十五条**　各单位应当在本单位内部公布定密责任人名单及其定密权限，并报同级保密行政管理部门备案。各省局指定的定密责任人名单及其定密权限，应同时报国家安全监管总局保密委员会办公室备案。

**第十六条**　各单位定密责任人和承办人应当接受定密培训，熟悉定密职责和保密事项范围，掌握定密程序和方法。

**第十七条**　各单位主要负责人发现其指定的定密责任人未依法履行定密职责的，应当及时纠正；有下列情形之一的，应当作出调整：

（一）定密不当，情节严重的；

（二）因离岗离职无法继续履行定密职责的；

（三）保密行政管理部门建议调整的；

（四）因其他原因不宜从事定密工作的。

## 第四章　国家秘密确定

**第十八条**　各单位确定国家秘密应当依据保密事项范围进行。保密事项范围没有明确规定但属于保密法第九条、第十条规定情形的，应当确定为国家秘密。

**第十九条**　下列事项不得确定为国家秘密：

（一）需要社会公众广泛知晓或者参与的；

（二）属于工作秘密、商业秘密、个人隐私的；

（三）已经依法公开或者无法控制知悉范围的；

（四）法律、法规或者国家有关规定要求公开的。

**第二十条**　各单位对所产生的国家秘密事项有定密权的，应当依法确定密级、保密期限和知悉范围。没有定密权的，应当先行采取保密措施，并立即报请有定密权的上级单位确定；没有上级单位的，应当立即提请有相应定密权限的业务主管部门或者保密行政管理部门确定。

各单位执行上级单位或者办理其他单位已定密事项所产生的国家秘密事项，根据所执行或者办理的国家秘密事项确定密级、保密期限和知悉范围。

**第二十一条**　各单位确定国家秘密，应当依照法定程序进行并作出书面记录，注明承办人、定密责任人和定密依据。

**第二十二条**　国家秘密具体的保密期限一般应当以日、月或者年计；不能确定具体保密期限的，应当确定解密时间或者解密条件。国家秘密的解密条件应当明确、具体、合法。

除保密事项范围有明确规定外，国家秘密的保密期限不得确定为长期。

**第二十三条**　国家秘密的知悉范围应当在国家秘密载体上标明。不能标明的，应当书面通知知悉范围内的单位或者人员。

**第二十四条**　国家秘密一经确定，应当同时在国家秘密载体上作出国家秘密标志。国家秘密标志形式为"密级★保密期限"、"密级★解密时间"或者"密级★解密条件"。

在纸介质和电子文件国家秘密载体上作出国家秘密标志的，应当符合有关国家标准。没有国家标准的，应当标注在封面左上角或者标题下方的显著位置。光介质、电磁介质等国家秘密载体和属于国家秘密的设备、产品的国家秘密标志，应当标注在壳体及封面、外包装的显著位置。

国家秘密标志应当与载体不可分离，明显并易于识别。

无法作出或者不宜作出国家秘密标志的，确定该国家秘密的单位应当书面通知知悉范围内的单位或者人员。凡未标明保密期限或者解密条件，且未作书面通知的国家秘密事项，其保密期限按照绝密级事项三十年、机密级事项二十年、秘密级事项十年执行。

**第二十五条**　两个以上单位共同产生的国家秘密事项，由主办该事项的单位征求协办单位意见后确定。

临时性工作机构的定密工作，由承担该机构日常工作的单位负责。

## 第五章  国家秘密变更

**第二十六条**  有下列情形之一的，各单位应当对所确定国家秘密事项的密级、保密期限或者知悉范围及时作出变更：

（一）定密时所依据的法律法规或者保密事项范围发生变化的；

（二）泄露后对国家安全和利益的损害程度发生明显变化的。

必要时，上级单位或者业务主管部门可以直接变更下级单位确定的国家秘密事项的密级、保密期限或者知悉范围。

**第二十七条**  各单位认为需要延长所确定国家秘密事项保密期限的，应当在保密期限届满前作出决定；延长保密期限使累计保密期限超过保密事项范围规定的，应当报规定该保密事项范围的中央有关机关批准。

**第二十八条**  国家秘密知悉范围内的单位，其有关工作人员不在知悉范围内，但因工作需要知悉国家秘密的，应当经单位负责人批准。

国家秘密知悉范围以外的单位及其人员，因工作需要知悉国家秘密的，应当经原定密单位同意。

原定密单位对扩大知悉范围有明确规定的，应当遵守其规定。

扩大国家秘密知悉范围应当作出详细记录。

**第二十九条**  国家秘密变更按照国家秘密确定程序进行并作出书面记录。

国家秘密变更后，原定密单位应当及时在原国家秘密标志附近重新作出国家秘密标志。

**第三十条**  各单位变更国家秘密的密级、保密期限或者知悉范围的，应当书面通知知悉范围内的单位或者人员。有关单位或者人员接到通知后，应当在国家秘密标志附近标明变更后的密级、保密期限和知悉范围。

延长保密期限的书面通知，应当于原定保密期限届满前送达知悉范围内的单位或者人员。

## 第六章  国家秘密解除

**第三十一条**  各单位应当每年对所确定的国家秘密进行审核，有下列情形之一的，及时解密：

（一）保密法律法规或者保密事项范围调整后，不再属于国家秘密的；

（二）公开后不会损害国家安全和利益，不需要继续保密的。

各单位经解密审核，对本单位或者下级单位尚在保密期限内的国家秘密事项决定公开的，正式公布即视为解密。

**第三十二条** 国家秘密的具体保密期限已满、解密时间已到或者符合解密条件的，自行解密。

**第三十三条** 保密事项范围明确规定保密期限为长期的国家秘密事项，各单位不得擅自解密；确需解密的，应当按程序报规定该保密事项范围的中央有关机关批准。

**第三十四条** 除自行解密的外，国家秘密解除应当按照国家秘密确定程序进行并作出书面记录。

国家秘密解除后，有关单位或者人员应当及时在原国家秘密标志附近作出解密标志。

**第三十五条** 除自行解密和正式公布的外，各单位解除国家秘密，应当书面通知知悉范围内的单位或者人员。

**第三十六条** 各单位对所产生的国家秘密事项，解密之后需要公开的，应当依照信息公开程序进行保密审查。

各单位对已解密的不属于本单位产生的国家秘密事项，需要公开的，应当经原定密单位同意。

各单位公开已解密的文件资料，不得保留国家秘密标志。对国家秘密标志以及属于敏感信息的内容，应当作删除、遮盖处理。

**第三十七条** 各单位对拟移交各级国家档案馆的尚在保密期限内的国家秘密档案，应当进行解密审核，对本单位产生的符合解密条件的档案，应当予以解密。

# 第七章 定 密 监 督

**第三十八条** 各单位应当定期对本单位定密以及定密责任人履行职责、定密授权等定密制度落实情况进行检查，对发现的问题及时纠正。

**第三十九条** 各单位应当向同级保密行政管理部门报告本单位年度国家秘密事项统计情况。

**第四十条** 国家安全监管总局保密委员会办公室负责指导和监督安全

监管监察系统定密工作。

上级单位或者业务主管部门发现下级单位定密不当的，应当及时通知其纠正，也可以直接作出确定、变更或者解除的决定。

# 第八章 法 律 责 任

**第四十一条** 定密责任人和承办人违反本规定，有下列行为之一的，各单位应当及时纠正并进行批评教育；造成严重后果的，依纪依法给予处分：

（一）应当确定国家秘密而未确定的；

（二）不应当确定国家秘密而确定的；

（三）超出定密权限定密的；

（四）未按照法定程序定密的；

（五）未按规定标注国家秘密标志的；

（六）未按规定变更国家秘密的密级、保密期限、知悉范围的；

（七）未按要求开展解密审核的；

（八）不应当解除国家秘密而解除的；

（九）应当解除国家秘密而未解除的；

（十）违反本办法的其他行为。

**第四十二条** 各单位未依法履行定密管理职责，导致定密工作不能正常进行的，应当给予通报批评；造成严重后果的，应当依法追究直接负责的主管人员和其他直接责任人员的责任。

# 第九章 附　　则

**第四十三条** 本办法由国家安全监管总局保密委员会办公室负责解释。

**第四十四条** 本办法自印发之日起施行。

**附件：**

1. 国家安全监管总局定密授权申请书（略）

2. 国家安全监管总局定密授权决定书（略）

3. 国家安全监管总局定密不予授权决定书（略）

4. 国家安全监管总局撤销定密授权决定书（略）

5. 国家安全监管总局国家秘密定密申请书（略）
6. 国家安全监管总局国家秘密定密申请答复书（略）
7. 国家安全监管总局国家秘密变更记录表（略）

# 国家信访局国家秘密定密管理办法

（2014 年 12 月 26 日　国信办发〔2014〕27 号）

## 第一章　总　　则

**第一条**　为加强信访工作国家秘密定密管理，规范定密工作行为，根据保密法及其实施条例和国家保密局《国家秘密定密管理暂行规定》，制定本办法。

**第二条**　本办法所称定密，是指国家信访局依法确定、变更和解除国家秘密的活动。

**第三条**　国家信访局定密责任人确定以及国家秘密确定、变更和解除等工作，适用本办法。

**第四条**　定密要坚持最小化、精准化原则，做到权责明确、依据充分、程序规范、及时准确，既确保国家秘密安全，又便利信息资源合理利用。

**第五条**　局机关各单位依法开展定密工作，建立健全相关管理制度，定期组织培训和检查，接受局保密委的指导和监督。

## 第二章　定密责任人

**第六条**　国家信访局局长为国家信访局的定密责任人，对定密工作负总责。

**第七条**　根据工作需要，局长指定其他局领导为分管工作范围内机密级、秘密级国家秘密事项的定密责任人；指定产生国家秘密事项较多单位的主要负责人或分管负责人为其职责范围内秘密级国家秘密事项定密责任人。

定密责任人出差、休假期间，应由上一级负责人履行定密责任人职责。

国家信访局指定定密责任人及其定密权限、范围等报国家保密局备案。

**第八条** 定密责任人要熟悉涉密业务工作，符合在涉密岗位工作的基本条件。定密责任人和涉密事项承办人应接受定密培训，明确定密职责，熟悉信访工作密级范围、定密程序和方法。

**第九条** 指定的定密责任人未依法履行定密职责的，应当及时对其纠正；有下列情形之一的，应当对其作出调整：

（一）定密不当，情节严重的；

（二）因离岗离职无法继续履行定密职责的；

（三）保密行政管理部门或上级主管单位负责人建议调整的；

（四）因其他原因不宜从事定密工作的。

**第十条** 定密责任人和承办人违反定密有关规定的，应当及时纠正并进行批评教育；造成严重后果的，依纪依法给予处分。

## 第三章　国家秘密确定

**第十一条** 局机关各单位依据下列规定进行国家秘密的确定：

（一）国家保密法律法规规定的国家秘密范围；

（二）信访工作国家秘密范围的规定；

（三）其他行业或者领域国家秘密范围的规定；

（四）执行上级单位或者办理其他单位已定密事项所产生的国家秘密事项，根据所执行或者办理的国家秘密事项确定密级、保密期限和知悉范围。

**第十二条** 下列事项不得确定为国家秘密：

（一）需要社会公众广泛知晓或者参与的；

（二）属于工作秘密、商业秘密、个人隐私的；

（三）已经依法公开或者无法控制知悉范围的；

（四）法律、法规或者国家有关规定要求公开的。

**第十三条** 确定国家秘密要依照法定程序进行，并作出书面记录，注明承办人、定密责任人和定密依据。

（一）涉密事项的承办人按照本办法第十一条的要求，对所承办的涉密事项提出密级、保密期限和知悉范围的建议，报本单位的定密责任人审批。

没有指定定密责任人的单位，承办人对涉密事项应当按工作程序报有定密权限的定密责任人审批。

（二）定密责任人和文件审核、审批人要对承办人员的定密建议认真审核并签批。

（三）在核文、制文时，责任单位应当对文件的密级、定密程序、密级标志等情况进行检查，发现不符合要求的或定密不准确的，应退回承办单位按规定办理。

**第十四条** 确定为国家秘密的载体，应按规定作出国家秘密标志。国家秘密标志与涉密载体不可分离，且应明显、规范并易于识别。

规范性文件上的密级通常标注在文稿首页左上角，使用三号方正黑体字，两字中间空一个字；信函及使用国家信访局信笺的文稿，密级标注在上文武线下面左侧；其他涉密载体的密级标注在载体表面明显处。

未标明保密期限或者解密条件，按照绝密级事项三十年、机密级事项二十年、秘密级事项十年执行。

承办的文件、事项不属于国家秘密，但也不宜公开的，可确定为工作秘密，在文件等载体上标注"内部"字样。

**第十五条** 定密责任人对难以确定密级或存有疑义的，应向上一级定密责任人请示。两个以上单位共同产生的国家秘密事项，由主办该事项的单位征求协办单位意见后确定。议事协调机构和临时机构的定密工作，由承担该机构日常工作的单位负责。

## 第四章　国家秘密变更

**第十六条** 国家秘密的密级和保密期限应当根据实际情况及时进行变更，既可以降密，也可以升密。保密期限应当随着密级的变更相应变更。

有下列情形之一的，相关单位应对所确定国家秘密事项的密级、保密期限或者知悉范围作出变更：

（一）定密时所依据的法律法规或者保密事项范围发生变化的；

（二）泄露后对国家安全和利益等的损害程度发生明显变化的。

**第十七条** 涉密事项密级的变更由原定密单位提出，按定密程序报定密责任人审核。定密责任人审核批准后，由原定密单位书面通知国家秘密知悉范围内的单位或人员，并在原国家秘密标志附近重新作出国家秘密标志。

**第十八条** 各单位认为需要延长所确定国家秘密事项保密期限的，应在保密期限届满前，作出是否延长保密期限或者变更密级的决定。

**第十九条** 国家秘密知悉范围内的单位，其有关工作人员不在知悉范围内，但因工作需要知悉国家秘密的，应当经本单位负责人批准。国家秘密知悉范围以外的单位及其人员，因工作需要知悉国家秘密的，应当经原定密单位同意。

原定密单位对扩大知悉范围有明确规定的，应当遵守其规定。扩大国家秘密知悉范围应当作出详细记录。

## 第五章　国家秘密解除

**第二十条** 各单位应当每年对本单位所确定的国家秘密进行审核，对有下列情形之一的，应及时解密：

（一）保密法律法规或者保密事项范围调整后，不再属于国家秘密的；

（二）已经公开或公开后不会损害国家安全和利益，不需要继续保密的；

对尚在保密期限内的国家秘密事项经解密审核决定公开的，正式公布即视为解密；保密期限已满、解密时间已到或者符合解密条件的，自行解密。

**第二十一条** 除自行解密的外，国家秘密解除应当按照定密程序进行，作出书面记录，并在原国家秘密标志附近作出解密标志。要公开的已解密文件资料，不得保留国家秘密标志，应对秘密标志以及属于敏感信息的内容作删除、遮盖处理。

**第二十二条** 除自行解密和正式公布的外，各单位解除国家秘密在报定密责任人人任批准后，以书面形式通知知悉范围内的机关、单位或者人员。

**第二十三条** 对所产生的国家秘密事项，解密后需要公开的，应当依照信息公开程序进行保密审查。

## 第六章　其　　他

**第二十四条** 产生涉密事项的单位撤销后，由承担相关业务工作的单位及定密责任人负责审核并办理变更、解除手续。

**第二十五条** 各单位对承办的涉密事项要及时登记并建立台账，每季度初将上季度已确定、变更和解除国家秘密的情况，报局保密委员会办公室备案。局保密委员会办公室建立国家信访局国家秘密管理总台账。

## 第七章　附　则

**第二十六条**　本办法由国家信访局保密委员会负责解释。

**第二十七条**　本办法自印发之日起施行，2011 年印发的《国家信访局定密工作暂行办法》（国信办发〔2011〕32 号）同时废止。

# 派生国家秘密定密管理暂行办法

（国家保密局 2023 年 2 月 27 日印发　自 2023 年 4 月 1 日起施行）

**第一条**　为规范派生国家秘密定密（以下简称派生定密）管理，根据《中华人民共和国保守国家秘密法》及其实施条例，制定本办法。

**第二条**　本办法适用于国家机关和涉及国家秘密的单位（以下简称机关、单位）开展派生定密的工作。

**第三条**　本办法所称派生定密，是指机关、单位对执行或者办理已定密事项所产生的国家秘密，依法确定、变更和解除的活动。

**第四条**　本办法所称保密要点（以下简称密点），是指决定一个事项具备国家秘密本质属性的关键内容，可以与非国家秘密以及其他密点明确区分。

**第五条**　机关、单位开展派生定密，不受定密权限限制。无法定定密权的机关、单位可以因执行或者办理已定密事项，派生国家秘密。具有较低定密权的机关、单位可以因执行或者办理较高密级的已定密事项，派生超出本机关、单位定密权限的国家秘密。

**第六条**　机关、单位负责人及其指定的人员为本机关、本单位的派生定密责任人，履行派生国家秘密确定、变更和解除的责任。

**第七条**　机关、单位因执行或者办理已定密事项而产生的事项（以下简称派生事项），符合下列情形之一的，应当确定为国家秘密：

（一）与已定密事项完全一致的；

（二）涉及已定密事项密点的；

（三）是对已定密事项进行概括总结、编辑整合、具体细化的；

（四）原定密机关、单位对使用已定密事项有明确定密要求的。

**第八条** 派生国家秘密的密级应当与已定密事项密级保持一致。已定密事项明确密点及其密级的，应当与所涉及密点的最高密级保持一致。

**第九条** 派生国家秘密的保密期限应当按照已定密事项的保密期限确定，或者与所涉及密点的最长保密期限保持一致。已定密事项未明确保密期限的，可以征求原定密机关、单位意见后确定并作出标注，或者按照保密法规定的最长保密期限执行。

**第十条** 派生国家秘密的知悉范围，应当根据工作需要确定，经本机关、本单位负责人批准。能够限定到具体人员的，限定到具体人员。

原定密机关、单位有明确规定的，应当遵守其规定。

**第十一条** 派生国家秘密的确定应当按照国家秘密确定的法定程序进行。承办人依据已定密事项或者密点，拟定密级、保密期限和知悉范围，报定密责任人审核。定密责任人对承办人意见进行审核，作出决定。

派生定密应当作出书面记录，注明承办人、定密责任人和定密依据。定密依据应当写明依据的文件名称、文号、密级、保密期限等。

**第十二条** 机关、单位所执行或者办理的已定密事项没有变更或者解密的，派生国家秘密不得变更或者解密；所执行或者办理的已定密事项已经变更或者解密的，派生国家秘密的密级、保密期限、知悉范围应当及时作出相应变更或者予以解密。

机关、单位认为所执行或者办理的已定密事项需要变更或者解密的，可以向原定密机关、单位或者其上级机关、单位提出建议。未经有关机关、单位同意，派生国家秘密不得擅自变更或者解密。

**第十三条** 派生国家秘密的变更、解除程序应当履行国家秘密变更或者解除的法定程序。承办人依据已定密事项或者密点的变更、解除情况，提出派生国家秘密变更或者解除意见，报定密责任人审核批准，并作出书面记录。

书面记录应当注明承办人、定密责任人、已定密事项或者密点的变更或者解除情况，以及解密后作为工作秘密管理或者予以公开等。

**第十四条** 派生事项不是对已定密事项内容或者密点进行概括总结、编辑整合、具体细化的，不应当派生定密。该事项是否需要定密，应当依照保密法律法规和国家秘密及其密级具体范围（以下简称保密事项范围）判断。

**第十五条** 派生事项既包括已定密事项内容或者密点，也包括有关行业、领域保密事项范围规定事项的，应当同时依据已定密事项和有关保密事项范围进行定密。密级、保密期限应当按照已定密事项和保密事项范围规定事项的最高密级、最长保密期限确定。知悉范围根据工作需要限定到最小范围。

**第十六条** 原定密机关、单位应当准确确定并规范标注国家秘密的密级、保密期限和知悉范围。对涉密国家科学技术、涉密科研项目、涉密工程、涉密政府采购以及其他可以明确密点的，应当确定密点并作出标注；不能明确标注的，可以附件、附注等形式作出说明。对无法明确密点的，可以编制涉密版和非涉密版，或者对执行、办理环节是否涉及国家秘密、工作秘密等提出明确要求。

原定密机关、单位发现其他机关、单位执行或者办理本机关、本单位已定密事项存在派生定密不当情形的，应当及时要求纠正或者建议纠正，必要时提起保密行政管理部门通知纠正或者责令整改。

**第十七条** 机关、单位对已定密事项是否已变更或者解除以及派生事项是否涉及密点等情况不明确的，可以向原定密机关、单位请示或者函询，原定密机关、单位应当及时予以答复。

**第十八条** 机关、单位应当依法履行派生定密主体责任，加强对本机关、本单位派生定密的监督管理，发现存在派生定密不当情形的，应当及时纠正。

**第十九条** 上级机关、单位应当加强对下级机关、单位派生定密的指导和监督，发现下级机关、单位派生定密不当的，应当及时通知其纠正，也可以直接纠正。

**第二十条** 各级保密行政管理部门应当依法对机关、单位派生定密进行指导、监督和检查，对发现的问题及时通知纠正或者责令整改。

**第二十一条** 机关、单位发现定密责任人和承办人定密不当，有下列情形之一的，应当及时纠正并进行批评教育；造成严重后果的，依规依纪依法给予处分：

（一）派生事项应当确定国家秘密而未确定的；

（二）派生事项不应当确定国家秘密而确定的；

（三）未按照法定程序派生定密的；

（四）未按规定标注派生国家秘密标志的；

（五）未按规定变更派生国家秘密的密级、保密期限、知悉范围的；

（六）派生国家秘密不应当解除而解除的；

（七）派生国家秘密应当解除而未解除的；

（八）违反本办法的其他情形。

**第二十二条** 本办法由国家保密局负责解释。

**第二十三条** 本办法自 2023 年 4 月 1 日起施行。

# （四） 法律责任

## 中华人民共和国公职人员政务处分法

（2020 年 6 月 20 日第十三届全国人民代表大会常务委员会第十九次会议通过 2020 年 6 月 20 日中华人民共和国主席令第 46 号公布 自 2020 年 7 月 1 日起施行）

## 第一章 总 则

**第一条** 为了规范政务处分，加强对所有行使公权力的公职人员的监督，促进公职人员依法履职、秉公用权、廉洁从政从业、坚持道德操守，根据《中华人民共和国监察法》，制定本法。

**第二条** 本法适用于监察机关对违法的公职人员给予政务处分的活动。

本法第二章、第三章适用于公职人员任免机关、单位对违法的公职人员给予处分。处分的程序、申诉等适用其他法律、行政法规、国务院部门规章和国家有关规定。

本法所称公职人员，是指《中华人民共和国监察法》第十五条规定的人员。

**第三条** 监察机关应当按照管理权限，加强对公职人员的监督，依法给予违法的公职人员政务处分。

公职人员任免机关、单位应当按照管理权限，加强对公职人员的教育、管理、监督，依法给予违法的公职人员处分。

监察机关发现公职人员任免机关、单位应当给予处分而未给予，或者给予的处分违法、不当的，应当及时提出监察建议。

**第四条** 给予公职人员政务处分，坚持党管干部原则，集体讨论决定；坚持法律面前一律平等，以事实为根据，以法律为准绳，给予的政务处分与违法行为的性质、情节、危害程度相当；坚持惩戒与教育相结合，宽严相济。

**第五条** 给予公职人员政务处分，应当事实清楚、证据确凿、定性准确、处理恰当、程序合法、手续完备。

**第六条** 公职人员依法履行职责受法律保护，非因法定事由、非经法定程序，不受政务处分。

## 第二章　政务处分的种类和适用

**第七条** 政务处分的种类为：

（一）警告；

（二）记过；

（三）记大过；

（四）降级；

（五）撤职；

（六）开除。

**第八条** 政务处分的期间为：

（一）警告，六个月；

（二）记过，十二个月；

（三）记大过，十八个月；

（四）降级、撤职，二十四个月。

政务处分决定自作出之日起生效，政务处分期自政务处分决定生效之日起计算。

**第九条** 公职人员二人以上共同违法，根据各自在违法行为中所起的作用和应当承担的法律责任，分别给予政务处分。

**第十条** 有关机关、单位、组织集体作出的决定违法或者实施违法行为的，对负有责任的领导人员和直接责任人员中的公职人员依法给予政务处分。

**第十一条** 公职人员有下列情形之一的，可以从轻或者减轻给予政务处分：

（一）主动交代本人应当受到政务处分的违法行为的；

（二）配合调查，如实说明本人违法事实的；

（三）检举他人违纪违法行为，经查证属实的；

（四）主动采取措施，有效避免、挽回损失或者消除不良影响的；

（五）在共同违法行为中起次要或者辅助作用的；

（六）主动上交或者退赔违法所得的；

（七）法律、法规规定的其他从轻或者减轻情节。

**第十二条** 公职人员违法行为情节轻微，且具有本法第十一条规定的情形之一的，可以对其进行谈话提醒、批评教育、责令检查或者予以诫勉，免予或者不予政务处分。

公职人员因不明真相被裹挟或者被胁迫参与违法活动，经批评教育后确有悔改表现的，可以减轻、免予或者不予政务处分。

**第十三条** 公职人员有下列情形之一的，应当从重给予政务处分：

（一）在政务处分期内再次故意违法，应当受到政务处分的；

（二）阻止他人检举、提供证据的；

（三）串供或者伪造、隐匿、毁灭证据的；

（四）包庇同案人员的；

（五）胁迫、唆使他人实施违法行为的；

（六）拒不上交或者退赔违法所得的；

（七）法律、法规规定的其他从重情节。

**第十四条** 公职人员犯罪，有下列情形之一的，予以开除：

（一）因故意犯罪被判处管制、拘役或者有期徒刑以上刑罚（含宣告缓刑）的；

（二）因过失犯罪被判处有期徒刑，刑期超过三年的；

（三）因犯罪被单处或者并处剥夺政治权利的。

因过失犯罪被判处管制、拘役或者三年以下有期徒刑的，一般应当予以开除；案件情况特殊，予以撤职更为适当的，可以不予开除，但是应当报请上一级机关批准。

公职人员因犯罪被单处罚金，或者犯罪情节轻微，人民检察院依法作出不起诉决定或者人民法院依法免予刑事处罚的，予以撤职；造成不良影响的，予以开除。

**第十五条** 公职人员有两个以上违法行为的，应当分别确定政务处分。应当给予两种以上政务处分的，执行其中最重的政务处分；应当给予撤职以下多个相同政务处分的，可以在一个政务处分期以上、多个政务处分期之和以下确定政务处分期，但是最长不得超过四十八个月。

**第十六条** 对公职人员的同一违法行为，监察机关和公职人员任免机关、单位不得重复给予政务处分和处分。

**第十七条** 公职人员有违法行为，有关机关依照规定给予组织处理的，监察机关可以同时给予政务处分。

**第十八条** 担任领导职务的公职人员有违法行为，被罢免、撤销、免去或者辞去领导职务的，监察机关可以同时给予政务处分。

**第十九条** 公务员以及参照《中华人民共和国公务员法》管理的人员在政务处分期内，不得晋升职务、职级、衔级和级别；其中，被记过、记大过、降级、撤职的，不得晋升工资档次。被撤职的，按照规定降低职务、职级、衔级和级别，同时降低工资和待遇。

**第二十条** 法律、法规授权或者受国家机关依法委托管理公共事务的组织中从事公务的人员，以及公办的教育、科研、文化、医疗卫生、体育等单位中从事管理的人员，在政务处分期内，不得晋升职务、岗位和职员等级、职称；其中，被记过、记大过、降级、撤职的，不得晋升薪酬待遇等级。被撤职的，降低职务、岗位或者职员等级，同时降低薪酬待遇。

**第二十一条** 国有企业管理人员在政务处分期内，不得晋升职务、岗位等级和职称；其中，被记过、记大过、降级、撤职的，不得晋升薪酬待遇等级。被撤职的，降低职务或者岗位等级，同时降低薪酬待遇。

**第二十二条** 基层群众性自治组织中从事管理的人员有违法行为的，监察机关可以予以警告、记过、记大过。

基层群众性自治组织中从事管理的人员受到政务处分的，应当由县级或者乡镇人民政府根据具体情况减发或者扣发补贴、奖金。

**第二十三条** 《中华人民共和国监察法》第十五条第六项规定的人员有违法行为的，监察机关可以予以警告、记过、记大过。情节严重的，由所在单位直接给予或者监察机关建议有关机关、单位给予降低薪酬待遇、调离岗位、解除人事关系或者劳动关系等处理。

《中华人民共和国监察法》第十五条第二项规定的人员，未担任公务员、参照《中华人民共和国公务员法》管理的人员、事业单位工作人员或者国有企业人员职务的，对其违法行为依照前款规定处理。

**第二十四条** 公职人员被开除，或者依照本法第二十三条规定，受到解除人事关系或者劳动关系处理的，不得录用为公务员以及参照《中华人民共和国公务员法》管理的人员。

**第二十五条** 公职人员违法取得的财物和用于违法行为的本人财物，除依法应当由其他机关没收、追缴或者责令退赔的，由监察机关没收、追缴或者责令退赔；应当退还原所有人或者原持有人的，依法予以退还；属于国家财产或者不应当退还以及无法退还的，上缴国库。

公职人员因违法行为获得的职务、职级、衔级、级别、岗位和职员等级、职称、待遇、资格、学历、学位、荣誉、奖励等其他利益，监察机关应当建议有关机关、单位、组织按规定予以纠正。

**第二十六条** 公职人员被开除的，自政务处分决定生效之日起，应当解除其与所在机关、单位的人事关系或者劳动关系。

公职人员受到开除以外的政务处分，在政务处分期内有悔改表现，并且没有再发生应当给予政务处分的违法行为的，政务处分期满后自动解除，晋升职务、职级、衔级、级别、岗位和职员等级、职称、薪酬待遇不再受原政务处分影响。但是，解除降级、撤职的，不恢复原职务、职级、衔级、级别、岗位和职员等级、职称、薪酬待遇。

**第二十七条** 已经退休的公职人员退休前或者退休后有违法行为的，不再给予政务处分，但是可以对其立案调查；依法应当予以降级、撤职、开除的，应当按照规定相应调整其享受的待遇，对其违法取得的财物和用于违法行为的本人财物依照本法第二十五条的规定处理。

已经离职或者死亡的公职人员在履职期间有违法行为的，依照前款规定处理。

## 第三章 违法行为及其适用的政务处分

**第二十八条** 有下列行为之一的，予以记过或者记大过；情节较重的，予以降级或者撤职；情节严重的，予以开除：

（一）散布有损宪法权威、中国共产党领导和国家声誉的言论的；

（二）参加旨在反对宪法、中国共产党领导和国家的集会、游行、示威等活动的；

（三）拒不执行或者变相不执行中国共产党和国家的路线方针政策、重大决策部署的；

（四）参加非法组织、非法活动的；

（五）挑拨、破坏民族关系，或者参加民族分裂活动的；

（六）利用宗教活动破坏民族团结和社会稳定的；

（七）在对外交往中损害国家荣誉和利益的。

有前款第二项、第四项、第五项和第六项行为之一的，对策划者、组织者和骨干分子，予以开除。

公开发表反对宪法确立的国家指导思想，反对中国共产党领导，反对社会主义制度，反对改革开放的文章、演说、宣言、声明等的，予以开除。

**第二十九条**　不按照规定请示、报告重大事项，情节较重的，予以警告、记过或者记大过；情节严重的，予以降级或者撤职。

违反个人有关事项报告规定，隐瞒不报，情节较重的，予以警告、记过或者记大过。

篡改、伪造本人档案资料的，予以记过或者记大过；情节严重的，予以降级或者撤职。

**第三十条**　有下列行为之一的，予以警告、记过或者记大过；情节严重的，予以降级或者撤职：

（一）违反民主集中制原则，个人或者少数人决定重大事项，或者拒不执行、擅自改变集体作出的重大决定的；

（二）拒不执行或者变相不执行、拖延执行上级依法作出的决定、命令的。

**第三十一条**　违反规定出境或者办理因私出境证件的，予以记过或者记大过；情节严重的，予以降级或者撤职。

违反规定取得外国国籍或者获取境外永久居留资格、长期居留许可的，予以撤职或者开除。

**第三十二条**　有下列行为之一的，予以警告、记过或者记大过；情节较重的，予以降级或者撤职；情节严重的，予以开除：

（一）在选拔任用、录用、聘用、考核、晋升、评选等干部人事工作中违反有关规定的；

（二）弄虚作假，骗取职务、职级、衔级、级别、岗位和职员等级、职称、待遇、资格、学历、学位、荣誉、奖励或者其他利益的；

（三）对依法行使批评、申诉、控告、检举等权利的行为进行压制或者打击报复的；

（四）诬告陷害，意图使他人受到名誉损害或者责任追究等不良影响的；

（五）以暴力、威胁、贿赂、欺骗等手段破坏选举的。

**第三十三条** 有下列行为之一的，予以警告、记过或者记大过；情节较重的，予以降级或者撤职；情节严重的，予以开除：

（一）贪污贿赂的；

（二）利用职权或者职务上的影响为本人或者他人谋取私利的；

（三）纵容、默许特定关系人利用本人职权或者职务上的影响谋取私利的。

拒不按照规定纠正特定关系人违规任职、兼职或者从事经营活动，且不服从职务调整的，予以撤职。

**第三十四条** 收受可能影响公正行使公权力的礼品、礼金、有价证券等财物的，予以警告、记过或者记大过；情节较重的，予以降级或者撤职；情节严重的，予以开除。

向公职人员及其特定关系人赠送可能影响公正行使公权力的礼品、礼金、有价证券等财物，或者接受、提供可能影响公正行使公权力的宴请、旅游、健身、娱乐等活动安排，情节较重的，予以警告、记过或者记大过；情节严重的，予以降级或者撤职。

**第三十五条** 有下列行为之一，情节较重的，予以警告、记过或者记大过；情节严重的，予以降级或者撤职：

（一）违反规定设定、发放薪酬或者津贴、补贴、奖金的；

（二）违反规定，在公务接待、公务交通、会议活动、办公用房以及其他工作生活保障等方面超标准、超范围的；

（三）违反规定公款消费的。

第三十六条　违反规定从事或者参与营利性活动，或者违反规定兼任职务、领取报酬的，予以警告、记过或者记大过；情节较重的，予以降级或者撤职；情节严重的，予以开除。

第三十七条　利用宗族或者黑恶势力等欺压群众，或者纵容、包庇黑恶势力活动的，予以撤职；情节严重的，予以开除。

第三十八条　有下列行为之一，情节较重的，予以警告、记过或者记大过；情节严重的，予以降级或者撤职：

（一）违反规定向管理服务对象收取、摊派财物的；

（二）在管理服务活动中故意刁难、吃拿卡要的；

（三）在管理服务活动中态度恶劣粗暴，造成不良后果或者影响的；

（四）不按照规定公开工作信息，侵犯管理服务对象知情权，造成不良后果或者影响的；

（五）其他侵犯管理服务对象利益的行为，造成不良后果或者影响的。

有前款第一项、第二项和第五项行为，情节特别严重的，予以开除。

第三十九条　有下列行为之一，造成不良后果或者影响的，予以警告、记过或者记大过；情节较重的，予以降级或者撤职；情节严重的，予以开除：

（一）滥用职权，危害国家利益、社会公共利益或者侵害公民、法人、其他组织合法权益的；

（二）不履行或者不正确履行职责，玩忽职守，贻误工作的；

（三）工作中有形式主义、官僚主义行为的；

（四）工作中有弄虚作假，误导、欺骗行为的；

（五）泄露国家秘密、工作秘密，或者泄露因履行职责掌握的商业秘密、个人隐私的。

第四十条　有下列行为之一的，予以警告、记过或者记大过；情节较重的，予以降级或者撤职；情节严重的，予以开除：

（一）违背社会公序良俗，在公共场所有不当行为，造成不良影响的；

（二）参与或者支持迷信活动，造成不良影响的；

（三）参与赌博的；

（四）拒不承担赡养、抚养、扶养义务的；

（五）实施家庭暴力，虐待、遗弃家庭成员的；

（六）其他严重违反家庭美德、社会公德的行为。

吸食、注射毒品，组织赌博，组织、支持、参与卖淫、嫖娼、色情淫乱活动的，予以撤职或者开除。

**第四十一条** 公职人员有其他违法行为，影响公职人员形象，损害国家和人民利益的，可以根据情节轻重给予相应政务处分。

## 第四章 政务处分的程序

**第四十二条** 监察机关对涉嫌违法的公职人员进行调查，应当由二名以上工作人员进行。监察机关进行调查时，有权依法向有关单位和个人了解情况，收集、调取证据。有关单位和个人应当如实提供情况。

严禁以威胁、引诱、欺骗及其他非法方式收集证据。以非法方式收集的证据不得作为给予政务处分的依据。

**第四十三条** 作出政务处分决定前，监察机关应当将调查认定的违法事实及拟给予政务处分的依据告知被调查人，听取被调查人的陈述和申辩，并对其陈述的事实、理由和证据进行核实，记录在案。被调查人提出的事实、理由和证据成立的，应予采纳。不得因被调查人的申辩而加重政务处分。

**第四十四条** 调查终结后，监察机关应当根据下列不同情况，分别作出处理：

（一）确有应受政务处分的违法行为的，根据情节轻重，按照政务处分决定权限，履行规定的审批手续后，作出政务处分决定；

（二）违法事实不能成立的，撤销案件；

（三）符合免予、不予政务处分条件的，作出免予、不予政务处分决定；

（四）被调查人涉嫌其他违法或者犯罪行为的，依法移送主管机关处理。

**第四十五条** 决定给予政务处分的，应当制作政务处分决定书。

政务处分决定书应当载明下列事项：

（一）被处分人的姓名、工作单位和职务；

（二）违法事实和证据；

（三）政务处分的种类和依据；

（四）不服政务处分决定，申请复审、复核的途径和期限；

（五）作出政务处分决定的机关名称和日期。

政务处分决定书应当盖有作出决定的监察机关的印章。

**第四十六条**　政务处分决定书应当及时送达被处分人和被处分人所在机关、单位，并在一定范围内宣布。

作出政务处分决定后，监察机关应当根据被处分人的具体身份书面告知相关的机关、单位。

**第四十七条**　参与公职人员违法案件调查、处理的人员有下列情形之一的，应当自行回避，被调查人、检举人及其他有关人员也有权要求其回避：

（一）是被调查人或者检举人的近亲属的；

（二）担任过本案的证人的；

（三）本人或者其近亲属与调查的案件有利害关系的；

（四）可能影响案件公正调查、处理的其他情形。

**第四十八条**　监察机关负责人的回避，由上级监察机关决定；其他参与违法案件调查、处理人员的回避，由监察机关负责人决定。

监察机关或者上级监察机关发现参与违法案件调查、处理人员有应当回避情形的，可以直接决定该人员回避。

**第四十九条**　公职人员依法受到刑事责任追究的，监察机关应当根据司法机关的生效判决、裁定、决定及其认定的事实和情节，依照本法规定给予政务处分。

公职人员依法受到行政处罚，应当给予政务处分的，监察机关可以根据行政处罚决定认定的事实和情节，经立案调查核实后，依照本法给予政务处分。

监察机关根据本条第一款、第二款的规定作出政务处分后，司法机关、行政机关依法改变原生效判决、裁定、决定等，对原政务处分决定产生影响的，监察机关应当根据改变后的判决、裁定、决定等重新作出相应处理。

**第五十条**　监察机关对经各级人民代表大会、县级以上各级人民代表大会常务委员会选举或者决定任命的公职人员予以撤职、开除的，应当先依法罢免、撤销或者免去其职务，再依法作出政务处分决定。

监察机关对经中国人民政治协商会议各级委员会全体会议或者其常务委员会选举或者决定任命的公职人员予以撤职、开除的，应当先依章程免去其职务，再依法作出政务处分决定。

监察机关对各级人民代表大会代表、中国人民政治协商会议各级委员会委员给予政务处分的，应当向有关的人民代表大会常务委员会，乡、民族乡、镇的人民代表大会主席团或者中国人民政治协商会议委员会常务委员会通报。

**第五十一条** 下级监察机关根据上级监察机关的指定管辖决定进行调查的案件，调查终结后，对不属于本监察机关管辖范围内的监察对象，应当交有管理权限的监察机关依法作出政务处分决定。

**第五十二条** 公职人员涉嫌违法，已经被立案调查，不宜继续履行职责的，公职人员任免机关、单位可以决定暂停其履行职务。

公职人员在被立案调查期间，未经监察机关同意，不得出境、辞去公职；被调查公职人员所在机关、单位及上级机关、单位不得对其交流、晋升、奖励、处分或者办理退休手续。

**第五十三条** 监察机关在调查中发现公职人员受到不实检举、控告或者诬告陷害，造成不良影响的，应当按照规定及时澄清事实，恢复名誉，消除不良影响。

**第五十四条** 公职人员受到政务处分的，应当将政务处分决定书存入其本人档案。对于受到降级以上政务处分的，应当由人事部门按照管理权限在作出政务处分决定后一个月内办理职务、工资及其他有关待遇等的变更手续；特殊情况下，经批准可以适当延长办理期限，但是最长不得超过六个月。

## 第五章　复审、复核

**第五十五条** 公职人员对监察机关作出的涉及本人的政务处分决定不服的，可以依法向作出决定的监察机关申请复审；公职人员对复审决定仍不服的，可以向上一级监察机关申请复核。

监察机关发现本机关或者下级监察机关作出的政务处分决定确有错误的，应当及时予以纠正或者责令下级监察机关及时予以纠正。

**第五十六条** 复审、复核期间，不停止原政务处分决定的执行。

公职人员不因提出复审、复核而被加重政务处分。

**第五十七条** 有下列情形之一的，复审、复核机关应当撤销原政务处分决定，重新作出决定或者责令原作出决定的监察机关重新作出决定：

（一）政务处分所依据的违法事实不清或者证据不足的；

（二）违反法定程序，影响案件公正处理的；

（三）超越职权或者滥用职权作出政务处分决定的。

**第五十八条** 有下列情形之一的，复审、复核机关应当变更原政务处分决定，或者责令原作出决定的监察机关予以变更：

（一）适用法律、法规确有错误的；

（二）对违法行为的情节认定确有错误的；

（三）政务处分不当的。

**第五十九条** 复审、复核机关认为政务处分决定认定事实清楚，适用法律正确的，应当予以维持。

**第六十条** 公职人员的政务处分决定被变更，需要调整该公职人员的职务、职级、衔级、级别、岗位和职员等级或者薪酬待遇等的，应当按照规定予以调整。政务处分决定被撤销的，应当恢复该公职人员的级别、薪酬待遇，按照原职务、职级、衔级、岗位和职员等级安排相应的职务、职级、衔级、岗位和职员等级，并在原政务处分决定公布范围内为其恢复名誉。没收、追缴财物错误的，应当依法予以返还、赔偿。

公职人员因有本法第五十七条、第五十八条规定的情形被撤销政务处分或者减轻政务处分的，应当对其薪酬待遇受到的损失予以补偿。

# 第六章 法 律 责 任

**第六十一条** 有关机关、单位无正当理由拒不采纳监察建议的，由其上级机关、主管部门责令改正，对该机关、单位给予通报批评，对负有责任的领导人员和直接责任人员依法给予处理。

**第六十二条** 有关机关、单位、组织或者人员有下列情形之一的，由其上级机关，主管部门，任免机关、单位或者监察机关责令改正，依法给予处理：

（一）拒不执行政务处分决定的；

（二）拒不配合或者阻碍调查的；

（三）对检举人、证人或者调查人员进行打击报复的；

（四）诬告陷害公职人员的；

（五）其他违反本法规定的情形。

**第六十三条** 监察机关及其工作人员有下列情形之一的，对负有责任的领导人员和直接责任人员依法给予处理：

（一）违反规定处置问题线索的；

（二）窃取、泄露调查工作信息，或者泄露检举事项、检举受理情况以及检举人信息的；

（三）对被调查人或者涉案人员逼供、诱供，或者侮辱、打骂、虐待、体罚或者变相体罚的；

（四）收受被调查人或者涉案人员的财物以及其他利益的；

（五）违反规定处置涉案财物的；

（六）违反规定采取调查措施的；

（七）利用职权或者职务上的影响干预调查工作、以案谋私的；

（八）违反规定发生办案安全事故，或者发生安全事故后隐瞒不报、报告失实、处置不当的；

（九）违反回避等程序规定，造成不良影响的；

（十）不依法受理和处理公职人员复审、复核的；

（十一）其他滥用职权、玩忽职守、徇私舞弊的行为。

**第六十四条** 违反本法规定，构成犯罪的，依法追究刑事责任。

# 第七章 附 则

**第六十五条** 国务院及其相关主管部门根据本法的原则和精神，结合事业单位、国有企业等的实际情况，对事业单位、国有企业等的违法的公职人员处分事宜作出具体规定。

**第六十六条** 中央军事委员会可以根据本法制定相关具体规定。

**第六十七条** 本法施行前，已结案的案件如果需要复审、复核，适用当时的规定。尚未结案的案件，如果行为发生时的规定不认为是违法的，适用当时的规定；如果行为发生时的规定认为是违法的，依照当时的规定处理，但是如果本法不认为是违法或者根据本法处理较轻的，适用本法。

**第六十八条** 本法自 2020 年 7 月 1 日起施行。

# 中华人民共和国刑法（节录）

（1979 年 7 月 1 日第五届全国人民代表大会第二次会议通过 1997 年 3 月 14 日第八届全国人民代表大会第五次会议修订 根据 1998 年 12 月 29 日第九届全国人民代表大会常务委员会第六次会议通过的《全国人民代表大会常务委员会关于惩治骗购外汇、逃汇和非法买卖外汇犯罪的决定》、1999 年 12 月 25 日第九届全国人民代表大会常务委员会第十三次会议通过的《中华人民共和国刑法修正案》、2001 年 8 月 31 日第九届全国人民代表大会常务委员会第二十三次会议通过的《中华人民共和国刑法修正案（二）》、2001 年 12 月 29 日第九届全国人民代表大会常务委员会第二十五次会议通过的《中华人民共和国刑法修正案（三）》、2002 年 12 月 28 日第九届全国人民代表大会常务委员会第三十一次会议通过的《中华人民共和国刑法修正案（四）》、2005 年 2 月 28 日第十届全国人民代表大会常务委员会第十四次会议通过的《中华人民共和国刑法修正案（五）》、2006 年 6 月 29 日第十届全国人民代表大会常务委员会第二十二次会议通过的《中华人民共和国刑法修正案（六）》、2009 年 2 月 28 日第十一届全国人民代表大会常务委员会第七次会议通过的《中华人民共和国刑法修正案（七）》、2009 年 8 月 27 日第十一届全国人民代表大会常务委员会第十次会议通过的《全国人民代表大会常务委员会关于修改部分法律的决定》、2011 年 2 月 25 日第十一届全国人民代表大会常务委员会第十九次会议通过的《中华人民共和国刑法修正案（八）》、2015 年 8 月 29 日第十二届全国人民代表大会常务委员会第十六次会议通过的《中华人民共和国刑法修正案（九）》、2017 年 11 月 4 日第十二届全国人民代表大会常务委员会第三十次会议通过的《中华人民共和国刑法修正案（十）》、2020 年 12 月 26 日第十三届全国人民代表大会常务委员会第二十四次会议通过的《中华人民共和国刑法修正案（十一）》和 2023 年 12 月 29 日第十四届全国人民代表大会常务委员会第七次会议通过的《中华人民共和国刑法修正案（十二）》修正)①

……

# 第二编　分　　则

## 第一章　危害国家安全罪

**第一百零二条**　【背叛国家罪】勾结外国，危害中华人民共和国的主权、领土完整和安全的，处无期徒刑或者十年以上有期徒刑。

与境外机构、组织、个人相勾结，犯前款罪的，依照前款的规定处罚。

**第一百零三条**　【分裂国家罪】组织、策划、实施分裂国家、破坏国家统一的，对首要分子或者罪行重大的，处无期徒刑或者十年以上有期徒刑；对积极参加的，处三年以上十年以下有期徒刑；对其他参加的，处三年以下有期徒刑、拘役、管制或者剥夺政治权利。

【煽动分裂国家罪】煽动分裂国家、破坏国家统一的，处五年以下有期徒刑、拘役、管制或者剥夺政治权利；首要分子或者罪行重大的，处五年以上有期徒刑。

**第一百零四条**　【武装叛乱、暴乱罪】组织、策划、实施武装叛乱或者武装暴乱的，对首要分子或者罪行重大的，处无期徒刑或者十年以上有期徒刑；对积极参加的，处三年以上十年以下有期徒刑；对其他参加的，处三年以下有期徒刑、拘役、管制或者剥夺政治权利。

策动、胁迫、勾引、收买国家机关工作人员、武装部队人员、人民警察、民兵进行武装叛乱或者武装暴乱的，依照前款的规定从重处罚。

**第一百零五条**　【颠覆国家政权罪】组织、策划、实施颠覆国家政权、推翻社会主义制度的，对首要分子或者罪行重大的，处无期徒刑或者

---

①　刑法、历次刑法修正案、涉及修改刑法的决定的施行日期，分别依据各法律所规定的施行日期确定。

另，分则部分条文主旨是根据司法解释确定罪名所加。——编者注

十年以上有期徒刑；对积极参加的，处三年以上十年以下有期徒刑；对其他参加的，处三年以下有期徒刑、拘役、管制或者剥夺政治权利。

**【煽动颠覆国家政权罪】**以造谣、诽谤或者其他方式煽动颠覆国家政权、推翻社会主义制度的，处五年以下有期徒刑、拘役、管制或者剥夺政治权利；首要分子或者罪行重大的，处五年以上有期徒刑。

**第一百零六条** **【与境外勾结的处罚规定】**与境外机构、组织、个人相勾结，实施本章第一百零三条、第一百零四条、第一百零五条规定之罪的，依照各该条的规定从重处罚。

**第一百零七条** **【资助危害国家安全犯罪活动罪】**境内外机构、组织或者个人资助实施本章第一百零二条、第一百零三条、第一百零四条、第一百零五条规定之罪的，对直接责任人员，处五年以下有期徒刑、拘役、管制或者剥夺政治权利；情节严重的，处五年以上有期徒刑。

**第一百零八条** **【投敌叛变罪】**投敌叛变的，处三年以上十年以下有期徒刑；情节严重或者带领武装部队人员、人民警察、民兵投敌叛变的，处十年以上有期徒刑或者无期徒刑。

**第一百零九条** **【叛逃罪】**国家机关工作人员在履行公务期间，擅离岗位，叛逃境外或者在境外叛逃的，处五年以下有期徒刑、拘役、管制或者剥夺政治权利；情节严重的，处五年以上十年以下有期徒刑。

掌握国家秘密的国家工作人员叛逃境外或者在境外叛逃的，依照前款的规定从重处罚。

**第一百一十条** **【间谍罪】**有下列间谍行为之一，危害国家安全的，处十年以上有期徒刑或者无期徒刑；情节较轻的，处三年以上十年以下有期徒刑：

（一）参加间谍组织或者接受间谍组织及其代理人的任务的；

（二）为敌人指示轰击目标的。

**第一百一十一条** **【为境外窃取、刺探、收买、非法提供国家秘密、情报罪】**为境外的机构、组织、人员窃取、刺探、收买、非法提供国家秘密或者情报的，处五年以上十年以下有期徒刑；情节特别严重的，处十年以上有期徒刑或者无期徒刑；情节较轻的，处五年以下有期徒刑、拘役、管制或者剥夺政治权利。

**第一百一十二条** **【资敌罪】**战时供给敌人武器装备、军用物资资敌的，处十年以上有期徒刑或者无期徒刑；情节较轻的，处三年以上十年以下有期徒刑。

**第一百一十三条** 　**【危害国家安全罪适用死刑、没收财产的规定】**本章上述危害国家安全罪行中，除第一百零三条第二款、第一百零五条、第一百零七条、第一百零九条外，对国家和人民危害特别严重、情节特别恶劣的，可以判处死刑。

犯本章之罪的，可以并处没收财产。

……

# 第六章　妨害社会管理秩序罪

## 第一节　扰乱公共秩序罪

**第二百七十七条** 　**【妨害公务罪】**以暴力、威胁方法阻碍国家机关工作人员依法执行职务的，处三年以下有期徒刑、拘役、管制或者罚金。

以暴力、威胁方法阻碍全国人民代表大会和地方各级人民代表大会代表依法执行代表职务的，依照前款的规定处罚。

在自然灾害和突发事件中，以暴力、威胁方法阻碍红十字会工作人员依法履行职责的，依照第一款的规定处罚。

故意阻碍国家安全机关、公安机关依法执行国家安全工作任务，未使用暴力、威胁方法，造成严重后果的，依照第一款的规定处罚。

**【袭警罪】**暴力袭击正在依法执行职务的人民警察的，处三年以下有期徒刑、拘役或者管制；使用枪支、管制刀具，或者以驾驶机动车撞击等手段，严重危及其人身安全的，处三年以上七年以下有期徒刑。

**第二百七十八条** 　**【煽动暴力抗拒法律实施罪】**煽动群众暴力抗拒国家法律、行政法规实施的，处三年以下有期徒刑、拘役、管制或者剥夺政治权利；造成严重后果的，处三年以上七年以下有期徒刑。

**第二百七十九条** 　**【招摇撞骗罪】**冒充国家机关工作人员招摇撞骗的，处三年以下有期徒刑、拘役、管制或者剥夺政治权利；情节严重的，处三年以上十年以下有期徒刑。

冒充人民警察招摇撞骗的，依照前款的规定从重处罚。

**第二百八十条** 　**【伪造、变造、买卖国家机关公文、证件、印章罪】**

**【盗窃、抢夺、毁灭国家机关公文、证件、印章罪】**伪造、变造、买卖或者盗窃、抢夺、毁灭国家机关的公文、证件、印章的，处三年以下有期徒刑、拘役、管制或者剥夺政治权利，并处罚金；情节严重的，处三年以上十年以下有期徒刑，并处罚金。

**【伪造公司、企业、事业单位、人民团体印章罪】**伪造公司、企业、事业单位、人民团体的印章的，处三年以下有期徒刑、拘役、管制或者剥夺政治权利，并处罚金。

**【伪造、变造、买卖身份证件罪】**伪造、变造、买卖居民身份证、护照、社会保障卡、驾驶证等依法可以用于证明身份的证件的，处三年以下有期徒刑、拘役、管制或者剥夺政治权利，并处罚金；情节严重的，处三年以上七年以下有期徒刑，并处罚金。

**第二百八十条之一**　**【使用虚假身份证件、盗用身份证件罪】**在依照国家规定应当提供身份证明的活动中，使用伪造、变造的或者盗用他人的居民身份证、护照、社会保障卡、驾驶证等依法可以用于证明身份的证件，情节严重的，处拘役或者管制，并处或者单处罚金。

有前款行为，同时构成其他犯罪的，依照处罚较重的规定定罪处罚。

**第二百八十条之二**　**【冒名顶替罪】**盗用、冒用他人身份，顶替他人取得的高等学历教育入学资格、公务员录用资格、就业安置待遇的，处三年以下有期徒刑、拘役或者管制，并处罚金。

组织、指使他人实施前款行为的，依照前款的规定从重处罚。

国家工作人员有前两款行为，又构成其他犯罪的，依照数罪并罚的规定处罚。

**第二百八十一条**　**【非法生产、买卖警用装备罪】**非法生产、买卖人民警察制式服装、车辆号牌等专用标志、警械，情节严重的，处三年以下有期徒刑、拘役或者管制，并处或者单处罚金。

单位犯前款罪的，对单位判处罚金，并对其直接负责的主管人员和其他直接责任人员，依照前款的规定处罚。

**第二百八十二条**　**【非法获取国家秘密罪】**以窃取、刺探、收买方法，非法获取国家秘密的，处三年以下有期徒刑、拘役、管制或者剥夺政治权利；情节严重的，处三年以上七年以下有期徒刑。

**【非法持有国家绝密、机密文件、资料、物品罪】**非法持有属于国家绝密、机密的文件、资料或者其他物品，拒不说明来源与用途的，处三年以下有期徒刑、拘役或者管制。

**第二百八十三条** **【非法生产、销售专用间谍器材、窃听、窃照专用器材罪】**非法生产、销售专用间谍器材或者窃听、窃照专用器材的，处三年以下有期徒刑、拘役或者管制，并处或者单处罚金；情节严重的，处三年以上七年以下有期徒刑，并处罚金。

单位犯前款罪的，对单位判处罚金，并对其直接负责的主管人员和其他直接责任人员，依照前款的规定处罚。

**第二百八十四条** **【非法使用窃听、窃照专用器材罪】**非法使用窃听、窃照专用器材，造成严重后果的，处二年以下有期徒刑、拘役或者管制。

**第二百八十四条之一** **【组织考试作弊罪】**在法律规定的国家考试中，组织作弊的，处三年以下有期徒刑或者拘役，并处或者单处罚金；情节严重的，处三年以上七年以下有期徒刑，并处罚金。

为他人实施前款犯罪提供作弊器材或者其他帮助的，依照前款的规定处罚。

**【非法出售、提供试题、答案罪】**为实施考试作弊行为，向他人非法出售或者提供第一款规定的考试的试题、答案的，依照第一款的规定处罚。

**【代替考试罪】**代替他人或者让他人代替自己参加第一款规定的考试的，处拘役或者管制，并处或者单处罚金。

**第二百八十五条** **【非法侵入计算机信息系统罪】**违反国家规定，侵入国家事务、国防建设、尖端科学技术领域的计算机信息系统的，处三年以下有期徒刑或者拘役。

**【非法获取计算机信息系统数据、非法控制计算机信息系统罪】**违反国家规定，侵入前款规定以外的计算机信息系统或者采用其他技术手段，获取该计算机信息系统中存储、处理或者传输的数据，或者对该计算机信息系统实施非法控制，情节严重的，处三年以下有期徒刑或者拘役，并处或者单处罚金；情节特别严重的，处三年以上七年以下有期徒刑，并处罚金。

**【提供侵入、非法控制计算机信息系统程序、工具罪】**提供专门用于侵入、非法控制计算机信息系统的程序、工具，或者明知他人实施侵入、非法控制计算机信息系统的违法犯罪行为而为其提供程序、工具，情节严重的，依照前款的规定处罚。

单位犯前三款罪的，对单位判处罚金，并对其直接负责的主管人员和其他直接责任人员，依照各该款的规定处罚。

**第二百八十六条** 【破坏计算机信息系统罪】违反国家规定，对计算机信息系统功能进行删除、修改、增加、干扰，造成计算机信息系统不能正常运行，后果严重的，处五年以下有期徒刑或者拘役；后果特别严重的，处五年以上有期徒刑。

违反国家规定，对计算机信息系统中存储、处理或者传输的数据和应用程序进行删除、修改、增加的操作，后果严重的，依照前款的规定处罚。

故意制作、传播计算机病毒等破坏性程序，影响计算机系统正常运行，后果严重的，依照第一款的规定处罚。

单位犯前三款罪的，对单位判处罚金，并对其直接负责的主管人员和其他直接责任人员，依照第一款的规定处罚。

**第二百八十六条之一** 【拒不履行信息网络安全管理义务罪】网络服务提供者不履行法律、行政法规规定的信息网络安全管理义务，经监管部门责令采取改正措施而拒不改正，有下列情形之一的，处三年以下有期徒刑、拘役或者管制，并处或者单处罚金：

（一）致使违法信息大量传播的；

（二）致使用户信息泄露，造成严重后果的；

（三）致使刑事案件证据灭失，情节严重的；

（四）有其他严重情节的。

单位犯前款罪的，对单位判处罚金，并对其直接负责的主管人员和其他直接责任人员，依照前款的规定处罚。

有前两款行为，同时构成其他犯罪的，依照处罚较重的规定定罪处罚。

**第二百八十七条** 【利用计算机实施犯罪的定罪处罚】利用计算机实施金融诈骗、盗窃、贪污、挪用公款、窃取国家秘密或者其他犯罪的，依照本法有关规定定罪处罚。

**第二百八十七条之一** 【非法利用信息网络罪】利用信息网络实施下列行为之一，情节严重的，处三年以下有期徒刑或者拘役，并处或者单处罚金：

（一）设立用于实施诈骗、传授犯罪方法、制作或者销售违禁物品、管制物品等违法犯罪活动的网站、通讯群组的；

（二）发布有关制作或者销售毒品、枪支、淫秽物品等违禁物品、管制物品或者其他违法犯罪信息的；

（三）为实施诈骗等违法犯罪活动发布信息的。

单位犯前款罪的，对单位判处罚金，并对其直接负责的主管人员和其他直接责任人员，依照第一款的规定处罚。

有前两款行为，同时构成其他犯罪的，依照处罚较重的规定定罪处罚。

**第二百八十七条之二** 　【帮助信息网络犯罪活动罪】明知他人利用信息网络实施犯罪，为其犯罪提供互联网接入、服务器托管、网络存储、通讯传输等技术支持，或者提供广告推广、支付结算等帮助，情节严重的，处三年以下有期徒刑或者拘役，并处或者单处罚金。

单位犯前款罪的，对单位判处罚金，并对其直接负责的主管人员和其他直接责任人员，依照第一款的规定处罚。

有前两款行为，同时构成其他犯罪的，依照处罚较重的规定定罪处罚。

**第二百八十八条** 　【扰乱无线电通讯管理秩序罪】违反国家规定，擅自设置、使用无线电台（站），或者擅自使用无线电频率，干扰无线电通讯秩序，情节严重的，处三年以下有期徒刑、拘役或者管制，并处或者单处罚金；情节特别严重的，处三年以上七年以下有期徒刑，并处罚金。

单位犯前款罪的，对单位判处罚金，并对其直接负责的主管人员和其他直接责任人员，依照前款的规定处罚。

**第二百八十九条** 　【故意伤害罪】【故意杀人罪】【抢劫罪】聚众"打砸抢"，致人伤残、死亡的，依照本法第二百三十四条、第二百三十二条的规定定罪处罚。毁坏或者抢走公私财物的，除判令退赔外，对首要分子，依照本法第二百六十三条的规定定罪处罚。

**第二百九十条** 　【聚众扰乱社会秩序罪】聚众扰乱社会秩序，情节严重，致使工作、生产、营业和教学、科研、医疗无法进行，造成严重损失的，对首要分子，处三年以上七年以下有期徒刑；对其他积极参加的，处三年以下有期徒刑、拘役、管制或者剥夺政治权利。

**【聚众冲击国家机关罪】**聚众冲击国家机关，致使国家机关工作无法进行，造成严重损失的，对首要分子，处五年以上十年以下有期徒刑；对其他积极参加的，处五年以下有期徒刑、拘役、管制或者剥夺政治权利。

【扰乱国家机关工作秩序罪】多次扰乱国家机关工作秩序，经行政处罚后仍不改正，造成严重后果的，处三年以下有期徒刑、拘役或者管制。

【组织、资助非法聚集罪】多次组织、资助他人非法聚集，扰乱社会秩序，情节严重的，依照前款的规定处罚。

**第二百九十一条** 【聚众扰乱公共场所秩序、交通秩序罪】聚众扰乱车站、码头、民用航空站、商场、公园、影剧院、展览会、运动场或者其他公共场所秩序，聚众堵塞交通或者破坏交通秩序，抗拒、阻碍国家治安管理工作人员依法执行职务，情节严重的，对首要分子，处五年以下有期徒刑、拘役或者管制。

**第二百九十一条之一** 【投放虚假危险物质罪】【编造、故意传播虚假恐怖信息罪】投放虚假的爆炸性、毒害性、放射性、传染病病原体等物质，或者编造爆炸威胁、生化威胁、放射威胁等恐怖信息，或者明知是编造的恐怖信息而故意传播，严重扰乱社会秩序的，处五年以下有期徒刑、拘役或者管制；造成严重后果的，处五年以上有期徒刑。

【编造、故意传播虚假信息罪】编造虚假的险情、疫情、灾情、警情，在信息网络或者其他媒体上传播，或者明知是上述虚假信息，故意在信息网络或者其他媒体上传播，严重扰乱社会秩序的，处三年以下有期徒刑、拘役或者管制；造成严重后果的，处三年以上七年以下有期徒刑。

**第二百九十一条之二** 【高空抛物罪】从建筑物或者其他高空抛掷物品，情节严重的，处一年以下有期徒刑、拘役或者管制，并处或者单处罚金。

有前款行为，同时构成其他犯罪的，依照处罚较重的规定定罪处罚。

**第二百九十二条** 【聚众斗殴罪】聚众斗殴的，对首要分子和其他积极参加的，处三年以下有期徒刑、拘役或者管制；有下列情形之一的，对首要分子和其他积极参加的，处三年以上十年以下有期徒刑：

（一）多次聚众斗殴的；

（二）聚众斗殴人数多，规模大，社会影响恶劣的；

（三）在公共场所或者交通要道聚众斗殴，造成社会秩序严重混乱的；

（四）持械聚众斗殴的。

聚众斗殴，致人重伤、死亡的，依照本法第二百三十四条、第二百三十二条的规定定罪处罚。

**第二百九十三条** 【寻衅滋事罪】有下列寻衅滋事行为之一，破坏社会秩序的，处五年以下有期徒刑、拘役或者管制：

（一）随意殴打他人，情节恶劣的；

（二）追逐、拦截、辱骂、恐吓他人，情节恶劣的；

（三）强拿硬要或者任意损毁、占用公私财物，情节严重的；

（四）在公共场所起哄闹事，造成公共场所秩序严重混乱的。

纠集他人多次实施前款行为，严重破坏社会秩序的，处五年以上十年以下有期徒刑，可以并处罚金。

**第二百九十三条之一** 【催收非法债务罪】有下列情形之一，催收高利放贷等产生的非法债务，情节严重的，处三年以下有期徒刑、拘役或者管制，并处或者单处罚金：

（一）使用暴力、胁迫方法的；

（二）限制他人人身自由或者侵入他人住宅的；

（三）恐吓、跟踪、骚扰他人的。

**第二百九十四条** 【组织、领导、参加黑社会性质组织罪】组织、领导黑社会性质的组织的，处七年以上有期徒刑，并处没收财产；积极参加的，处三年以上七年以下有期徒刑，可以并处罚金或者没收财产；其他参加的，处三年以下有期徒刑、拘役、管制或者剥夺政治权利，可以并处罚金。

【入境发展黑社会组织罪】境外的黑社会组织的人员到中华人民共和国境内发展组织成员的，处三年以上十年以下有期徒刑。

【包庇、纵容黑社会性质组织罪】国家机关工作人员包庇黑社会性质的组织，或者纵容黑社会性质的组织进行违法犯罪活动的，处五年以下有期徒刑；情节严重的，处五年以上有期徒刑。

犯前三款罪又有其他犯罪行为的，依照数罪并罚的规定处罚。

黑社会性质的组织应当同时具备以下特征：

（一）形成较稳定的犯罪组织，人数较多，有明确的组织者、领导者，骨干成员基本固定；

（二）有组织地通过违法犯罪活动或者其他手段获取经济利益，具有一定的经济实力，以支持该组织的活动；

（三）以暴力、威胁或者其他手段，有组织地多次进行违法犯罪活动，为非作恶，欺压、残害群众；

（四）通过实施违法犯罪活动，或者利用国家工作人员的包庇或者纵容，称霸一方，在一定区域或者行业内，形成非法控制或者重大影响，严重破坏经济、社会生活秩序。

**第二百九十五条** 【传授犯罪方法罪】传授犯罪方法的，处五年以下有期徒刑、拘役或者管制；情节严重的，处五年以上十年以下有期徒刑；情节特别严重的，处十年以上有期徒刑或者无期徒刑。

**第二百九十六条** 【非法集会、游行、示威罪】举行集会、游行、示威，未依照法律规定申请或者申请未获许可，或者未按照主管机关许可的起止时间、地点、路线进行，又拒不服从解散命令，严重破坏社会秩序的，对集会、游行、示威的负责人和直接责任人员，处五年以下有期徒刑、拘役、管制或者剥夺政治权利。

**第二百九十七条** 【非法携带武器、管制刀具、爆炸物参加集会、游行、示威罪】违反法律规定，携带武器、管制刀具或者爆炸物参加集会、游行、示威的，处三年以下有期徒刑、拘役、管制或者剥夺政治权利。

**第二百九十八条** 【破坏集会、游行、示威罪】扰乱、冲击或者以其他方法破坏依法举行的集会、游行、示威，造成公共秩序混乱的，处五年以下有期徒刑、拘役、管制或者剥夺政治权利。

**第二百九十九条** 【侮辱国旗、国徽、国歌罪】在公共场合，故意以焚烧、毁损、涂划、玷污、践踏等方式侮辱中华人民共和国国旗、国徽的，处三年以下有期徒刑、拘役、管制或者剥夺政治权利。

在公共场合，故意篡改中华人民共和国国歌歌词、曲谱，以歪曲、贬损方式奏唱国歌，或者以其他方式侮辱国歌，情节严重的，依照前款的规定处罚。

**第二百九十九条之一** 【侵害英雄烈士名誉、荣誉罪】侮辱、诽谤或者以其他方式侵害英雄烈士的名誉、荣誉，损害社会公共利益，情节严重的，处三年以下有期徒刑、拘役、管制或者剥夺政治权利。

**第三百条** 【组织、利用会道门、邪教组织、利用迷信破坏法律实施罪】组织、利用会道门、邪教组织或者利用迷信破坏国家法律、行政法规实施的，处三年以上七年以下有期徒刑，并处罚金；情节特别严重的，处七年以上有期徒刑或者无期徒刑，并处罚金或者没收财产；情节较轻的，处三年以下有期徒刑、拘役、管制或者剥夺政治权利，并处或者单处罚金。

**【组织、利用会道门、邪教组织、利用迷信致人重伤、死亡罪】** 组织、利用会道门、邪教组织或者利用迷信蒙骗他人，致人重伤、死亡的，依照前款的规定处罚。

犯第一款罪又有奸淫妇女、诈骗财物等犯罪行为的，依照数罪并罚的规定处罚。

**第三百零一条** **【聚众淫乱罪】** 聚众进行淫乱活动的，对首要分子或者多次参加的，处五年以下有期徒刑、拘役或者管制。

**【引诱未成年人聚众淫乱罪】** 引诱未成年人参加聚众淫乱活动的，依照前款的规定从重处罚。

**第三百零二条** **【盗窃、侮辱、故意毁坏尸体、尸骨、骨灰罪】** 盗窃、侮辱、故意毁坏尸体、尸骨、骨灰的，处三年以下有期徒刑、拘役或者管制。

**第三百零三条** **【赌博罪】** 以营利为目的，聚众赌博或者以赌博为业的，处三年以下有期徒刑、拘役或者管制，并处罚金。

**【开设赌场罪】** 开设赌场的，处五年以下有期徒刑、拘役或者管制，并处罚金；情节严重的，处五年以上十年以下有期徒刑，并处罚金。

**【组织参与国（境）外赌博罪】** 组织中华人民共和国公民参与国（境）外赌博，数额巨大或者有其他严重情节的，依照前款的规定处罚。

**第三百零四条** **【故意延误投递邮件罪】** 邮政工作人员严重不负责任，故意延误投递邮件，致使公共财产、国家和人民利益遭受重大损失的，处二年以下有期徒刑或者拘役。

## 第二节　妨害司法罪

**第三百零五条** **【伪证罪】** 在刑事诉讼中，证人、鉴定人、记录人、翻译人对与案件有重要关系的情节，故意作虚假证明、鉴定、记录、翻译，意图陷害他人或者隐匿罪证的，处三年以下有期徒刑或者拘役；情节严重的，处三年以上七年以下有期徒刑。

**第三百零六条** **【辩护人、诉讼代理人毁灭证据、伪造证据、妨害作证罪】** 在刑事诉讼中，辩护人、诉讼代理人毁灭、伪造证据，帮助当事人毁灭、伪造证据，威胁、引诱证人违背事实改变证言或者作伪证的，处三年以下有期徒刑或者拘役；情节严重的，处三年以上七年以下有期徒刑。

辩护人、诉讼代理人提供、出示、引用的证人证言或者其他证据失实，不是有意伪造的，不属于伪造证据。

**第三百零七条** 【妨害作证罪】以暴力、威胁、贿买等方法阻止证人作证或者指使他人作伪证的，处三年以下有期徒刑或者拘役；情节严重的，处三年以上七年以下有期徒刑。

【帮助毁灭、伪造证据罪】帮助当事人毁灭、伪造证据，情节严重的，处三年以下有期徒刑或者拘役。

司法工作人员犯前两款罪的，从重处罚。

**第三百零七条之一** 【虚假诉讼罪】以捏造的事实提起民事诉讼，妨害司法秩序或者严重侵害他人合法权益的，处三年以下有期徒刑、拘役或者管制，并处或者单处罚金；情节严重的，处三年以上七年以下有期徒刑，并处罚金。

单位犯前款罪的，对单位判处罚金，并对其直接负责的主管人员和其他直接责任人员，依照前款的规定处罚。

有第一款行为，非法占有他人财产或者逃避合法债务，又构成其他犯罪的，依照处罚较重的规定定罪从重处罚。

司法工作人员利用职权，与他人共同实施前三款行为的，从重处罚；同时构成其他犯罪的，依照处罚较重的规定定罪从重处罚。

**第三百零八条** 【打击报复证人罪】对证人进行打击报复的，处三年以下有期徒刑或者拘役；情节严重的，处三年以上七年以下有期徒刑。

**第三百零八条之一** [泄露不应公开的案件信息罪]司法工作人员、辩护人、诉讼代理人或者其他诉讼参与人，泄露依法不公开审理的案件中不应当公开的信息，造成信息公开传播或者其他严重后果的，处三年以下有期徒刑、拘役或者管制，并处或者单处罚金。

有前款行为，泄露国家秘密的，依照本法第三百九十八条的规定定罪处罚。

【披露、报道不应公开的案件信息罪】公开披露、报道第一款规定的案件信息，情节严重的，依照第一款的规定处罚。

单位犯前款罪的，对单位判处罚金，并对其直接负责的主管人员和其他直接责任人员，依照第一款的规定处罚。

**第三百零九条** 【扰乱法庭秩序罪】有下列扰乱法庭秩序情形之一的，处三年以下有期徒刑、拘役、管制或者罚金：

（一）聚众哄闹、冲击法庭的；

（二）殴打司法工作人员或者诉讼参与人的；

（三）侮辱、诽谤、威胁司法工作人员或者诉讼参与人，不听法庭制止，严重扰乱法庭秩序的；

（四）有毁坏法庭设施，抢夺、损毁诉讼文书、证据等扰乱法庭秩序行为，情节严重的。

**第三百一十条** 【窝藏、包庇罪】明知是犯罪的人而为其提供隐藏处所、财物，帮助其逃匿或者作假证明包庇的，处三年以下有期徒刑、拘役或者管制；情节严重的，处三年以上十年以下有期徒刑。

犯前款罪，事前通谋的，以共同犯罪论处。

**第三百一十一条** 【拒绝提供间谍犯罪、恐怖主义犯罪、极端主义犯罪证据罪】明知他人有间谍犯罪或者恐怖主义、极端主义犯罪行为，在司法机关向其调查有关情况、收集有关证据时，拒绝提供，情节严重的，处三年以下有期徒刑、拘役或者管制。

**第三百一十二条** 【掩饰、隐瞒犯罪所得、犯罪所得收益罪】明知是犯罪所得及其产生的收益而予以窝藏、转移、收购、代为销售或者以其他方法掩饰、隐瞒的，处三年以下有期徒刑、拘役或者管制，并处或者单处罚金；情节严重的，处三年以上七年以下有期徒刑，并处罚金。

单位犯前款罪的，对单位判处罚金，并对其直接负责的主管人员和其他直接责任人员，依照前款的规定处罚。

**第三百一十三条** 【拒不执行判决、裁定罪】对人民法院的判决、裁定有能力执行而拒不执行，情节严重的，处三年以下有期徒刑、拘役或者罚金；情节特别严重的，处三年以上七年以下有期徒刑，并处罚金。

单位犯前款罪的，对单位判处罚金，并对其直接负责的主管人员和其他直接责任人员，依照前款的规定处罚。

**第三百一十四条** 【非法处置查封、扣押、冻结的财产罪】隐藏、转移、变卖、故意毁损已被司法机关查封、扣押、冻结的财产，情节严重的，处三年以下有期徒刑、拘役或者罚金。

第三百一十五条 【破坏监管秩序罪】依法被关押的罪犯，有下列破坏监管秩序行为之一，情节严重的，处三年以下有期徒刑：

（一）殴打监管人员的；

（二）组织其他被监管人破坏监管秩序的；

（三）聚众闹事，扰乱正常监管秩序的；

（四）殴打、体罚或者指使他人殴打、体罚其他被监管人的。

第三百一十六条 【脱逃罪】依法被关押的罪犯、被告人、犯罪嫌疑人脱逃的，处五年以下有期徒刑或者拘役。

【劫夺被押解人员罪】劫夺押解途中的罪犯、被告人、犯罪嫌疑人的，处三年以上七年以下有期徒刑；情节严重的，处七年以上有期徒刑。

第三百一十七条 【组织越狱罪】组织越狱的首要分子和积极参加的，处五年以上有期徒刑；其他参加的，处五年以下有期徒刑或者拘役。

【暴动越狱罪】【聚众持械劫狱罪】暴动越狱或者聚众持械劫狱的首要分子和积极参加的，处十年以上有期徒刑或者无期徒刑；情节特别严重的，处死刑；其他参加的，处三年以上十年以下有期徒刑。

……

# 第九章 渎 职 罪

第三百九十七条 【滥用职权罪】【玩忽职守罪】国家机关工作人员滥用职权或者玩忽职守，致使公共财产、国家和人民利益遭受重大损失的，处三年以下有期徒刑或者拘役；情节特别严重的，处三年以上七年以下有期徒刑。本法另有规定的，依照规定。

国家机关工作人员徇私舞弊，犯前款罪的，处五年以下有期徒刑或者拘役；情节特别严重的，处五年以上十年以下有期徒刑。本法另有规定的，依照规定。

第三百九十八条 【故意泄露国家秘密罪】【过失泄露国家秘密罪】国家机关工作人员违反保守国家秘密法的规定，故意或者过失泄露国家秘密，情节严重的，处三年以下有期徒刑或者拘役；情节特别严重的，处三年以上七年以下有期徒刑。

非国家机关工作人员犯前款罪的，依照前款的规定酌情处罚。

第三百九十九条 【徇私枉法罪】司法工作人员徇私枉法、徇情枉法，对明知是无罪的人而使他受追诉、对明知是有罪的人而故意包庇不使他受追诉，或者在刑事审判活动中故意违背事实和法律作枉法裁判的，处五年以下有期徒刑或者拘役；情节严重的，处五年以上十年以下有期徒刑；情节特别严重的，处十年以上有期徒刑。

**【民事、行政枉法裁判罪】** 在民事、行政审判活动中故意违背事实和法律作枉法裁判，情节严重的，处五年以下有期徒刑或者拘役；情节特别严重的，处五年以上十年以下有期徒刑。

**【执行判决、裁定失职罪】【执行判决、裁定滥用职权罪】** 在执行判决、裁定活动中，严重不负责任或者滥用职权，不依法采取诉讼保全措施、不履行法定执行职责，或者违法采取诉讼保全措施、强制执行措施，致使当事人或者其他人的利益遭受重大损失的，处五年以下有期徒刑或者拘役；致使当事人或者其他人的利益遭受特别重大损失的，处五年以上十年以下有期徒刑。

司法工作人员收受贿赂，有前三款行为的，同时又构成本法第三百八十五条规定之罪的，依照处罚较重的规定定罪处罚。

**第三百九十九条之一** **【枉法仲裁罪】** 依法承担仲裁职责的人员，在仲裁活动中故意违背事实和法律作枉法裁决，情节严重的，处三年以下有期徒刑或者拘役；情节特别严重的，处三年以上七年以下有期徒刑。

**第四百条** **【私放在押人员罪】** 司法工作人员私放在押的犯罪嫌疑人、被告人或者罪犯的，处五年以下有期徒刑或者拘役；情节严重的，处五年以上十年以下有期徒刑；情节特别严重的，处十年以上有期徒刑。

**【失职致使在押人员脱逃罪】** 司法工作人员由于严重不负责任，致使在押的犯罪嫌疑人、被告人或者罪犯脱逃，造成严重后果的，处三年以下有期徒刑或者拘役；造成特别严重后果的，处三年以上十年以下有期徒刑。

**第四百零一条** **【徇私舞弊减刑、假释、暂予监外执行罪】** 司法工作人员徇私舞弊，对不符合减刑、假释、暂予监外执行条件的罪犯，予以减刑、假释或者暂予监外执行的，处三年以下有期徒刑或者拘役；情节严重的，处三年以上七年以下有期徒刑。

**第四百零二条** **【徇私舞弊不移交刑事案件罪】** 行政执法人员徇私舞弊，对依法应当移交司法机关追究刑事责任的不移交，情节严重的，处三年以下有期徒刑或者拘役；造成严重后果的，处三年以上七年以下有期徒刑。

**第四百零三条** 【滥用管理公司、证券职权罪】国家有关主管部门的国家机关工作人员，徇私舞弊，滥用职权，对不符合法律规定条件的公司设立、登记申请或者股票、债券发行、上市申请，予以批准或者登记，致使公共财产、国家和人民利益遭受重大损失的，处五年以下有期徒刑或者拘役。

上级部门强令登记机关及其工作人员实施前款行为的，对其直接负责的主管人员，依照前款的规定处罚。

**第四百零四条** 【徇私舞弊不征、少征税款罪】税务机关的工作人员徇私舞弊，不征或者少征应征税款，致使国家税收遭受重大损失的，处五年以下有期徒刑或者拘役；造成特别重大损失的，处五年以上有期徒刑。

**第四百零五条** 【徇私舞弊发售发票、抵扣税款、出口退税罪】税务机关的工作人员违反法律、行政法规的规定，在办理发售发票、抵扣税款、出口退税工作中，徇私舞弊，致使国家利益遭受重大损失的，处五年以下有期徒刑或者拘役；致使国家利益遭受特别重大损失的，处五年以上有期徒刑。

【违法提供出口退税凭证罪】其他国家机关工作人员违反国家规定，在提供出口货物报关单、出口收汇核销单等出口退税凭证的工作中，徇私舞弊，致使国家利益遭受重大损失的，依照前款的规定处罚。

**第四百零六条** 【国家机关工作人员签订、履行合同失职被骗罪】国家机关工作人员在签订、履行合同过程中，因严重不负责任被诈骗，致使国家利益遭受重大损失的，处三年以下有期徒刑或者拘役；致使国家利益遭受特别重大损失的，处三年以上七年以下有期徒刑。

**第四百零七条** 【违法发放林木采伐许可证罪】林业主管部门的工作人员违反森林法的规定，超过批准的年采伐限额发放林木采伐许可证或者违反规定滥发林木采伐许可证，情节严重，致使森林遭受严重破坏的，处三年以下有期徒刑或者拘役。

**第四百零八条** 【环境监管失职罪】负有环境保护监督管理职责的国家机关工作人员严重不负责任，导致发生重大环境污染事故，致使公私财产遭受重大损失或者造成人身伤亡的严重后果的，处三年以下有期徒刑或者拘役。

第四百零八条之一 　【食品、药品监管渎职罪】负有食品药品安全监督管理职责的国家机关工作人员，滥用职权或者玩忽职守，有下列情形之一，造成严重后果或者有其他严重情节的，处五年以下有期徒刑或者拘役；造成特别严重后果或者有其他特别严重情节的，处五年以上十年以下有期徒刑：

（一）瞒报、谎报食品安全事故、药品安全事件的；

（二）对发现的严重食品药品安全违法行为未按规定查处的；

（三）在药品和特殊食品审批审评过程中，对不符合条件的申请准予许可的；

（四）依法应当移交司法机关追究刑事责任不移交的；

（五）有其他滥用职权或者玩忽职守行为的。

徇私舞弊犯前款罪的，从重处罚。

第四百零九条 　【传染病防治失职罪】从事传染病防治的政府卫生行政部门的工作人员严重不负责任，导致传染病传播或者流行，情节严重的，处三年以下有期徒刑或者拘役。

第四百一十条 　【非法批准征收、征用、占用土地罪】【非法低价出让国有土地使用权罪】国家机关工作人员徇私舞弊，违反土地管理法规，滥用职权，非法批准征收、征用、占用土地，或者非法低价出让国有土地使用权，情节严重的，处三年以下有期徒刑或者拘役；致使国家或者集体利益遭受特别重大损失的，处三年以上七年以下有期徒刑。

第四百一十一条 　【放纵走私罪】海关工作人员徇私舞弊，放纵走私，情节严重的，处五年以下有期徒刑或者拘役；情节特别严重的，处五年以上有期徒刑。

第四百一十二条 　【商检徇私舞弊罪】国家商检部门、商检机构的工作人员徇私舞弊，伪造检验结果的，处五年以下有期徒刑或者拘役；造成严重后果的，处五年以上十年以下有期徒刑。

【商检失职罪】前款所列人员严重不负责任，对应当检验的物品不检验，或者延误检验出证、错误出证，致使国家利益遭受重大损失的，处三年以下有期徒刑或者拘役。

第四百一十三条 　【动植物检疫徇私舞弊罪】动植物检疫机关的检疫人员徇私舞弊，伪造检疫结果的，处五年以下有期徒刑或者拘役；造成严重后果的，处五年以上十年以下有期徒刑。

【动植物检疫失职罪】前款所列人员严重不负责任，对应当检疫的检疫物不检疫，或者延误检疫出证、错误出证，致使国家利益遭受重大损失的，处三年以下有期徒刑或者拘役。

**第四百一十四条** 【放纵制售伪劣商品犯罪行为罪】对生产、销售伪劣商品犯罪行为负有追究责任的国家机关工作人员，徇私舞弊，不履行法律规定的追究职责，情节严重的，处五年以下有期徒刑或者拘役。

**第四百一十五条** 【办理偷越国（边）境人员出入境证件罪】【放行偷越国（边）境人员罪】负责办理护照、签证以及其他出入境证件的国家机关工作人员，对明知是企图偷越国（边）境的人员，予以办理出入境证件的，或者边防、海关等国家机关工作人员，对明知是偷越国（边）境的人员，予以放行的，处三年以下有期徒刑或者拘役；情节严重的，处三年以上七年以下有期徒刑。

**第四百一十六条** 【不解救被拐卖、绑架妇女、儿童罪】对被拐卖、绑架的妇女、儿童负有解救职责的国家机关工作人员，接到被拐卖、绑架的妇女、儿童及其家属的解救要求或者接到其他人的举报，而对被拐卖、绑架的妇女、儿童不进行解救，造成严重后果的，处五年以下有期徒刑或者拘役。

【阻碍解救被拐卖、绑架妇女、儿童罪】负有解救职责的国家机关工作人员利用职务阻碍解救的，处二年以上七年以下有期徒刑；情节较轻的，处二年以下有期徒刑或者拘役。

**第四百一十七条** 【帮助犯罪分子逃避处罚罪】有查禁犯罪活动职责的国家机关工作人员，同犯罪分子通风报信、提供便利，帮助犯罪分子逃避处罚的，处三年以下有期徒刑或者拘役；情节严重的，处三年以上十年以下有期徒刑。

**第四百一十八条** 【招收公务员、学生徇私舞弊罪】国家机关工作人员在招收公务员、学生工作中徇私舞弊，情节严重的，处三年以下有期徒刑或者拘役。

**第四百一十九条** 【失职造成珍贵文物损毁、流失罪】国家机关工作人员严重不负责任，造成珍贵文物损毁或者流失，后果严重的，处三年以下有期徒刑或者拘役。

## 第十章　军人违反职责罪

**第四百二十条**　【军人违反职责罪的概念】军人违反职责，危害国家军事利益，依照法律应当受刑罚处罚的行为，是军人违反职责罪。

**第四百二十一条**　【战时违抗命令罪】战时违抗命令，对作战造成危害的，处三年以上十年以下有期徒刑；致使战斗、战役遭受重大损失的，处十年以上有期徒刑、无期徒刑或者死刑。

**第四百二十二条**　【隐瞒、谎报军情罪】【拒传、假传军令罪】故意隐瞒、谎报军情或者拒传、假传军令，对作战造成危害的，处三年以上十年以下有期徒刑；致使战斗、战役遭受重大损失的，处十年以上有期徒刑、无期徒刑或者死刑。

**第四百二十三条**　【投降罪】在战场上贪生怕死，自动放下武器投降敌人的，处三年以上十年以下有期徒刑；情节严重的，处十年以上有期徒刑或者无期徒刑。

投降后为敌人效劳的，处十年以上有期徒刑、无期徒刑或者死刑。

**第四百二十四条**　【战时临阵脱逃罪】战时临阵脱逃的，处三年以下有期徒刑；情节严重的，处三年以上十年以下有期徒刑；致使战斗、战役遭受重大损失的，处十年以上有期徒刑、无期徒刑或者死刑。

**第四百二十五条**　【擅离、玩忽军事职守罪】指挥人员和值班、值勤人员擅离职守或者玩忽职守，造成严重后果的，处三年以下有期徒刑或者拘役；造成特别严重后果的，处三年以上七年以下有期徒刑。

战时犯前款罪的，处五年以上有期徒刑。

**第四百二十六条**　【阻碍执行军事职务罪】以暴力、威胁方法，阻碍指挥人员或者值班、值勤人员执行职务的，处五年以下有期徒刑或者拘役；情节严重的，处五年以上十年以下有期徒刑；情节特别严重的，处十年以上有期徒刑或者无期徒刑。战时从重处罚。

**第四百二十七条**　【指使部属违反职责罪】滥用职权，指使部属进行违反职责的活动，造成严重后果的，处五年以下有期徒刑或者拘役；情节特别严重的，处五年以上十年以下有期徒刑。

**第四百二十八条**　【违令作战消极罪】指挥人员违抗命令，临阵畏缩，作战消极，造成严重后果的，处五年以下有期徒刑；致使战斗、战役遭受重大损失或者有其他特别严重情节的，处五年以上有期徒刑。

**第四百二十九条** 【拒不救援友邻部队罪】在战场上明知友邻部队处境危急请求救援，能救援而不救援，致使友邻部队遭受重大损失的，对指挥人员，处五年以下有期徒刑。

**第四百三十条** 【军人叛逃罪】在履行公务期间，擅离岗位，叛逃境外或者在境外叛逃，危害国家军事利益的，处五年以下有期徒刑或者拘役；情节严重的，处五年以上有期徒刑。

驾驶航空器、舰船叛逃的，或者有其他特别严重情节的，处十年以上有期徒刑、无期徒刑或者死刑。

**第四百三十一条** 【非法获取军事秘密罪】以窃取、刺探、收买方法，非法获取军事秘密的，处五年以下有期徒刑；情节严重的，处五年以上十年以下有期徒刑；情节特别严重的，处十年以上有期徒刑。

【为境外窃取、刺探、收买、非法提供军事秘密罪】为境外的机构、组织、人员窃取、刺探、收买、非法提供军事秘密的，处五年以上十年以下有期徒刑；情节严重的，处十年以上有期徒刑、无期徒刑或者死刑。

**第四百三十二条** 【故意泄露军事秘密罪】【过失泄露军事秘密罪】违反保守国家秘密法规，故意或者过失泄露军事秘密，情节严重的，处五年以下有期徒刑或者拘役；情节特别严重的，处五年以上十年以下有期徒刑。

战时犯前款罪的，处五年以上十年以下有期徒刑；情节特别严重的，处十年以上有期徒刑或者无期徒刑。

**第四百三十三条** 【战时造谣惑众罪】战时造谣惑众，动摇军心的，处三年以下有期徒刑；情节严重的，处三年以上十年以下有期徒刑；情节特别严重的，处十年以上有期徒刑或者无期徒刑。

**第四百三十四条** 【战时自伤罪】战时自伤身体，逃避军事义务的，处三年以下有期徒刑；情节严重的，处三年以上七年以下有期徒刑。

**第四百三十五条** 【逃离部队罪】违反兵役法规，逃离部队，情节严重的，处三年以下有期徒刑或者拘役。

战时犯前款罪的，处三年以上七年以下有期徒刑。

**第四百三十六条** 【武器装备肇事罪】违反武器装备使用规定，情节严重，因而发生责任事故，致人重伤、死亡或者造成其他严重后果的，处三年以下有期徒刑或者拘役；后果特别严重的，处三年以上七年以下有期徒刑。

**第四百三十七条** 　【擅自改变武器装备编配用途罪】违反武器装备管理规定，擅自改变武器装备的编配用途，造成严重后果的，处三年以下有期徒刑或者拘役；造成特别严重后果的，处三年以上七年以下有期徒刑。

**第四百三十八条** 　【盗窃、抢夺武器装备、军用物资罪】盗窃、抢夺武器装备或者军用物资的，处五年以下有期徒刑或者拘役；情节严重的，处五年以上十年以下有期徒刑；情节特别严重的，处十年以上有期徒刑、无期徒刑或者死刑。

盗窃、抢夺枪支、弹药、爆炸物的，依照本法第一百二十七条的规定处罚。

**第四百三十九条** 　【非法出卖、转让武器装备罪】非法出卖、转让军队武器装备的，处三年以上十年以下有期徒刑；出卖、转让大量武器装备或者有其他特别严重情节的，处十年以上有期徒刑、无期徒刑或者死刑。

**第四百四十条** 　【遗弃武器装备罪】违抗命令，遗弃武器装备的，处五年以下有期徒刑或者拘役；遗弃重要或者大量武器装备的，或者有其他严重情节的，处五年以上有期徒刑。

**第四百四十一条** 　【遗失武器装备罪】遗失武器装备，不及时报告或者有其他严重情节的，处三年以下有期徒刑或者拘役。

**第四百四十二条** 　【擅自出卖、转让军队房地产罪】违反规定，擅自出卖、转让军队房地产，情节严重的，对直接责任人员，处三年以下有期徒刑或者拘役；情节特别严重的，处三年以上十年以下有期徒刑。

**第四百四十三条** 　【虐待部属罪】滥用职权，虐待部属，情节恶劣，致人重伤或者造成其他严重后果的，处五年以下有期徒刑或者拘役；致人死亡的，处五年以上有期徒刑。

**第四百四十四条** 　【遗弃伤病军人罪】在战场上故意遗弃伤病军人，情节恶劣的，对直接责任人员，处五年以下有期徒刑。

**第四百四十五条** 　【战时拒不救治伤病军人罪】战时在救护治疗职位上，有条件救治而拒不救治危重伤病军人的，处五年以下有期徒刑或者拘役；造成伤病军人重残、死亡或者有其他严重情节的，处五年以上十年以下有期徒刑。

**第四百四十六条** 　【战时残害居民、掠夺居民财物罪】战时在军事行动地区，残害无辜居民或者掠夺无辜居民财物的，处五年以下有期徒刑；情节严重的，处五年以上十年以下有期徒刑；情节特别严重的，处十年以上有期徒刑、无期徒刑或者死刑。

**第四百四十七条** **【私放俘虏罪】**私放俘虏的，处五年以下有期徒刑；私放重要俘虏、私放俘虏多人或者有其他严重情节的，处五年以上有期徒刑。

**第四百四十八条** **【虐待俘虏罪】**虐待俘虏，情节恶劣的，处三年以下有期徒刑。

**第四百四十九条** **【战时缓刑】**在战时，对被判处三年以下有期徒刑没有现实危险宣告缓刑的犯罪军人，允许其戴罪立功，确有立功表现时，可以撤销原判刑罚，不以犯罪论处。

**第四百五十条** **【本章适用范围】**本章适用于中国人民解放军的现役军官、文职干部、士兵及具有军籍的学员和中国人民武装警察部队的现役警官、文职干部、士兵及具有军籍的学员以及文职人员、执行军事任务的预备役人员和其他人员。

**第四百五十一条** **【战时的概念】**本章所称战时，是指国家宣布进入战争状态、部队受领作战任务或者遭敌突然袭击时。

部队执行戒严任务或者处置突发性暴力事件时，以战时论。

……


# 最高人民法院关于审理为境外窃取、刺探、收买、非法提供国家秘密、情报案件具体应用法律若干问题的解释

（2000年11月20日最高人民法院审判委员会第1142次会议通过　2001年1月17日最高人民法院公告公布　自2001年1月22日起施行　法释〔2001〕4号）

为依法惩治为境外的机构、组织、人员窃取、刺探、收买、非法提供国家秘密、情报犯罪活动　维护国家安全和利益，根据刑法有关规定，现

就审理这类案件具体应用法律的若干问题解释如下：

**第一条**　刑法第一百一十一条规定的"国家秘密"，是指《中华人民共和国保守国家秘密法》第二条、第八条以及《中华人民共和国保守国家秘密法实施办法》第四条确定的事项。刑法第一百一十一条规定的"情报"，是指关系国家安全和利益、尚未公开或者依照有关规定不应公开的事项。

对为境外机构、组织、人员窃取、刺探、收买、非法提供国家秘密之外的情报的行为，以为境外窃取、刺探、收买、非法提供情报罪定罪处罚。

**第二条**　为境外窃取、刺探、收买、非法提供国家秘密或者情报，具有下列情形之一的，属于"情节特别严重"，处 10 年以上有期徒刑、无期徒刑，可以并处没收财产：

（一）为境外窃取、刺探、收买、非法提供绝密级国家秘密的；

（二）为境外窃取、刺探、收买、非法提供三项以上机密级国家秘密的；

（三）为境外窃取、刺探、收买、非法提供国家秘密或者情报，对国家安全和利益造成其他特别严重损害的。

实施前款行为，对国家和人民危害特别严重、情节特别恶劣的，可以判处死刑，并处没收财产。

**第三条**　为境外窃取、刺探、收买、非法提供国家秘密或者情报，具有下列情形之一的，处 5 年以上 10 年以下有期徒刑，可以并处没收财产：

（一）为境外窃取、刺探、收买、非法提供机密级国家秘密的；

（二）为境外窃取、刺探、收买、非法提供三项以上秘密级国家秘密的；

（三）为境外窃取、刺探、收买、非法提供国家秘密或者情报，对国家安全和利益造成其他严重损害的。

**第四条**　为境外窃取、刺探、收买、非法提供秘密级国家秘密或者情报，属于"情节较轻"，处 5 年以下有期徒刑、拘役、管制或者剥夺政治权利，可以并处没收财产。

**第五条**　行为人知道或者应当知道没有标明密级的事项关系国家安全和利益，而为境外窃取、刺探、收买、非法提供的，依照刑法第一百一十一条的规定以为境外窃取、刺探、收买、非法提供国家秘密罪定罪处罚。

**第六条** 通过互联网将国家秘密或者情报非法发送给境外的机构、组织、个人的，依照刑法第一百一十一条的规定定罪处罚；将国家秘密通过互联网予以发布，情节严重的，依照刑法第三百九十八条的规定定罪处罚。

**第七条** 审理为境外窃取、刺探、收买、非法提供国家秘密案件，需要对有关事项是否属于国家秘密以及属于何种密级进行鉴定的，由国家保密工作部门或者省、自治区、直辖市保密工作部门鉴定。

# 泄密案件查处办法

（2017 年 12 月 29 日国家保密局令 2017 年第 2 号公布　自 2018 年 1 月 1 日起施行）

## 第一章　总　　则

**第一条** 为保守国家秘密，维护国家安全和利益，规范和加强保密行政管理部门泄密案件查处工作，根据《中华人民共和国保守国家秘密法》（以下简称保密法）及其实施条例等法律法规，制定本办法。

**第二条** 保密行政管理部门对公民举报、机关和单位报告、保密检查发现、有关部门移送的涉嫌泄露国家秘密的案件线索，依法调查或者组织、督促有关机关、单位调查处理，适用本办法。

**第三条** 查处泄密案件，应当坚持教育和惩处相结合，以事实为依据，以法律为准绳，做到事实清楚，证据确实、充分，定性准确，程序合法，处理适当。

**第四条** 本办法所称"泄露国家秘密"是指违反保密法律、法规和规章的下列行为之一：

（一）使国家秘密被不应知悉者知悉的；

（二）使国家秘密超出了限定的接触范围，而不能证明未被不应知悉者知悉的。

**第五条** 存在下列情形之一的，按泄露国家秘密处理：

（一）属于国家秘密的文件资料或者其他物品下落不明的，自发现之日起，绝密级 10 日内，机密级、秘密级 60 日内查无下落的；

（二）未采取符合国家保密规定或者标准的保密措施，在互联网及其他公共信息网络、有线和无线通信中传递国家秘密的；

（三）使用连接互联网或者其他公共信息网络的计算机、移动存储介质等信息设备存储、处理国家秘密，且该信息设备被远程控制的。

**第六条** 泄密案件查处工作主要包括：

（一）查明所泄露的国家秘密事项的内容与密级；

（二）查明案件事实、主要情节和有关责任人员；

（三）要求有关机关、单位采取必要的补救措施；

（四）根据有关法律、法规和规章等对责任人员提出处理建议，并督促机关、单位作出处理；

（五）针对案件暴露出的问题，督促机关、单位加强和改进保密工作。

**第七条** 泄密案件查处实行分级办理、各负其责的工作制度。国家保密行政管理部门主管全国的泄密案件查处工作。地方各级保密行政管理部门在上级保密行政管理部门指导下，负责本行政区域的泄密案件查处工作。

有关机关、单位在保密行政管理部门的组织、督促、指导下，对泄密案件进行查处，并采取相应整改补救措施。

**第八条** 上级保密行政管理部门对下级保密行政管理部门，地方保密行政管理部门对本行政区域内机关、单位泄密案件查处工作进行指导、监督。发现查处不当的，应当及时予以纠正。

**第九条** 办案人员与案件有利害关系或者其他关系可能影响案件公正处理的，应当自行回避；案件当事人有权要求其回避。

办案人员的回避，由其所属保密行政管理部门决定。保密行政管理部门负责人的回避，由上一级保密行政管理部门决定。

**第十条** 保密行政管理部门及其办案人员对案件查处工作中获取的国家秘密、工作秘密、商业秘密及个人隐私，应当保密。

# 第二章 管 辖

**第十一条** 泄密案件由泄密行为发生地县级以上保密行政管理部门管辖。由有关机关、单位所在地或者案件当事人居住地保密行政管理部门管辖更便于查处工作开展的，可以由有关机关、单位所在地或者案件当事人居住地保密行政管理部门管辖。

移交有关机关、单位所在地或者案件当事人居住地保密行政管理部门管辖的泄密案件，泄密行为发生地保密行政管理部门在移交前应当及时收集证据，并配合开展调查取证工作。

**第十二条** 国家保密行政管理部门依法调查或者组织、督促查处下列泄密案件：

（一）中央和国家机关发生的；

（二）涉及多个省（自治区、直辖市）的；

（三）全国范围内重大、复杂案件。

**第十三条** 省（自治区、直辖市）保密行政管理部门依法调查或者组织、督促查处下列泄密案件：

（一）省级机关及省（自治区、直辖市）直属机关发生的；

（二）涉及本行政区域内多个市（地、州、盟）或者部门的；

（三）中央和国家机关设在省（自治区、直辖市）的直属机构发生的；

（四）本辖区内重大、复杂案件。

**第十四条** 中央和国家机关认为本系统发生泄密案件的有关单位情况特殊，不宜由地方保密行政管理部门查处的，可以向国家保密行政管理部门提交书面材料说明理由，由国家保密行政管理部门决定。

**第十五条** 对于重大、复杂的泄密案件，上级保密行政管理部门可以指定管辖；具有管辖权的保密行政管理部门由于特殊原因不能调查或者组织、督促查处的，可以报请上一级保密行政管理部门指定管辖；同级保密行政管理部门之间因管辖权发生争议的，应当本着有利于开展查处工作的原则协商解决，必要时报请共同的上级保密行政管理部门指定管辖。

上级保密行政管理部门应当在接到指定管辖申请之日起7个工作日内，作出指定管辖决定，并书面通知被指定管辖的保密行政管理部门和其他有关保密行政管理部门。原受理案件的保密行政管理部门收到上级保密行政管理部门书面通知后，应当立即将案卷材料移送被指定管辖的保密行政管理部门，并书面通知有关机关、单位。

**第十六条** 保密行政管理部门发现案件不属于本部门管辖的，应当自发现之日起7个工作日内移送具有管辖权的保密行政管理部门或者其他部门。

接受移送的保密行政管理部门对管辖权有异议的，应当报请上一级保密行政管理部门指定管辖，不得再自行移送。

## 第三章　证　　据

**第十七条**　可以用于证明案件事实的材料，都是证据。证据包括：

（一）物证；

（二）书证；

（三）证人证言；

（四）案件当事人陈述；

（五）视听资料、电子数据；

（六）保密检查、勘验笔录，技术核查报告；

（七）密级鉴定书。

**第十八条**　保密行政管理部门在案件调查过程中，应当合法、及时、客观、全面地收集、调取证据材料，并予以审查、核实。

**第十九条**　收集、调取的物证应当是原物。在原物不便搬运、不易保存，依法应当由有关机关、单位保管、处理或者依法应当返还时，可以拍摄或者制作足以反映原物外形或者内容的照片、录像。物证的照片、录像，经与原物核实无误或者经鉴定证明为真实的，可以作为证据使用。

**第二十条**　收集、调取的书证应当是原件。在取得原件确有困难时，可以使用副本或者复制件。

书证的副本、复制件，经与原件核实无误的，可以作为证据使用。书证有更改或者更改迹象不能作出合理解释的，或者书证的副本、复制件不能反映书证原件及其内容的，不能作为证据使用。

**第二十一条**　办案人员应当收集电子数据的原始载体。收集原始载体确有困难时，可以拷贝复制或者进行镜像备份。

**第二十二条**　书证的副本、复制件，视听资料、电子数据的复制件，物证的照片、录像，应当附原件、原物存放处的文字说明。

## 第四章　受　　理

**第二十三条**　保密行政管理部门对公民举报、机关和单位报告、保密检查发现、有关部门移送的涉嫌泄露国家秘密的案件线索，应当依法及时受理。

**第二十四条**　保密行政管理部门受理涉嫌泄露国家秘密的案件线索举报，举报人不愿意公开个人或者单位信息的，应当在受理登记时注明，并为其保密。

保密行政管理部门应当对举报人提供的有关证据材料、物品等进行登记，出具接收清单，并妥善保管；必要时，可以拍照、录音或者录像。

**第二十五条**　保密行政管理部门受理涉嫌泄露国家秘密的案件线索，应当分别作出处理：

（一）已经或者可能泄露国家秘密的，应当进行初查；

（二）经核实，存在违反保密法律法规行为，但情节显著轻微，没有造成危害后果的，可以责成有关机关、单位对责任人员进行批评教育；

（三）没有泄密事实或者案件线索无法核实的，不予处理。

**第二十六条**　保密行政管理部门受理涉嫌泄露国家秘密的案件线索，发现需要采取补救措施的，应当立即责令有关机关、单位和人员停止违法行为，采取有效措施，防止泄密范围扩大。

## 第五章　初查与立案

**第二十七条**　保密行政管理部门在决定是否立案前，应当对涉嫌泄露国家秘密的案件线索进行初查，了解是否存在泄密事实。初查内容包括：

（一）案件线索涉及人员的主体身份及基本情况；

（二）案件线索所反映的问题是否属实，是否造成国家秘密泄露，是否达到刑事立案标准。

**第二十八条**　初查结束后，应当形成初查情况报告，内容包括案件线索情况、初查情况和处理建议。

**第二十九条**　保密行政管理部门应当根据初查情况分别作出处理：

（一）确有泄露国家秘密事实，且已经达到刑事立案标准的，应当移送有关部门查处；

（二）确有泄露国家秘密事实，尚未达到刑事立案标准，且具有管辖权的，应当予以立案，不具有管辖权的，应当移交具有管辖权的保密行政管理部门处理；

（三）确有泄露国家秘密事实，但案件线索内容不全或者有误，通知案件线索移送部门或者举报人、报告人补充，经补充案件线索内容仍不具备查处条件的，暂不予以立案，有关材料存档备查；

（四）未造成国家秘密泄露，但存在违反保密法律法规事实的，应当督促、指导有关机关、单位进行调查处理，必要时保密行政管理部门可以直接调查；

（五）未违反保密法律法规，但存在其他涉嫌违法或者违纪事实的，移交有关职能部门处理；

（六）案件线索反映的情况失实的，不予处理，必要时可以向有关机关、单位和案件当事人说明情况。

**第三十条** 初查时限为 2 个月，必要时可以延长 1 个月。重大、复杂的案件线索，在延长期内仍不能初查完毕的，经保密行政管理部门负责人批准后可以延长。

初查时限自接到案件线索之日算起，至呈报初查情况报告之日止。

**第三十一条** 经初查应当予以立案的，办案人员应当填报立案表，并附案件线索材料、初查情况报告，报请保密行政管理部门负责人审批。

**第三十二条** 保密行政管理部门在立案后，应当制作立案通知书，通知有关机关、单位；通知立案可能影响案件查处工作的，可以直接通知其上级主管部门。

## 第六章 调查与处理

**第三十三条** 案件立案后，保密行政管理部门应当指派 2 名以上办案人员进行调查或者指导、督促有关机关、单位进行调查。

对于重大、复杂案件，保密行政管理部门可以组织相关部门成立专案组，开展案件调查。

**第三十四条** 案件调查内容包括：

（一）案件当事人的基本情况；

（二）案件当事人是否实施违反保密法律法规行为；

（三）实施违反保密法律法规行为的时间、地点、手段、后果以及其他情节；

（四）有无法定从重、从轻、减轻或者免予处理的情形；

（五）与案件有关的其他事实。

第三十五条　保密行政管理部门直接调查、检查时，办案人员不得少于 2 人，并应当出示证件、表明身份。

第三十六条　机关、单位应当积极配合案件调查工作，提供相关证据。

机关、单位应当对案件当事人出国（境）进行审查，可能影响案件查处的，不得批准其出国（境）。

第三十七条　案件当事人应当自觉接受、配合调查，如实说明情况；不得与同案人或者知情人串通情况，不得对抗调查；不得将案件查处情况告知他人。

第三十八条　办案人员在案件调查过程中可以询问案件当事人、证人或者其他案件关系人，并制作询问笔录。询问应当个别进行。

第三十九条　询问内容应当包括：

（一）被询问人的基本情况；

（二）被询问人与案件当事人或者与案件的联系；

（三）证明案件当事人是否负有责任以及责任轻重的事实；

（四）所证明的事实发生的原因、时间、地点、手段、情节等；

（五）其他与案件有关的内容。

第四十条　询问笔录应当采取问答式，如实对办案人员的提问和被询问人的回答进行记录。记录被询问人的陈述应当详细具体，忠于原意。对于被询问人声明记忆不清的情节，笔录中应当如实反映。

询问笔录应当交被询问人核对，对没有阅读能力的，应当向其宣读。记录有误或者遗漏的，应当允许被询问人更正或者补充。被询问人确认笔录无误后，应当在询问笔录上逐页签名。拒绝签名的，询问人员应当在询问笔录中注明。

询问时，可以全程录音、录像，并保持录音、录像资料的完整性。

第四十一条　案件当事人、证人或者其他案件关系人请求自行提供书面材料的，应当准许。必要时，办案人员也可以要求案件当事人、证人或者其他案件关系人自行书写。

案件当事人、证人或者其他案件关系人应当在其提供的书面材料结尾处签名。打印的书面材料应当逐页签名。办案人员收到书面材料后，应当在首页注明收到日期，并签名。

第四十二条　询问案件当事人时，办案人员应当听取案件当事人的陈述和申辩。对其陈述和申辩，应当进行核查。

**第四十三条** 办案人员在案件调查过程中可以查阅、复制与案件有关的文件资料、会议记录、工作笔记等材料，查阅、了解案件当事人的身份信息、现实表现情况等信息，有关机关、单位和个人应当予以配合。

**第四十四条** 办案人员在案件调查过程中可以对与泄密案件有关的场所、物品进行检查。检查时，被检查人或者见证人应当在场。

办案人员可以根据检查情况制作检查笔录。检查笔录由办案人员、被检查人或者见证人签名；被检查人或者见证人不在场、拒绝签名的，办案人员应当在检查笔录中注明。

**第四十五条** 在案件调查过程中对国家秘密载体或者相关设施、设备、文件资料等登记保存，依照《中华人民共和国行政强制法》相关规定进行。办案人员应当会同持有人或者见证人查点清楚，当场开列登记保存清单一式二份，写明登记保存对象的名称、规格、数量、特征、登记保存地点等，由办案人员和持有人或者见证人签名后，各执一份。

对于登记保存在有关机关、单位的设施、设备，应当采取足以防止有关证据灭失或者转移的措施。

**第四十六条** 对涉及计算机、移动存储介质等信息设备的泄密案件，保密行政管理部门可以组织或者委托具有技术核查取证职能的部门或者单位进行技术核查取证。

**第四十七条** 案件调查过程中，需要对有关事项是否属于国家秘密以及属于何种密级进行鉴定的，应当及时提请具有密级鉴定权的保密行政管理部门鉴定。

**第四十八条** 案件调查过程中，保密行政管理部门发现有关机关、单位存在泄密隐患的，应当立即要求其采取措施，限期整改；对存在泄密隐患的设施、设备、场所，依法责令停止使用。

**第四十九条** 经调查，证据不足无法认定存在泄密事实的，经保密行政管理部门负责人批准，应当作出撤销案件的决定。撤销案件的决定应当及时书面通知有关机关、单位。

**第五十条** 经调查，保密行政管理部门认为案件当事人实施的违反保密法律法规行为涉嫌构成犯罪的，应当连同案件材料及时移送有关部门查处。

**第五十一条** 调查结束后，保密行政管理部门认为存在泄密事实，需要追究责任的,应当向有关机关、单位提出人员处理建议。有关机关、单位应当及时将处理结果书面告知同级保密行政管理部门。

有关机关、单位对责任人员不依法给予处分的,保密行政管理部门应当依法建议纠正。对拒不纠正的,保密行政管理部门应当依法提请其上一级机关或者监察机关对该机关、单位负有责任的领导人员和直接责任人员依法予以处理。

**第五十二条** 保密行政管理部门应当针对案件暴露出的问题,督促有关机关、单位采取整改措施,加强和改进保密工作。

机关、单位应当在规定时限内将整改情况书面报送保密行政管理部门。保密行政管理部门可以对机关、单位的整改情况进行复查。

# 第七章 结 案

**第五十三条** 泄密案件调查终结应当具备下列条件:

(一)泄露国家秘密的事实已经调查清楚;

(二)已经采取必要的补救措施;

(三)已经对案件相关责任人员作出处理,或者移送有关部门查处;

(四)有关机关、单位已经采取整改措施。

**第五十四条** 办案人员在案件调查处理工作完成后,应当提交结案报告,经立案的保密行政管理部门负责人批准后结案。结案报告应当包括以下内容:

(一)泄密案件的发生、发现经过;

(二)案件涉及国家秘密的密级、数量、载体形式以及概要内容;

(三)泄密案件已经或者可能造成的危害;

(四)案件发生的主要原因;

(五)已经采取的补救措施;

(六)责任人员处理情况;

(七)有关机关、单位整改情况;

(八)其他需要说明的情况。

**第五十五条** 泄密案件查处时限为3个月,自立案之日起3个月未能查结的,经查处泄密案件的保密行政管理部门负责人批准可延长1个月。

在延长期内仍不能查结的,查处泄密案件的保密行政管理部门应当向上一级保密行政管理部门说明原因，逾期未说明原因或者理由不充分的，上一级保密行政管理部门应当予以检查、督促。

# 第八章　配合机制

**第五十六条**　省（自治区、直辖市）保密行政管理部门与中央和国家机关保密工作机构在泄密案件查处工作中应当相互配合。

设区的市、自治州一级及以下地方保密行政管理部门需要中央和国家机关保密工作机构配合工作的，应当报请所属省（自治区、直辖市）保密行政管理部门协调。

**第五十七条**　保密行政管理部门应当加强与同级纪检监察、网信、审判、检察、公安、国家安全等机关的协调配合，建立健全协调配合机制，共同做好泄密案件查处工作。

**第五十八条**　在泄密案件查处工作中需要军地双方配合的，军队相应保密工作部门和地方保密行政管理部门可以直接联系，相互之间应当支持配合。

# 第九章　法律责任

**第五十九条**　在泄密案件查处工作中，有关机关、单位及其工作人员拒不配合，弄虚作假，隐匿、销毁证据，以其他方式逃避、妨碍案件查处的，对直接负责的主管人员和其他直接责任人员依法给予处分。

企事业单位及其工作人员协助机关、单位逃避、妨碍案件查处的，由有关主管部门依法予以处罚。

**第六十条**　保密行政管理部门办理泄密案件，未依法履行职责，或者滥用职权、玩忽职守、徇私舞弊的，对直接负责的主管人员和其他直接责任人员依法给予处分；构成犯罪的，依法追究刑事责任。

# 第十章　附　则

**第六十一条**　机关、单位工作人员实施保密法第四十八条规定的其他违法行为，保密行政管理部门可以参照本办法调查或者组织、督促机关、单位调查处理。

**第六十二条**　执行本办法所需要的文书式样，由国家保密行政管理部门统一制定。国家保密行政管理部门没有制定式样，执法工作中需要的其他文书，省（自治区、直辖市）保密行政管理部门可以自行制定式样。

**第六十三条** 本办法由国家保密局负责解释。

**第六十四条** 本办法自 2018 年 1 月 1 日起施行。国家保密局 1992 年 11 月 20 日印发的《泄密案件查处办法（试行）》同时废止。

# 人民法院、保密行政管理部门办理 侵犯国家秘密案件若干问题的规定

（2020 年 3 月 11 日　保发〔2020〕2 号）

**第一条** 为保守国家秘密，维护国家安全和利益，加强人民法院、保密行政管理部门办理侵犯国家秘密案件的协调配合，根据《中华人民共和国刑法》、《中华人民共和国刑事诉讼法》、《中华人民共和国保守国家秘密法》等法律法规，制定本规定。

**第二条** 人民法院、保密行政管理部门办理《中华人民共和国刑法》第一百零九条第二款、第一百一十条、第一百一十一条、第二百八十二条、第三百九十八条、第四百三十一条、第四百三十二条规定的侵犯国家秘密案件，适用本规定。

**第三条** 人民法院审理侵犯国家秘密案件，需要对有关事项是否属于国家秘密以及属于何种密级或者是否属于情报进行鉴定的，应当由有关机关依据《密级鉴定工作规定》向国家保密行政管理部门或者省、自治区、直辖市保密行政管理部门提起。

**第四条** 保密行政管理部门对于疑难、复杂的侵犯国家秘密案件，可以商请同级人民法院就专业性法律问题提出咨询或者参考意见。人民法院应当予以支持。

人民法院审理侵犯国家秘密案件，可以商请作出密级鉴定的保密行政管理部门就鉴定依据、危害评估等问题提出咨询或者参考意见。保密行政管理部门应当予以支持。

**第五条** 最高人民法院应当在每年 1 月 31 日前，将人民法院上一年

度审结生效的侵犯国家秘密案件情况书面通报国家保密局，并提供裁判文书。因特殊情况不能提供裁判文书的，应当在通报中作出说明。

人民法院审理本规定第二条规定以外的其他案件，发现有未处理涉嫌违反保密法律法规行为的，应当及时将有关情况通报同级或者有管辖权的保密行政管理部门。

**第六条** 人民法院与保密行政管理部门应当加强沟通协作，适时相互通报办理侵犯国家秘密案件有关情况，会商案件办理中遇到的法律政策问题，研究阶段性工作重点和措施。

**第七条** 人民法院与保密行政管理部门应当加强信息沟通和共享。双方分别确定具体牵头部门及联络人员，开展经常性的信息互通、多方位合作，依法加大对侵犯国家秘密案件的查处力度。

**第八条** 本规定由国家保密局会同最高人民法院负责解释，自印发之日起施行。

# 人民检察院、保密行政管理部门
# 办理案件若干问题的规定

（2020 年 3 月 12 日 保发〔2020〕3 号）

**第一条** 为保守国家秘密，维护国家安全和利益，加强人民检察院、保密行政管理部门办理案件的协调配合，根据《中华人民共和国刑法》、《中华人民共和国刑事诉讼法》、《中华人民共和国保守国家秘密法》等法律法规，制定本规定。

**第二条** 人民检察院、保密行政管理部门办理《中华人民共和国刑法》第一百零九条第二款、第一百一十条、第一百一十一条、第二百八十二条、第三百九十八条、第四百三十一条、第四百三十二条规定的侵犯国家秘密案件，适用本规定。

**第三条** 人民检察院办理侵犯国家秘密案件，认为需要追究刑事责任的，应当在作出起诉决定的同时，将案件基本情况通报同级保密行政管理部门；认为符合刑事诉讼法规定不起诉情形的，应当在作出不起诉决定的同时，将不起诉决定书抄送同级保密行政管理部门。

对涉及国家安全的重大案件，因高度敏感不宜按照常规方式通报的，可以采用适当方式处理。

最高人民检察院应当于每年 1 月 31 日前，将检察机关上一年度办理的侵犯国家秘密案件情况书面通报国家保密局。

**第四条** 人民检察院办理侵犯国家秘密案件，需要对有关事项是否属于国家秘密以及属于何种密级或者是否属于情报进行鉴定的，应当依据《密级鉴定工作规定》向国家保密行政管理部门或者省、自治区、直辖市保密行政管理部门提起。

**第五条** 保密行政管理部门对于疑难、复杂的侵犯国家秘密案件，可以商请同级人民检察院就专业性法律问题提出咨询或者参考意见。人民检察院应当予以支持。

人民检察院办理侵犯国家秘密案件，可以商请作出密级鉴定的保密行政管理部门就鉴定依据、危害评估等问题提出咨询或者参考意见。保密行政管理部门应当予以支持。

**第六条** 人民检察院办理侵犯国家秘密案件，可以依据《人民检察院检察建议工作规定》向相关主管部门或者涉案机关、单位等提出改进工作、完善治理的检察建议。

人民检察院向相关主管部门或者涉案机关、单位提出检察建议的，应当同时抄送同级保密行政管理部门。人民检察院、保密行政管理部门按照各自职责共同督促、指导建议单位落实检察建议。

**第七条** 人民检察院与保密行政管理部门应当加强沟通协作，适时相互通报办理侵犯国家秘密案件的有关情况，会商案件办理中遇到的法律政策问题，研究阶段性工作重点和措施。

**第八条** 人民检察院与保密行政管理部门应当加强信息沟通和共享。双方分别确定具体牵头部门及联络人员，开展经常性的信息互通、多方位合作，依法加大对侵犯国家秘密案件的查处力度。

**第九条** 本规定由国家保密局会同最高人民检察院负责解释，自印发之日起施行。本规定施行后，《人民检察院、保密行政管理部门查办泄密案件若干问题的规定》（国保发〔2016〕42 号）同时废止。

**图书在版编目（CIP）数据**

保密法律法规学习汇编／中国法制出版社编．—北
京：中国法制出版社，2024.2
　ISBN 978-7-5216-4315-2

　Ⅰ．①保… Ⅱ．①中… Ⅲ．①保密法-汇编-中国
Ⅳ．①D922.149

中国国家版本馆 CIP 数据核字（2024）第 037666 号

责任编辑：程　思　　　　　　　　　　　　封面设计：杨泽江

**保密法律法规学习汇编**
BAOMI FALÜ FAGUI XUEXI HUIBIAN

经销/新华书店
印刷/三河市紫恒印装有限公司
开本/880 毫米×1230 毫米　32 开　　　　　印张/ 10　字数/ 247 千
版次/2024 年 2 月第 1 版　　　　　　　　　2024 年 2 月第 1 次印刷

**中国法制出版社出版**
书号 ISBN 978-7-5216-4315-2　　　　　　　　　　定价：38.00 元

北京市西城区西便门西里甲 16 号西便门办公区
邮政编码 100053　　　　　　　　　　　　　　传真：010-63141600
**网址：http://www.zgfzs.com**　　　　　　　**编辑部电话：010-63141796**
**市场营销部电话：010-63141612**　　　　　**印务部电话：010-63141606**

（如有印装质量问题，请与本社印务部联系。）